Elogios a
Entre no Metaverso

"Mark conseguiu elaborar uma introdução bastante abrangente sobre o metaverso, sua história, condição atual e uma visão futura do que ele se tornará. Este livro é um mergulho fantástico direto na toca do coelho usando um jetpack; você sairá do outro lado com total capacidade de descobrir o que isso significa para você e sua empresa ou organização."

— **Paul Hamilton**, diretor administrativo da Ogilvy Growth & Innovation e fundador da agência de design de metaverso vTogether

"Fiquei obcecado com o metaverso desde que li *Snow Crash* pela primeira vez, há muitos anos. Já escrevi milhares de coisas sobre o tema, trabalho nessa indústria, desenvolvi experiências de realidade virtual e escrevo um boletim semanal sobre o assunto [...]. Ainda assim, aprendi muito com o livro de Mark. Havia aspectos sobre o metaverso que eu não tinha considerado. Mesmo se achar que sabe tudo sobre o assunto, leia este livro. Você sairá cheio de informações novas para pesquisar e explorar, novas conexões nas quais ainda não tinha pensado."

— **Daniel Sisson**, escritor, consultor e desenvolvedor XR

"Van Rijmenam nos dá uma explicação supercompleta sobre as muitas facetas do metaverso. Se quer obter uma visão geral de como o metaverso funciona, mesmo que esteja começando a aprender sobre o conceito ou seja bastante experiente em alguns de seus pontos, este livro será esclarecedor."

— **Rabindra Ratan**, professor associado e pesquisador de tecnologias metaverso (avatares, jogos online, RV) desde 2005

"Uma cobertura abrangente e sincera das oportunidades e dos desafios apresentados pelo metaverso e pela web 3. Uma leitura obrigatória para empreendedores e líderes empresariais."

— **Avinash Kaushik**, fundador e CEO da Waka Metaverse Suite

"*Entre no Metaverso* é um livro oportuno, uma vez que a web 3 está se desdobrando em uma terceira dimensão que promete novas maneiras de interação, colaboração e envolvimento com outras pessoas, com produtos, serviços, entretenimento e muito mais."

— Rag

"O livro esclarecedor [de Mark van Rijmenam] sobre os primórdios do metaverso é uma luz na escuridão para os curiosos e ousados."

— **Matthew Brewbaker,** CEO da VEU Inc./Enterverse

"Van Rijmenam nos leva a uma jornada pelo estado da arte do metaverso, explorando tanto as inúmeras oportunidades apresentadas por essa evolução do ciberespaço quanto as ameaças a seu potencial, incluindo a falta de padronização e de regulamentação. A exploração matizada dessa indústria incipiente é leitura obrigatória para qualquer pessoa interessada no espaço, pois demonstra o conhecimento profundo do Digital Speaker como um de seus primeiros habitantes."

— **Sam Johnston,** investidor e CEO da Acumino

"Em *Entre no Metaverso*, Mark van Rijmenam forma uma visão geral das forças convergentes que se fundirão e, algum dia, se tornarão um paradigma futuro para o desenvolvimento humano, a prosperidade e a existência, a menos que estraguemos tudo..."

— **John Gaeta,** criador, inventor, executivo

"Um tour abrangente das discussões vitais sobre o metaverso contemporâneo!"

— **Neil Trevett,** presidente do Grupo Khronos

"Van Rijmenam fornece um meio para explorarmos a fundo o metaverso. Ele traz à tona questões oportunas sobre ética e soberania. Neste momento, enquanto nossa próxima realidade digital ainda está sendo construída, essa discussão é fundamental."

— **Tiffany Xingyu Wang,** presidente e cofundadora do Oasis Consortium

"O Dr. Mark van Rijmenam faz um trabalho magistral ao compartilhar uma visão promissora do metaverso emergente, ao mesmo tempo que é pragmático sobre os desafios e as lacunas a respeito das soluções existentes."

— **Alec Lazarescu,** fundador do VerseTech Metaverse

"O próximo capítulo da existência humana está sendo configurado agora e, à medida que você 'entrar no metaverso', entenderá completamente o poder da convergência entre tecnologia, tendências de consumo, marcas e reinvenção da autoexpressão pessoal."

— **Justin W. Hochberg,** CEO e fundador do Virtual Brand Group

MARK VAN
RIJMENAM

ENTRE NO
METAVERSO

Como a Internet Imersiva
Destravará uma Economia Social
de **Trilhões de Dólares**

ALTA BOOKS
GRUPO EDITORIAL
Rio de Janeiro, 2023

Entre no Metaverso

Copyright © 2023 da Starlin Alta Editora e Consultoria Eireli.
ISBN: 978-85-508-1905-1

Translated from original Step Into the Metaverse. Copyright © 2022 by Mark van Rijmenam. ISBN 978-1-119-88757-7. This translation is published and sold by permission of John Wiley & Sons, Inc., the owner of all rights to publish and sell the same. PORTUGUESE language edition published by Starlin Alta Editora e Consultoria Eireli, Copyright © 2023 by Starlin Alta Editora e Consultoria Eireli.

Impresso no Brasil — 1ª Edição, 2023 — Edição revisada conforme o Acordo Ortográfico da Língua Portuguesa de 2009.

Todos os direitos estão reservados e protegidos por Lei. Nenhuma parte deste livro, sem autorização prévia por escrito da editora, poderá ser reproduzida ou transmitida. A violação dos Direitos Autorais é crime estabelecido na Lei nº 9.610/98 e com punição de acordo com o artigo 184 do Código Penal.

A editora não se responsabiliza pelo conteúdo da obra, formulada exclusivamente pelo(s) autor(es).

Marcas Registradas: Todos os termos mencionados e reconhecidos como Marca Registrada e/ou Comercial são de responsabilidade de seus proprietários. A editora informa não estar associada a nenhum produto e/ou fornecedor apresentado no livro.

Erratas e arquivos de apoio: No site da editora relatamos, com a devida correção, qualquer erro encontrado em nossos livros, bem como disponibilizamos arquivos de apoio se aplicáveis à obra em questão.

Acesse o site www.altabooks.com.br e procure pelo título do livro desejado para ter acesso às erratas, aos arquivos de apoio e/ou a outros conteúdos aplicáveis à obra.

Suporte Técnico: A obra é comercializada na forma em que está, sem direito a suporte técnico ou orientação pessoal/exclusiva ao leitor.

A editora não se responsabiliza pela manutenção, atualização e idioma dos sites referidos pelos autores nesta obra.

```
Dados Internacionais de Catalogação na Publicação (CIP) de acordo com ISBD

R572e    Rijmenam, Mark van
            Entre no Metaverso: Como a Internet Imersiva Destravará uma
         Economia Social de Trilhões de Dólares / Mark van Rijmenam ;
         traduzido por Cibele Ravaglia. - Rio de Janeiro : Alta Books, 2023.
         256 p. ; 16cm x 23cm.

         Tradução de: Step Into To Metaverse
         ISBN: 978-85-508-1905-1

         1. Administração. 2. Negócios. I. Serra, Fernando. II. Título.

                                                      CDD 658.4012
2022-3857                                             CDU 65.011.4

         Elaborado por Vagner Rodolfo da Silva - CRB-8/9410

                 Índice para catálogo sistemático:
                 1.  Administração : Negócios 658.4012
                 2.  Administração : Negócios 65.011.4
```

Atuaram na edição desta obra:

Produção Editorial
Grupo Editorial Alta Books

Diretor Editorial
Anderson Vieira
anderson.vieira@altabooks.com.br

Editor
José Ruggeri
j.ruggeri@altabooks.com.br

Gerência Comercial
Claudio Lima
claudio@altabooks.com.br

Gerência Marketing
Andrea Guatiello
andrea@altabooks.com.br

Coordenação Comercial
Thiago Biaggi

Coordenação de Eventos
Viviane Paiva
comercial@altabooks.com.br

Coordenação ADM/Finc.
Solange Souza

Coordenação Logística
Waldir Rodrigues
logistica@altabooks.com.br

Direitos Autorais
Raquel Porto
rights@altabooks.com.br

Assistente Editorial
Gabriela Paiva

Produtores Editoriais
Illysabelle Trajano
Maria de Lourdes Borges
Paulo Gomes
Thales Silva
Thiê Alves

Equipe Comercial
Adenir Gomes
Ana Carolina Marinho
Ana Claudia Lima
Daiana Costa
Everson Sete
Kaique Luiz
Luana Santos
Maira Conceição
Natasha Sales

Equipe Editorial
Ana Clara Tambasco
Andreza Moraes
Arthur Candreva
Beatriz de Assis
Beatriz Frohe

Betânia Santos
Brenda Rodrigues
Erick Brandão
Elton Manhães
Fernanda Teixeira
Henrique Waldez
Karolayne Alves
Kelry Oliveira
Lorrahn Candido
Luana Maura
Marcelli Ferreira
Mariana Portugal
Matheus Mello
Milena Soares
Patricia Silvestre
Viviane Corrêa
Yasmin Sayonara

Marketing Editorial
Amanda Mucci
Guilherme Nunes
Livia Carvalho
Pedro Guimarães
Thiago Brito

Tradução
Cibele Ravaglia

Copidesque
Rafael Surgek

Diagramação
Joyce Matos

Revisão Gramatical
Vanessa Schreiner
Hellen Suzuki

Editora afiliada à: ASSOCIADO

Rua Viúva Cláudio, 291 — Bairro Industrial do Jacaré
CEP: 20.970-031 — Rio de Janeiro (RJ)
Tels.: (21) 3278-8069 / 3278-8419

ALTA BOOKS
GRUPO EDITORIAL

www.altabooks.com.br — altabooks@altabooks.com.br
Ouvidoria: ouvidoria@altabooks.com.br

*A todos os criadores e gênios criativos
do metaverso aberto*

Sobre o Autor

Dr. Mark van Rijmenam é conhecido como Digital Speaker. Ele é um estrategista de tecnologias do futuro que pensa em como as tecnologias emergentes transformam as organizações, a sociedade e o metaverso. Também é um palestrante internacional de grande prestígio, autor de quatro livros e empresário. Ele é o fundador da Datafloq e apresenta o podcast *Between Two Bots* junto com Dan Turchin, no qual fala sobre as implicações culturais, tecnológicas e éticas da inteligência artificial, da tecnologia e do metaverso. É PhD em Administração pela University of Technology de Sydney, e sua pesquisa diz respeito a como as organizações devem lidar com a análise do big data, do blockchain e da IA.

O Digital Speaker faz palestras presenciais, bem como apresentações holográficas, e o avatar de Van Rijmenam ministra palestras em realidade virtual. Ele é um palestrante reconhecido pela Professional Speaker Association da Austrália e membro da Global Speakers Federation. Também é editor do boletim informativo '$f(x) = e^x$' sobre o futuro do trabalho e a organização do amanhã, lido por milhares de executivos. O Digital Speaker já esteve em 20 países por todo o mundo e inspirou, por meio de suas palestras, mais de 100 mil gerentes, diretores e executivos do alto escalão.

Agradecimentos

Escrever um livro sobre o metaverso tem sido uma jornada incrível, que eu não teria conseguido fazer sem o apoio das diversas pessoas que me ajudaram, compartilharam seus insights e teceram comentários sobre seu conteúdo. Afinal, posso ter tido muitas ideias no início, mas certamente não tinha todas as respostas. Tornou-se um verdadeiro esforço comunitário, uma vez que quase 250 pessoas envolvidas na construção do metaverso contribuíram com opiniões e insights, resultando em um livro que (eu espero) possa ajudar as pessoas a construir um metaverso aberto.

Em primeiro lugar, gostaria de agradecer à minha parceira, Louise, por permitir que eu praticamente "desaparecesse" por três meses. Sem isso, não teria sido possível escrever este livro em tão pouco tempo. Também gostaria de agradecer ao meu editor, Chris Nelson, e aos editores Jim Minatel e Pete Gaughan, bem como a Melissa Burlock, por me apoiarem durante esse período e darem um feedback valioso enquanto eu escrevia o livro. Quero agradecer, ainda, a Jamie Burke por escrever a apresentação.

Em seguida, gostaria de agradecer a todas as pessoas que pude entrevistar e que também fizeram comentários valiosos sobre o rascunho do manuscrito, revisando o livro. Em ordem alfabética, gostaria de agradecer a Alec Lazarescu, Avinash Kaushik, Benjamin Bertram Goldman, Christiaan Eisberg, Daniel Sisson, George Visniuc, John Gaeta, Justin Hochberg, Kevin O'Donovan, Lindsey McInerney, Michaela Larosse, Neil Trevett, Paul Hamilton, Rabindra Ratan, Raghu Bala, Robert Long e Tiffany Xingyu Wang.

Entre no Metaverso

Gostaria de agradecer, também, a Cathalijn van Rijmenam, Pieter Bos, Sam Johnston e Kathryn Bruce por fazerem uma revisão descomplicada do livro.

Obrigado, também, a todas as pessoas que compartilharam seus insights em uma das diversas entrevistas excelentes que realizei. Em ordem alfabética, gostaria de agradecer a Adil Bougamza, Adonis Zachariades, Alex Lee, Anna Gandrabura, Antony Tran, Athena Demos, Avonne Darren, Bayan Towfiq, Belal Miah, Blake Lezenski, Cai Felip, Celeste Lear, Charles Markette, Chavy Goh, Christian Ulstrup, Clement Oh, David Francis, Delz Erinle, Doug Jacobson, Douglas Park, Edmund Lu, Edwin Mata, Eric Korn, Eve Logunova-Parker, Evelyn Mora, Evo Heyning, Ezra Dey, Francesca Tabor, Gabriel Rene, Georgina Wellman, Hannah Glass, Imran Sheikh, Jamie Burke, Jason Cassidy, Jay Es, Jerry Heinz, Jimi Daodu, Jimmy Chan, Joey Dunne, Jon Radoff, Julian Voll, Justin Lacche, Kavya Pearlman, Konrad Gill, Lily Li, Lisa Kolb, Lukę Gniwecki, Matias Calzada, Matthew Brewbaker, Matthew Scott Jones, Max Koenig, Michael Patrick Potts, Mila Bessmann, Nathan Grotticelli, Nathan Nasseri, Neil Haran, Paul Hewett, Ralph Kalsi, Ray Lu, Richard Kerris, Robert Long, Robert Rice, Ryan Gill, Ryan Kieffer, Sandra Escobedo, Shauna Lee Lang, Shidan Gouran, Sidsel Rytter Loschenkohl, Slavica Bogdanov, Stuart Hall, Tamer Garip, Tamer Garip, Timmu Tõke, Vijay Dhanasekaran, Vincent Hunt e Xavier Egan.

Quero agradecer, ainda, a todas as pessoas que compartilharam insights por meio da pesquisa que disponibilizei online. Embora eu preferisse falar com todos vocês individualmente, foi impossível, devido ao curto prazo. Por isso, completar minha pesquisa extensa foi muito importante. Com base em todos que forneceram seus dados do LinkedIn, em ordem alfabética, quero agradecer a Abiodun Victoria, Akhil Gupta, Alan Rodriguez, Alexey Shmatok, Amit Kolambikar, Amy Peck, An Coppens, Andreas Fauler, Andrii Gorbenko, Andy Wood, Anshuman Tripathi, Arian Koster, Ashraf Al-Tayeb, Astir Mayers, Axel Schumacher, Ben Maloney, Bryan Bu, Cameron Stubbs, Charles L. Perkins, Charles V., Cliff Baldridge, Darren Teh, Dave Sampson, Denis Santelli, Dima Lylyk, Dima Schott, Dixon Melitt James, Dominique Wu, Dr. Jane Thomason, Dr. Rich Melheim, Dustin Wish, Dwayne Mithoe, Eugenio Galioto, Fatemeh Monfared, Fernando Carrión, Florian Couret, Francisco Asensi Viana, Franjo Maretic, Gabriele Cavargna Bontosi, Gianluca Rosania, Guy Purdy, Hank

Agradecimentos

Kalinowski, Henry Chan, Horacio Torrendell, Ilana Milkes, Janine Yorio, Jarno Eerola, Jehan-Michel Bernard, Jesus G. Bonilla, Joe Swaty, Jonathan Wade, Juliane Demuth, Justin Cheu, Karen Jouve, Kelly Martin, Kenneth Mayfield, Kerry F. Smith, Kevin Russell, Kishore Dharmarajan, Kristina Podnar, Lee Yee, Lily Snyder, Lisa Laxton, Luca Lisci, Mao Lin Liao, Marcus Arnet, Marina Bottinelli, Mark Dando, Martin Petkov, Marty M. Weiss, Massimo Buonomo, Mattia Crespi, May Mahboob, Mees Rutten, Michael D Polak, Michael Luby, Michael Weymans, Murugan Velsamy, Nathanael Girard, Nelson Inno, Nick Dehadray, Nick Merritt, Nicolas Waern, Pascal Niggli, Paula Marie Kilgarriff, Peter Trapasso, Philip Mostert, Pushpak Kypuram, Raj A. Kapoor, Ralph Benko, Rob Chong, Rod Vowell, Ron van Rijswijk, Ruslan Mogilevets, Sam Johnston, Sanjay Ojha, Sean Low, Sekayi Mutambirwa, Shravan Rajpurohit, Shrawan Banerjee, Simon Graff, Stefan Hackländer, Stefano Sandri, Stephanie Bretonniere, Sven Van de Perre, Tamsin O'Hanlon, Therkel Sand Therkelsen, Thijs Pepping, Tim Wild, Tom Sargent, Tomasz Figarskit, Tristan Schroeder, Valentin Valle, Vincent Tessier, Wan Wei, Wendy Diamond, William Burns III, Wladimir Baranoff-Rossine, Xyras To, Yurii Filipchuk e Zeynep Balkan.

Por último, mas não menos importante, quero agradecer a todas as pessoas criadoras e criativas que constroem o metaverso. Vocês têm o poder de criar uma experiência única para a humanidade, e sou grato por todo o trabalho que fazem!

Prefácio

Histórias de ficção científica, como *Snow Crash* ou *Jogador Nº 1*, descreveram o metaverso como um mundo virtual de potencial ilimitado para entretenimento e extração de valor. No metaverso descrito nesses livros, uma entidade centralizada o controla, incluindo todos os dados, ativos digitais e as pessoas que entram nele. Esse futuro distópico não é impossível de acontecer no mundo real, visto que já construímos uma internet centralizada, fechada, proprietária e extrativista. Em vez de estar centrada no usuário, a web atual é controlada pela supremacia dos acionistas, e todos nós nos tornamos viciados no acesso "gratuito" a essas plataformas.

A desvantagem desses serviços "gratuitos" tem sido a degradação da privacidade e a falta de controle sobre nossos dados e nossa identidade. É por isso que, em 2014, fundei a Outlier Ventures, pois senti a necessidade de contar uma história diferente — na qual os usuários finais conseguem reconquistar o controle sobre sua vida digital, impulsionados pela convergência de tecnologias como blockchain, criptografia, inteligência artificial e realidade mista, entre outras. Ao longo dos anos, investimos em dezenas de empresas que estão desenvolvendo tecnologias da web 3.0 em todas as três principais camadas de inovação: infraestrutura, middleware e aplicativos.

A tecnologia da web 3.0 possibilitará uma economia digital descentralizada, sem necessidade de permissão e aberta, centrada no usuário e na portabilidade de identidade e de dados. Isso nos permitirá criar uma internet mais justa e inclusiva, uma mudança de paradigma extremamente importante rumo à descentralização que temos o dever de abraçar, principalmente agora, no despontar do metaverso, a próxima versão da internet.

Se a web 2.0 e a web social permitiram a coleta de dados em larga escala, imagine o que pode acontecer em um ambiente digital imersivo. As possibilidades de coletar e analisar dados aumentarão exponencialmente, permitindo a vigilância corporativa ou estatal em níveis sem precedentes. É por isso que precisamos de um metaverso aberto, pertencente aos usuários e controlado por eles, em vez de por um seleto grupo de elites tecnológicas.

Quando ouvi pela primeira vez a proposta de Mark van Rijmenam para este livro, gostei da ideia de escrever um projeto para um metaverso aberto. O metaverso destravará uma economia totalmente nova, na qual as linhas entre os mundos físico e digital, ou nossa vida virtual e física, começam a se confundir. Olhar para o metaverso de uma perspectiva econômica levanta questões importantes sobre quão inclusivo ele é e sobre quem pode ou não participar da economia digital. Van Rijmenam faz um excelente trabalho ao discutir como podemos garantir uma economia de metaverso aberta, na qual a interoperabilidade de ativos digitais, uma identidade autodeterminada e as criptomoedas desempenham um papel vital.

As tecnologias da web 3.0 são fundamentais para um metaverso aberto e as empresas que apoiamos na Outlier Ventures estão contribuindo para isso. Em um metaverso aberto, finalmente todos poderão contribuir e se beneficiar da primeira economia humana verdadeiramente universal e sem necessidade de permissão. Em *Entre no Metaverso*, Mark van Rijmenam explica, de maneira sucinta, como podemos construir essa internet imersiva, que pode oferecer experiências digitais mágicas enquanto incorpora um sistema econômico totalmente aberto, permitindo a interoperabilidade de ativos digitais e mudando o foco de nossa sociedade da extração para a criação de valor.

— Jamie Burke
Fundador & CEO da Outlier Ventures

Sumário

Prólogo	xix
2032	xxi
Introdução	1
Bem-vindo ao Metaverso	3

CAPÍTULO 1: O Futuro É Imersivo — 11

    Da Web 1.0 para a Web 3.0 — 11
    De RA para RV para XR — 18
    O que o Metaverso Pode Se Tornar? — 23
    Seis Características do Metaverso — 28
    Um Oceano Azul sem Fim — 44

CAPÍTULO 2: Criando um Metaverso Aberto — 47

    Aberto vs. Fechado — 47
    A Web Híbrida — 54
    Um Sistema Econômico Aberto — 57

CAPÍTULO 3: Seja Quem Você Quiser	61
A Ascensão dos Avatares	61
Moda Digital	70
I-commerce	76
Uma Explosão Cambriana de Identidade	79
CAPÍTULO 4: Esteja Onde Você Quiser	81
Mundos Virtuais	81
Jogando no Metaverso	88
Esportes no Metaverso	91
Mídia e Entretenimento no Metaverso	95
Educação no Metaverso	98
Poder para os Criadores	101
CAPÍTULO 5: Criatividade Ilimitada para as Marcas	103
Além do Brilho	103
O Poder de uma Comunidade Imersiva	106
A Era do Marketing de Experiência	112
Criatividade, Comunidade e Cocriação	116
CAPÍTULO 6: Conectividade Empresarial Exponencial	121
Um Mundo em Mudança	121
O Futuro do Trabalho Imersivo	124
Gêmeos Digitais	132
O Papel dos Governos	140

CAPÍTULO 7: A Economia do Criador — 145

A Economia Vibrante do Metaverso — 145
Por que os Tokens São Importantes — 150
Desafios dos NFTs — 154
Imóveis Digitais — 160
Mecanismos Econômicos — 163
De DeFi para MetaFi — 167

CAPÍTULO 8: Digitalismo no Metaverso — 171

A Tecnologia é Neutra — 171
Os Perigos do Metaverso — 172
Verificação, Educação e Regulamentação — 182
Vigilância ou Fortalecimento — 188

CAPÍTULO 9: O Futuro do Metaverso — 193

BCI: O Futuro das Experiências Imersivas — 193
Um Renascimento da Arte, da Criatividade e da Inovação — 197

Epílogo — 201
Referências — 203
Índice — 221

Prólogo

Em 28 de outubro de 2021, o mundo digital parou quando Mark Zuckerberg anunciou que estava transformando o Facebook de uma rede social em um metaverso — o futuro da internet. Ao mesmo tempo, ele reivindicou a próxima versão da internet e renomeou o Facebook, agora chamado de Meta. Embora Zuckerberg tenha dito as coisas certas — de que precisamos de um metaverso aberto e interoperável desenvolvido pelos usuários —, poucos acreditam nele. E, de fato, uma pesquisa feita pela Forrester mostrou que 75% dos 700 entrevistados não confiam em Zuckerberg para construir o metaverso.[1] A pesquisa do *Wall Street Journal* mostrou que, dos 1.058 usuários da internet norte-americanos entrevistados, 72% não confiam muito/nada no Facebook. Isso corresponde à pesquisa simples que realizei no LinkedIn, na qual 78% das 469 pessoas indicaram que não confiam em Zuckerberg para construir a próxima versão da internet.[2] O tempo dirá quão bem-sucedido ele será, mas, se os usuários e criadores de conteúdo puderem escolher entre um mundo pertencente e controlado por uma única pessoa ou um mundo pertencente e controlado por aqueles que o criaram, acho que já sei a resposta.

Nos últimos meses, desci pela toca do coelho do metaverso. Como parte de minha pesquisa para este livro, conversei com quase 100 criadores e gênios criativos, todos envolvidos na construção do metaverso, e com outras 133 pessoas, completando uma longa pesquisa sobre esse ambiente. Eles são os pioneiros dessa nova internet, e todos estão construindo um metaverso aberto, descentralizado, inclusivo e interoperável.

Entre no Metaverso

Espero que você aproveite tanto quanto eu esta jornada de descoberta do mundo mágico no qual somos limitados apenas por nossa própria criatividade. Nesta obra, compartilharei minha visão sobre o metaverso, sobre o que ele pode se tornar e como ele mudará nossa identidade, além da forma como nos divertimos, socializamos, fazemos compras e trabalhamos. Se conseguirmos desenvolver um metaverso aberto, os trilhões de dólares gerados serão compartilhados com todos os criadores e gênios criativos. Mas cuidado! Existem muitos perigos à espreita nesse caminho; por isso, precisamos refletir com cuidado, a fim de evitar cometer os mesmos erros que cometemos ao construir a web 2.0 (ou internet social). Em minha opinião, cada capítulo deste livro funciona como um livro por si só, pois, quando se trata do metaverso, há muita coisa acontecendo, e o mundo está mudando a todo momento. No entanto, tentei não estender demais o assunto, ao mesmo tempo que procurei abrangê-lo o máximo possível. Começo oferecendo um vislumbre de como será o futuro quando o metaverso for uma realidade, em 2032. Divirta-se!

2032

Do outro lado da grande mesa de carvalho de Laya, havia duas formas holográficas: Ae, uma dos mais recentes assistentes virtuais de IA, e Daryl, um jovem inteligente de um pequeno povoado no sul dos Estados Unidos. Atrás deles havia uma apresentação virtual flutuando no ar.

"Bom dia, primeira-ministra", anunciou a voz neutra e serena de Ae. O chefe de segurança de Laya sempre teve ressalvas quanto ao uso da Ae, mas o software funcionou bem e, com a criação da P.C.M. — a Polícia Cibernética Ministerial —, Laya desconsiderou sua velha aversão por novas tecnologias.

"Podemos acabar logo com isso? Hoje é o primeiro dia em que verei minha família após meses", disse-lhes Laya, com os óculos de realidade aumentada firmes no nariz. Ae e Daryl trocaram um olhar compreensivo e se puseram a trabalhar.

Daryl começou a falar no tom habitual, atualizando a primeira-ministra a respeito de três programas-chave: Novas Habilidades, Programa de Proteção Cultural e Blockchain Plus. Daryl começou por *Novas Habilidades*, uma iniciativa adicionada à Renda Básica Universal com a ideia de auxiliar e incentivar trabalhadores demitidos a se capacitarem novamente e realizar a transição para empregos com perspectivas para o futuro. Em seguida, Daryl falou sobre o *Programa de Proteção Cultural*, um programa criado para dar tranquilidade aos cidadãos com mais idade, um grupo de pessoas que presenciou muitas mudanças em pouquíssimo tempo.

Ae assumiu a apresentação do terceiro programa. Com aquele sorriso vindo do "vale da estranheza", ela deu um passo à frente e mudou a apresentação para exibir as últimas reformas educacionais de Laya e uma atualização sobre o programa *Blockchain Plus* do Tesouro. Elas discutiram os assuntos mais urgentes por mais uma hora e, às 9 horas em ponto, Laya deu um "bom dia, até logo" para seus assistentes e, com um toque em seus óculos, ficou sozinha no ambiente. Era o primeiro dia em dois meses que ela finalmente conseguira reservar tempo para passar com a família, e não haveria nada nesse mundo que a impediria de fazer isso.

Laya se levantou e foi até seu Mural de Comunicação. Então, removeu um headset leve e elegante revestido de metal e caminhou até o meio da sala, onde havia o desenho de um quadrado 6×6 no chão. Do outro lado deste, havia uma cadeira de segurança bastante confortável, apesar da aparência robusta. A maioria das salas dedicada à realidade virtual, ou RV, tinha uma, considerando quão cansativa a RV poderia ser. Laya parou no meio do quadrado, colocou seu equipamento, ligou o sistema LiDAR inteligente, que capturava os movimentos dela, e emitiu um comando.

A tela se iluminou e, de repente, ela estava em um ambiente digital idêntico a seu escritório. Era quase exatamente o mesmo em todos os sentidos, inclusive com o botão do pânico embaixo da mesa e a pilha de casacos pendurados no canto. A única diferença era uma tela de dados com projeções ao vivo sobre a economia e manchetes flutuando sobre a mesa. Usando seu avatar padrão, Laya caminhou até um guarda-roupa digital. As portas brilhantes se abriram automaticamente, espiralando para o nada. Ela passou por algumas opções de roupas e de avatares antes de escolher um terninho bege-claro. Tinha um ar casual, ideal para encontrar a família e qualquer paparazzi digital que estivesse à espreita. Com outro aceno ligeiramente diferente, ela levantou um grupo de guias, deslizou por algumas e parou na guia Pessoas. No topo da lista, havia um contato gravado como "Terry amor". Ao pressioná-lo, Laya selecionou a opção "Viajar para".

A visão de Laya ficou preta por um momento, com uma esfera pequena mais ou menos do tamanho de uma bola de basquete girando na frente dela, ganhando cor aos poucos. No momento em que a bola ficou totalmente colorida, Laya se viu diante de uma fila interminável de quadras de squash, todas com estilos variados. Ela ainda não tinha se acostumado com a instantaneidade disso tudo, um vez que, há apenas alguns anos, o atraso era praticamente esperado, não importa aonde você fosse dentro do metaverso.

À sua frente, de costas para ela, estava o gêmeo digital de seu marido. Ele estava empolgado assistindo a uma partida de hipersquash entre dois avatares. Um deles se parecia com um salmão, e o outro, com George W. Bush. Os avatares jogavam uma bola dourada para a frente e para trás, correndo e saltando de maneiras que só eram possíveis no reino digital.

"Terry", chamou Laya, estranhando o próprio tom amoroso desconhecido. Fazia uma eternidade que ela não ouvia a própria voz soar tão doce. Ela se aproximou dele, e seu sorriso real estava projetado em sua gêmea digital.

Terry se virou, animado por ver sua esposa ausente. Eles se abraçaram virtualmente — os sensores de feedback se aqueceram com esse ato.

"O que aconteceu com nosso brunch?", perguntou ela.

"Nada, eu estava apenas assistindo a um hipersquash enquanto esperava", explicou Terry. "Já estou indo."

Terry estava usando óculos de realidade aumentada, ou RA, possibilitando que ele desfrutasse a presença holográfica da esposa e da comida ao mesmo tempo. Da perspectiva de Laya, ela estava sentada no ambiente digital do restaurante Al Pancho, olhando para o gêmeo digital do marido.

O Al Pancho era um dos muitos holorrestaurantes que agora ficavam no shopping. Esses estabelecimentos foram projetados tendo em mente os clientes físicos e digitais, permitindo que amigos, familiares e casais compartilhem refeições enquanto estão sentados em restaurantes separados por centenas de quilômetros. Laya comeu um brunch preparado por sua equipe de cozinha, e Terry, um do Al Pancho.

Assim que terminaram, Laya acenou com a mão holográfica sobre uma máquina física de cartão, trazida por um garçom que usava um par de óculos de RA da marca Al Pancho, que, então, entregou a Terry um recibo físico.

Terry se voltou para Laya: "Obrigado pelo brunch, querida". Ele estava fazendo aquela voz fofa que fazia às vezes. "Embora eu desejasse que você pudesse estar aqui pessoalmente", completou.

"Eu sei. Eu também, mas nos veremos esta noite, prometo", respondeu Laya.

"Está bem. De qualquer maneira, quando o vejo pessoalmente, sempre somos incomodados pelos seus seguranças", acrescentou Terry, levantando as sobrancelhas e com a voz um pouco murcha.

Terry saiu para o shopping e o holograma de Laya estava automaticamente preso aos movimentos dele. Enquanto passeavam, diversos anúncios, tanto físicos quanto digitais, mudavam sutilmente. As palavras *Laya*, *Terry* e *marido e mulher* pareciam se repetir em alguns deles. Para desagrado de Laya, um anúncio particularmente hostil de suplementos para menopausa apareceu no caminho dela, flutuando a cerca de um metro do chão. Terry sabia que ela odiava esses anúncios, assim estendeu a mão para pegar o anúncio e, depois, jogou-o pelo shopping como se fosse um frisbee.

"Ei, olhe", acrescentou Terry, mudando de assunto rapidamente. "A D'Argento está em promoção. Que tal aquele colar que vimos da última vez?"

Laya voltou a sorrir. Ela conectou sua mão holográfica à mão digital de Terry e, juntos, eles entraram na D'Argento — uma joalheria de luxo para os amantes de joias físicas e digitais. Seu interior lembrava uma joalheria clássica da virada do século. As vitrines de vidro de diversas formas e tamanhos estavam cheias de itens de prazer estético lindamente trabalhados. Acima e além das peças físicas, as joias digitais flutuavam e brilhavam. Placas com *certificação NFT* e *itens digitais exclusivos* eram exibidas com orgulho no estilo RA.

Juntos, eles examinaram a seleção, concordando, enfim, pelo mesmo colar que já vinham "namorando" há um tempo. Desta vez Terry pagou, passando a palma da mão por cima da máquina de cartão. Assim que o pagamento foi confirmado, o colar apareceu no inventário digital de Laya.

Depois que ela vestiu o colar, eles ficaram lá por um momento, admirando a compra em um espelho virtual, rindo e sussurrando palavras doces, como faziam quando eram mais jovens. Enquanto Terry dizia a Laya como ela estava bonita, uma luzinha vermelha apareceu no canto da visão dela — a palavra *Ae* na tela.

Ela precisava atender. Por um breve momento, Laya tinha esquecido sua idade, seu trabalho. "Sim, Ae? Pedi para não ser interrompida."

"Ah, o dever nunca tira folga, primeira-ministra", brincou Ae ao entrar na visão de Laya.

"E, aparentemente, você nunca respeita sua programação", completou Laya. Ae estreitou os olhos para Laya, mas manteve o foco da conversa. Ela tinha acabado de angariar uma celebridade como porta-voz do *Programa de Proteção Cultural*, notícia agradável aos ouvidos de Laya. Além disso, estava quase na hora de ir à escola de Mia para sua apresentação. Mia era a filha mais velha de Laya, de 15 anos.

Laya agradeceu e dispensou Ae. Ela se virou para o marido com um olhar triste. Estava muito grata por ter Terry. Muitos outros homens não aceitariam uma esposa com um trabalho desse. Mas Terry entendia. Ela se perguntou como teria lidado com isso vinte anos atrás, antes de o metaverso existir para ajudá-los a tirar uns dias como esse de vez em quando. Antes tínhamos assistentes virtuais de IA para lidar com a burocracia.

Eles se despediram e prometeram se encontrar pessoalmente para jantar naquela noite. Então, Laya abriu o diretório central e, em seguida, abriu uma porta para o novo ambiente de eventos no metaverso do Imperial College of Arts.

O som sempre chegava primeiro. Assim que Laya atravessou a porta, o barulho de um salão cheio a atingiu em cheio. Uma onda de conversas, risos, choros de criança e adolescentes empolgados reverberou em seu headset. Ela ajustou o volume no lado direito do fone e olhou ao redor do grande salão escuro.

Havia um palco no outro extremo do salão, iluminado por luzes invisíveis. Ela olhou para cima e notou que o corredor desaparecia na escuridão, mas nunca alcançava o teto; era apenas um vazio sem fim.

A Sra. Hutchkings, diretora da escola, apareceu para guiar Laya pessoalmente em meio à multidão de avatares mistos. Gêmeos digitais — alguns vestindo smoking e outros, shorts e camiseta — se alinhavam no salão. Também havia alguns avatares mais estranhos espalhados pelo salão, incluindo o que parecia ser uma Tartaruga Ninja, ou pelo menos alguma espécie de réptil gigante ambulante.

Elas seguiram até a área de visualização designada e, poucos minutos depois, o salão ficou em silêncio. Uma fileira de alunos com o rosto mascarado surgiu no centro do palco. A apresentação havia começado. Eles começaram a apresentar o conteúdo que criaram no Módulo de Criação de Conteúdo, módulo adicionado ao currículo nacional como parte do Programa de Modernização em Cinco Etapas de Laya.

Cerca de trinta minutos depois, a gêmea digital de Mia apareceu vestida com um tutu de balé. Ela ajustou o esquema de cores e apareceu em preto e branco — quase um Cinema Noir. Ela se posicionou no centro do palco em uma pose de balé e, enquanto se movia com leveza, uma barra preta apareceu na parte inferior da visão de Laya, com a letra de *Bach — Air on the G String, Suite Nº3, BWV 1068* rolando na tela devagar em uma fonte branca e pequena. O som impressionante de uma orquestra de cordas soou pelos ouvidos de Laya e sua filha começou a se mover graciosamente ao som da música. Enquanto ela dançava, seus dedos deixavam pinceladas no ar atrás deles.

Mia dançou lindamente, as cores mudavam, fluindo de suas mãos em meio à dança. Tons de azul escuro, um verde profundo, violeta, dourado, preto, branco — uma paleta de cores saiu de suas mãos, colorindo o ar. Na parte da apresentação em que o som ficou mais alto, Mia fez uma pose em frente à imagem que acabara de criar com as mãos — de mil linhas e cores aparentemente aleatórias, formou-se uma imagem de *A Noite Estrelada*, de Vincent van Gogh.

Mia se curvou para a plateia. Houve aplausos e assobios da multidão, além de alguns fogos de artifício digitais. Laya pulou de emoção, acenando como uma louca para a filha no palco; graças a uma configuração familiar no filtro do avatar, ela conseguia ver a mãe e acenou de volta, animada.

Laya tinha saudades disso. Sentia falta de estar presente quando os filhos faziam coisas incríveis. Com um sorriso no rosto, uma única lágrima escorreu lentamente pela bochecha real de Laya, caindo no reservatório que fica entre seu headset e seu rosto. Ela continuou aplaudindo a filha, mas, por fim, a multidão se acomodou e o próximo aluno entrou no palco.

Então, ela saiu da área de visualização e, após acenar para uma porta, foi até os bastidores. Tendo dificuldade em enxergar a filha no meio da multidão de alunos e professores frenéticos, Laya abriu o menu — um truque bastante simples de fazer, bastou piscar o olho direito — e convidou Mia para um bate-papo privado. Mia aceitou, e seus avatares foram compelidos a se encontrar; as visões e os sons ao redor sumiram.

"Estou tão orgulhosa de você, querida", disse Laya à filha. As duas conversaram um pouco sobre a apresentação, a música, sobre tudo aquilo. Elas obviamente sentiam falta uma da outra e precisavam urgentemente de um tempo entre mãe e filha. Em meio às comemorações, a luz vermelha acendeu mais uma vez. Novamennte Ae. Disfarçando seu aborrecimento na frente da filha, ela se desculpou e respondeu à chamada: "Isso precisa passar por mim ou Daryl pode resolver?"

Ae explicou que a Suécia acabara de anunciar as mesmas reformas educacionais nas quais Laya estava trabalhando. O país acabara de fechar um contrato com um dos gigantes tecnológicos para fornecer os mais recentes headsets e sistemas LiDAR a todas as escolas suecas e, até mesmo, construir uma embaixada do metaverso para o governo sueco, algo que todos os governos estavam começando a fazer.

Mia ficou ali, observando a mãe falar com uma pessoa invisível, e seu entusiasmo desaparecia lentamente enquanto lembrava por que o trabalho da mãe a incomodava tanto. Laya olhou para a filha e percebeu. Então, gesticulou com a mão e silenciou Ae no meio da explicação sobre um problemão a respeito dos detalhes do acordo sueco.

"Sinto muito querida. Você foi incrível hoje. Estou muito orgulhosa. Vejo você mais tarde em casa."

Elas trocaram emojis carinhosos, e Mia desapareceu outra vez na multidão. Laya desligou o microfone. "Guarde os detalhes para mais tarde, Ae. Você pode localizar meu outro filho? Zack deve estar saindo da escola em breve. Após alguns instantes, Ae já encontrara o local.

"Ele está no Pondbox", informou Ae, com um tom que antecipava o aborrecimento de Laya.

Entre no Metaverso

Pondbox era uma região mais nova dentro do metaverso. Ela havia dito a Zack, seu filho de 12 anos, para não ir lá, pois a área não estava sob a proteção do GAC, o software antifraude do governo.

A região tinha centenas de tipos novos de jogos experimentais, conteúdo e NFTs, mas faltavam diretrizes ou regras. Isso fez Laya se lembrar da internet no início dos anos 2000, quando costumava acessar sites como FunnyJunk e a versão mais antiga do YouTube. Assim como a internet na época, havia um monte de bots e perfis falsos para roubar senhas, além de muito conteúdo adulto irrestrito. Não era bem o tipo de lugar que um pai ou uma mãe gostaria que o filho de 12 anos frequentasse.

Ae havia rastreado Zack até um *shoot'em up* conceitual protegido por senha que um programador de Rouge idealizara. Usando sua identidade digital ministerial, Laya passou direto pela porta protegida por senha. Do outro lado, ela viu Zack e Mia conversando. No momento em que Laya entrou, ouviu as palavras: "Você não pode me emprestar a sua?"

Todos viraram para se encarar, Zack e Laya pareciam igualmente confusos. A expressão de Mia, por outro lado, não se alterou e apresentava uma característica um pouco estranha para ela.

Zack odiava quando a mãe vinha ver o que ele estava fazendo. "Mãe, você tem que parar de controlar tudo o que eu faço", disse. Depois, voltou-se para Mia: "Agora pare de me incomodar e pergunte à mamãe." Então se virou de costas para as duas, assumindo a postura de um soldado em meio a uma batalha invisível.

Laya percebeu que algo estava errado. Ela estendeu a mão esquerda, congelando os dois avatares, e levou a direita até o botão de pânico em seu headset, abrindo uma linha direta com a P.C.M. e uma saída de emergência à sua direita.

De volta ao mundo real, em um prédio qualquer do outro lado do país, teve início um protocolo bem ensaiado. Uma equipe de programadores e coders colocou headsets e dispositivos de comunicação de pulso. O som suave de um zumbido baixo, interrompido por um murmúrio ocasional, ricocheteou na parede azul mal iluminada. A placa "P.C.M. — Polícia Cibernética Ministerial" brilhou, impecável, na sala bem ventilada.

Laya passou pela saída de emergência, arrastando o avatar de Zack. Quando a porta se fechou atrás deles, diversos agentes P.C.M. apareceram e se posicionaram ao redor da falsa Mia. Agora, Laya e Zack estavam em um ambiente digital idêntico ao quintal da casa deles, permanentemente definido como ambiente para uma tarde de verão. Laya descongelou o avatar de Zack e o guiou até uma cadeira de segurança do mundo real.

"Zack...", disse Laya, com uma voz suave, "você sabe que não era sua irmã, certo?". No início, Zack ficou confuso, mas a expressão em seu rosto mudou rapidamente de vergonha para constrangimento. Em meio a lágrimas, ele confessou à sua mãe digital que emprestou a senha de casa para Mia. "Ela me disse que tinha perdido", ele explicou.

Laya confortou o filho da melhor maneira que conseguiu, mas nenhuma palavra poderia substituir um abraço de verdade. Uma tristeza repentina tomou conta dela; ela queria desesperadamente confortar o filho.

"Estarei em casa em breve. Eu te amo."

Determinada a chegar em casa, Laya substituiu o headset por um par de óculos de RA e saiu pela porta do escritório. Assim que fez isso, a luz vermelha acendeu novamente. "É melhor que seja importante."

"Sempre é, primeira-ministra", a voz normal neutra de Ae parecia alegre. "Um relatório publicado pela ONU acaba de anunciar que o projeto Supply Chain Resilience 2024 é um enorme sucesso. Agora, contratos inteligentes e uma moeda digital central aprovada pela ONU foram seguramente estabelecidos." Uma parte do sorriso estranho de Ae estava aparecendo no canto da tela enquanto ela dava a notícia. "O WWF também publicou um relatório no início desta tarde, alegando que o metaverso reduziu a poluição do tráfego", ela acrescentou rapidamente.

Uma hora mais tarde, o motorista de Laya parou na entrada arborizada da casa de sua família. Embora seu 4×4 autônomo cedido pelo governo não precisasse de motorista, essa foi a única vez em que Laya ouviu sua segurança particular e aceitou ter um motorista humano.

"Chegamos, primeira-ministra", anunciou uma voz cansada vinda da parte da frente do carro.

Laya ficou ali sentada por um momento, abrigando-se do vento forte e olhando pela janela da cozinha. Ao se sentar no frio e no escuro, ficou confortada pela visão de sua família sorridente. Bem, o sorriso dela, de Zack e de Terry, porque Mia estava apenas sentada ao lado da cozinha, rolando o que Laya assumiu ser a tela do feed de alguma rede social RA. Laya assimilou tudo, absorvendo esse raro momento de paz.

Ela irrompeu pela porta, anunciando em voz alta sua presença para a casa. Animados, Zack e Mia vieram correndo da cozinha e abraçaram a mãe.

"Faz tanto tempo que não a vemos", disse Mia à mãe, com os olhos marejados. "Mas nós nos vimos há apenas algumas horas", respondeu Laya. "Mãe...", Mia se afastou um pouco para olhar para o rosto da mãe, "não nos vemos há 64 dias. Eu contei".

À medida que a noite avançava, Laya se deleitou na companhia física da família. Sentados ao redor da mesma mesa pela primeira vez em meses, eles se presentearam com histórias da escola e do trabalho. No meio da refeição e de uma das piadas de Terry, aquela luz vermelha piscando apareceu nos olhos de Laya. Eles sabiam o que isso significava, e um silêncio triste pairou sobre a mesa. Tentando esconder sua decepção, Terry se levantou para abraçar a esposa.

"Se eles precisam de você, vá. Nós te amamos."

Laya levou a mão até seus óculos e hesitou por um momento. Em vez de responder, ela os tirou do rosto. Sua família parecia confusa — feliz, porém confusa — enquanto Laya repousava os óculos na mesa da sala de jantar. "Se for importante, eles enviarão alguém."

Introdução

Nos dias 13 e 14 de novembro de 2020, o rapper, cantor e compositor norte-americano Lil Nas X, também conhecido como Montero Lamar Hill, apareceu no palco virtual da Roblox, plataforma global popular de jogos, principalmente entre as crianças. Pela primeira vez na plataforma, o show atraiu uma quantidade incrível de 33 milhões de pessoas, que desfrutaram de uma performance exclusiva dentro do mundo virtual.[3] Para Lil Nas X, considerado um pioneiro em diversas áreas, o show virtual proporcionou uma oportunidade única de se conectar a milhões de fãs durante a pandemia, quando não era possível fazer shows presenciais. Enquanto shows presenciais têm capacidade de público limitada em virtude do tamanho do local e das leis da física, em um show virtual, tudo é possível para impressionar os fãs. É possível oferecer uma experiência mágica. Lil Nas X lançou seu novo single *Holiday* durante o show virtual e, certamente, foi um enorme sucesso, gerando muita publicidade tanto para a Roblox quanto para o rapper, inaugurando um novo formato de entretenimento e gerando quase US$10 milhões em mercadorias virtuais, como trajes digitais, acessórios e skins de avatar, que os usuários conseguiam comprar usando a moeda do jogo, o Robux.[4]

Lil Nas X apareceu como um gêmeo digital gigantesco e transportou os usuários para quatro mundos temáticos diferentes: do Velho Oeste a um mundo repleto de neve, no inverno. Os usuários da Roblox aprovaram essa experiência única. Embora algumas crianças quisessem assistir à apresentação ao lado dos amigos, seria impossível reunir todos os 33 milhões de participantes em um servidor devido às atuais restrições de hardware. Isso teria sido totalmente caótico.

Entre no Metaverso

Por isso, os jogadores viram apenas cerca de cinquenta outros participantes assistindo à apresentação ao vivo, fazendo com que o show parecesse um pouco vazio. Apesar das falhas ocasionais esperadas, por se tratar de uma experiência muito nova, o show foi um sucesso estrondoso.

Menos de um ano depois, em outubro de 2021, a Decentraland organizou não só um show, mas um festival metaverso inteiro de quatro dias com oitenta artistas diferentes.[5] A Decentraland é um universo virtual 3D totalmente descentralizado, governado por uma organização autônoma descentralizada (DAO), no qual os usuários podem construir a própria experiência digital exclusiva e interagir com outras pessoas. Os maiores atrativos do festival virtual foram Deadmau5, produtor de música eletrônica e DJ canadense, e Paris Hilton. A Roblox e Lil Nas X visaram os jovens jogadores, enquanto o Metaverse Festival focou mais a comunidade de criptomoedas com experiência em tecnologia. Os usuários conseguiam comprar mercadorias digitais, como wearables digitais para seus avatares,[6] usando MANA, a criptomoeda do jogo, e todos os participantes recebiam um token não fungível (NFT)[*] em suas carteiras como *comprovante de participação*.[7]

Ao começar a ler este livro, você deve ter se perguntado: por que um livro de negócios no metaverso começa com uma história fictícia e fala sobre dois eventos virtuais? Estou no lugar certo? Bem, sim... certamente está. As duas apresentações, e muitas outras que aconteceram em jogos como *Fortnite*[†], mostram que as linhas entre os mundos real e virtual estão começando a se cruzar e a trabalhar em conjunto. A história fictícia mostra o que o metaverso pode vir a se tornar, e não demorará muito para que vivamos em tal futuro. Em sua forma mais básica,

---

[*] Falaremos sobre os tokens não fungíveis em detalhes, mas, para lhes dar um spoiler, *não fungível* significa que esses tokens, que são representações (digitais) de ativos (digitais) semelhantes às fichas que representam dinheiro em um cassino, não são negociáveis. Isso significa que um token não fungível não pode ser trocado por outro token não fungível, porque eles não têm o mesmo valor. Fichas de cassino ou notas de dólar são fungíveis; uma ficha ou uma nota de US$1 podem ser trocadas por outra ficha ou outra nota de US$1, e ainda se tem exatamente a mesma coisa. Uma carta de Pokémon Go não é fungível, porque uma carta pode ser mais valiosa do que outra, e trocá-la significa que você terá algo diferente, com um valor diferente.

[†] Para quem não conhece, o *Fortnite* é um videogame online desenvolvido pela Epic Games e lançado em 2017. É denominado *Battle Royale Game*, em que os jogadores lutam entre si para se tornar o último jogador vivo. Oferece diferentes modos de jogo que permitem aos usuários não apenas lutar entre si, mas também assistir a shows, construir ilhas ou socializar.

o metaverso é o local de convergência entre os mundos físico e digital em uma experiência *figital*, que amplia ambos os mundos. Conforme descobriremos, o metaverso mudará radicalmente nossa sociedade e oferecerá experiências que, até recentemente, pareciam mágicas. Os primeiros vislumbres do metaverso já podem ser acessados, e as pessoas ao redor do mundo já estão vivendo, experimentando e explorando esse mundo. Na próxima década, o metaverso ganhará vida, e não demorará muito para que experiências híbridas inéditas se tornem uma realidade (virtual).

Bem-vindo ao Metaverso

A ascensão desses eventos ao vivo de interação em massa (MILEs) é a primeira indicação do rumo que a internet está tomando e das oportunidades disponíveis por meio da próxima iteração da rede mundial de computadores. Quem teria imaginado, há alguns anos, que seria possível ter 33 milhões de pessoas assistindo a um show ao mesmo tempo? Todos conseguiram ter essa experiência do melhor ponto de observação possível e compartilhá-la com amigos de todo o mundo, criando memórias coletivas em tempos em que não era possível haver a conexão física. Entretenimento online e socialização em ambientes de jogos virtuais são bastante comuns para a geração Z (os nascidos entre meados dos anos 1990 e 2010) e, principalmente, para a geração Alpha (os nascidos após 2010), mesmo antes da pandemia.

A geração Alpha, a primeira geração a nascer inteiramente no século XXI, terá uma perspectiva de mundo (digital) completamente diferente das anteriores. Essas crianças nasceram na época em que o iPad foi introduzido no mercado, o Facebook se tornou a rede social predominante e os jogos multiplayer online em massa (também conhecidos como MMOs) começaram a atrair milhões de jogadores. Você já deve ter assistido ao vídeo de 2011 que mostra uma bebê de 1 ano navegando com facilidade em um iPad, mas tendo dificuldade ao folhear uma revista de papel porque não conseguia dar zoom com os dedinhos. Para ela, a revista estava quebrada.[8] Embora a geração Alpha também esteja bastante familiarizada com artefatos físicos, como livros infantis ou livros para colorir, o fato de essas crianças conseguirem navegar com tanta facilidade no reino digital desde tenra idade é uma indicação do que podemos esperar, uma vez que o cérebro delas está conectado ao mundo digital desde o princípio.

Dez anos se passaram, e essa bebê cresceu em um mundo no qual a internet é onipresente, disponível ao clique de um botão, e as interações online são tão comuns quanto as físicas. Ela enxerga o mundo de uma perspectiva completamente diferente dos millennials, e mais ainda dos baby boomers, que comandam o mundo atualmente. Assim, ela se sente bastante à vontade para mergulhar em um mundo virtual com infinitas possibilidades e oportunidades, apesar de todos os problemas que isso pode trazer, conforme veremos mais adiante neste livro. Para ela, o metaverso sempre existiu, e quanto mais avançadas as tecnologias (digitais), quanto mais o físico e o digital se fundirem, melhor será a navegação no chamado "mundo figital".

Uma das novas experiências incríveis que o metaverso já proporcionou foram esses eventos ao vivo de interação em massa. Para a geração Alpha, os MILEs oferecem benefícios substanciais em relação aos shows do mundo real. Primeiro, é mais fácil conseguir assisti-los. As crianças não têm que pedir permissão aos pais, porque não precisam ir a lugar nenhum, podem participar do conforto de sua casa. Segundo, elas podem aparecer no show usando sua roupa ou seu personagem favorito, compondo seu avatar como uma extensão de sua personalidade do mundo real, criando a capacidade suprema de autoexpressão. Se o filho tem vontade de ir ao show vestido de unicórnio, ele pode; provavelmente não será caro se transformar em um unicórnio. Além disso, os amigos dele, de qualquer lugar do mundo, também estarão no show — observe que a geração Alpha tem amigos espalhados por todo o mundo desde o início da vida. Eles fizeram amizades próximas com pessoas que talvez nunca tenham conhecido na vida real e, provavelmente, nunca conhecerão fisicamente. Para eles, a globalização não é algo ruim, é uma oportunidade de conhecer pessoas novas e outras culturas, ainda que de forma totalmente virtual. Por fim, eles terão assentos na primeira fila do show, mesmo que cheguem tarde. Na verdade, podem ficar bem ao lado do cantor favorito deles durante a apresentação, tirando prints dessa experiência e compartilhando com os amigos que não conseguiram estar lá. E, ao final do show, já estarão em casa a tempo para o jantar. O melhor é que, na semana seguinte, eles podem ir a outro show sem pagar US$100 por um ingresso que permite assistir a seu artista favorito apenas de longe, como no mundo físico. Para

Introdução

muitas crianças, os shows virtuais oferecem uma experiência tão boa quanto ou até melhor do que os shows físicos tradicionais.

O metaverso trará benefícios como esses eventos interativos e muitos outros, como retratado na história fictícia do início do livro, que será difícil de ignorar — tanto para os consumidores quanto para as empresas. O metaverso oferece uma nova forma de fazer negócios, conectar-se com clientes e colaborar com outros colegas. As empresas que entraram no metaverso já estão se beneficiando dele, fidelizando os clientes à marca, otimizando o design e os processos de criação de produtos, tornando-se mais sustentáveis e, em geral, aumentando os resultados. Assim como as empresas que foram as primeiras a adotar a internet na década de 1990, quando esta surgiu, e as primeiras empresas a se aventurarem nas mídias sociais quando estas foram criadas, no final dos anos 2000, as organizações que já entraram no metaverso colherão os frutos dessa nova economia social de trilhões de dólares que será criada ainda nesta década.

No entanto, conforme também veremos mais adiante, no metaverso, não se faz negócio da maneira habitual. Sim, a internet imersiva é outro canal que você, como organização, precisa dominar, mas ele requer atenção total. Isso exigirá investimentos iniciais significativos, tentativa e erro e fortes conexões com sua comunidade. Afinal, projetar uma série de tokens não fungíveis (NFTs) colecionáveis relacionados à sua marca ou criar uma versão digital imersiva de sua sede para os clientes explorarem durante a pandemia exige mais capital e recursos do que elaborar uma campanha de mídia social. Além disso, os processos de datificação e a incorporação de equipamentos operacionais com sensores para criar gêmeos digitais (representações virtuais de processos ou ativos físicos) que fornecerão informações valiosas para constante monitoramento de uma instalação de produção remota e melhorar continuamente seus rendimentos não é tão fácil quanto parece. Por fim, migrar do Zoom ou do Teams para uma sala de reuniões de realidade virtual, na qual funcionários de todo o mundo podem se reunir, colaborar e, talvez, passar ainda mais tempo no mundo virtual requerem uma mudança significativa no comportamento dos funcionários. E, como sabemos, construir a tecnologia é a parte "fácil"; mudar o comportamento do usuário ou funcionário é algo completamente diferente.

Claro que, para os nativos do metaverso (a geração Alpha e, em menor grau, a geração Z), é fácil abraçar o metaverso. Esse é um desafio para as gerações mais velhas, que não estão acostumadas a ter uma internet imersiva onipresente. O desafio será convencê-las de que abraçar a RA e a RV poderá trazer oportunidades novas e experiências incríveis.

O objetivo deste livro é ajudá-lo a entender o metaverso — o que é, como funcionará, como você pode se beneficiar dele e como devemos construí-lo. É claro que nenhum livro sobre esse assunto pode ser considerado completo sem fazer referência à sua origem. O metaverso é um termo cunhado pelo romancista Neal Stephenson em seu famoso romance de 1992, *Snow Crash* (publicado pela Bantam Books em 1992). O romance define o metaverso como um lugar onde as pessoas usam headsets de realidade virtual para interagir em um mundo digital semelhante a um jogo. Ele ganhou o status de cult, especialmente entre os empresários do Vale do Silício, e a HBO transformou o livro em uma série. Já o livro *Jogador Nº 1*, de Ernest Cline (publicado pela Crown Publishing Group em 2011 com o nome *Ready Player One*), foi transformado em filme em 2018 por Steven Spielberg, no qual o protagonista retrata o metaverso como um "universo virtual aonde as pessoas vão [...] por todas as coisas que podem fazer e escolhem ficar por todas as coisas que podem ser".[9] Ambos os livros de ficção científica enxergam o metaverso como um universo digital com o qual interagimos usando a realidade virtual. Essa definição está aquém do metaverso real que está sendo construído agora, em que a realidade virtual é apenas um canal por meio do qual interagimos com o metaverso. Além do mais, ambos os autores retratam o metaverso como uma propriedade comercial e uma forma de ajudar as pessoas a escaparem da realidade distópica do mundo futuro. Embora certamente isso seja uma possibilidade para nosso futuro, temos a chance de evitar um futuro distópico em que uma pequena elite controla o metaverso e o planeta é ameaçado pelas mudanças climáticas. Será uma batalha longa e desafiadora, porque aqueles que estão no poder geralmente são muito relutantes em entregá-lo à sociedade; mas uma batalha que não podemos perder. Se o futuro distópico descrito por Stephenson e Cline não é algo que esperamos alcançar, então devemos garantir a construção de um metaverso aberto, descentralizado e voltado para a sociedade e corrigir os erros da web 2.0.

Neste livro, minha intenção é lhe dar as ferramentas para criar um metaverso aberto, a fim de que evitemos acabar em uma versão piorada do mundo atual. Espero que ele o ajude a navegar na internet imersiva e, mais importante ainda, que o guie na construção de um metaverso aberto, inclusivo, descentralizado e não controlado pela Big Tech. Afinal, devemos evitar cometer os mesmos erros que cometemos ao construir a web 2.0. Ao inventar a web, Tim Berners-Lee a imaginou descentralizada e aberta, cujos dados seriam controlados pelos usuários. No entanto, acabamos com silos controlados pela Big Tech.[10] Agora que estamos entrando na fase seguinte da internet, e com a tecnologia pronta, podemos consertar o que fizemos de errado. Afinal, um metaverso fechado, controlado pela Big Tech ou pelo governo provavelmente resultará em um pesadelo distópico que precisamos evitar a todo custo, como veremos mais adiante.

Falaremos também sobre o que pode dar errado no metaverso. A intenção não é assustá-lo, porém, da mesma forma que os cibercriminosos operam na internet atual, os hackers e golpistas também patrulham constantemente o metaverso à espreita da próxima vítima. O metaverso será hackeado, e todos devem estar cientes de como isso pode prejudicar a sociedade, as organizações e as pessoas individualmente. Com cada vez mais dispositivos conectados à internet — a previsão é que até 2030 haverá 125 bilhões de dispositivos conectados à internet, com 7,5 bilhões de usuários —, haverá diversas oportunidades para os cibercriminosos invadirem seu espaço, sua empresa e o metaverso, causando danos que podem totalizar US$10 trilhões já em 2025.[11] Como descrito na história fictícia no início deste livro, para eles será relativamente fácil fingir ser outra pessoa no metaverso — se alguém tem a voz e a aparência de nossa irmã, acreditamos que essa pessoa é, de fato, a nossa irmã. No entanto, até mesmo essa questão é um problema relativamente pequeno comparado a um metaverso inundado por mecanismos de assédio e recomendações nocivas que criam bolhas de filtro imersivas, dividindo e polarizando ainda mais a sociedade e prejudicando as pessoas.

No Capítulo 1, mergulharemos no que o metaverso é e no que pode se tornar; afinal, se todos quisermos nos beneficiar dele, é importante ter uma compreensão compartilhada desse novo conceito. Quais são as características do metaverso e como elas impactam nossa experiência? Começaremos nossa jornada pelo início da bolha "pontocom", quando a internet surgiu pela primeira vez. A web 1.0 possibilitou a conectividade de nossos computadores pessoais, a internet chegou até nossas salas de estar, mesmo que você a acessasse poucas vezes. A web 2.0 chegou por meio do smartphone, embora não haja uma data definida de quando exatamente a internet móvel teve início. Ela aproximou a internet de nós, possibilitando que estivéssemos online o tempo todo; no entanto, ainda temos que fazer um esforço para "entrar na internet" — temos que pegar o celular ou abrir o notebook. A próxima versão da internet será onipresente, disponível 24 horas por dia, e você estará sempre conectado, inclusive quando estiver dormindo — com seu Apple Watch rastreando seu sono, por exemplo —, pronto para interagir sempre que quiser ou precisar.[12] Essa internet imersiva exige novas soluções de hardware, pois, sem a realidade aumentada (RA) e a realidade virtual (RV), permaneceremos observadores em vez de participantes ativos desse mundo virtual. Falaremos sobre o que são RA e RV, em que situação nos encontramos no momento e em que direção precisamos seguir antes que essas tecnologias se tornem tendência predominante e os mundos físico e digital realmente convirjam. Estudaremos a fundo as principais características do metaverso aberto e analisaremos como podemos construir um metaverso que agregue mais valor à sociedade.

No Capítulo 2, exploraremos como podemos alcançar um metaverso aberto que capacite os usuários em vez de escravizá-los e quais serão os benefícios desse metaverso para a sociedade. No Capítulo 3, exploraremos a ascensão de avatares e humanos digitais — representações 2D ou 3D de nossa identidade no mundo digital — e falaremos sobre como essas identidades digitais redefinirão o que é ser humano. Investigaremos como os avatares mudarão nossa identidade e por que a reputação se tornará ainda mais importante no mundo virtual. Claro que os avatares não podem andar nus pelo metaverso; por isso, a moda digital e os produtos digitais explodirão nos próximos anos, oferecendo às marcas uma nova abordagem para se conectarem com os clientes de maneira sustentável e ecológica.

Após entendermos quem podemos ser no metaverso, no Capítulo 4, descobriremos o que podemos fazer no metaverso. Os humanos sempre tentaram escapar da realidade, seja por meio das histórias contadas ao redor de uma fogueira ou da leitura de um livro. Agora, pela primeira vez, podemos criar o próprio espaço e convidar qualquer pessoa do mundo para participar dele e ter uma experiência social distante da vida cotidiana. Claro que os usuários que preferem uma experiência imersiva solitária também encontrarão isso no metaverso. Haverá milhões de espaços metaversos semelhantes à internet atual, e conhecer seu ca-

Introdução

minho percorrido dentro desse ambiente tornará sua experiência ainda melhor. Portanto, vamos mergulhar no tema sobre como atravessar o metaverso e ter uma experiência imersiva ao ouvir música, jogar, praticar esportes, fazer compras e aprender.

Claro que o metaverso não envolverá apenas diversão. Para as empresas, ele será visto como um negócio sério. Aumentar a fidelidade à marca, desenvolver gêmeos digitais, colaborar em realidade virtual — o futuro do trabalho girará em torno do metaverso. No Capítulo 5, falaremos sobre como as marcas podem entrar no metaverso, incluindo diversos exemplos de marcas que já se aventuraram nele e o que podem fazer para se tornarem bem-sucedidas nesse ambiente. No Capítulo 6, exploraremos os dados de localização e a Internet das Coisas (IoT), que serão a força motriz para levar casas, escritórios, fábricas, cadeias de suprimentos e cidades inteiras para dentro do metaverso. Ainda que muitos ambientes corporativos de metaverso sejam jardins murados fechados, dando privacidade e segurança, a versão para o consumidor do metaverso funcionará apenas se for um espaço aberto e inclusivo, controlado por usuários em vez da Big Tech. Zuckerberg pode ter reivindicado o metaverso por meio da alteração de sua marca para Meta, mas ele nunca deveria ter tomado posse dele, nem ter passado a controlá-lo.

No Capítulo 7, abordaremos o tema sobre a economia do metaverso, incluindo os tokens não fungíveis. Já em 2021, aconteceram muitos negócios imobiliários digitais de milhões de dólares e troca de ativos digitais; isso é apenas o começo. Com uma oferta infinita de terrenos digitais em diversos espaços do metaverso, você esperaria que os preços fossem baixos, não é? Mas não é isso que está acontecendo. Os preços estão em alta, e quanto mais o metaverso estiver nas mídias, mais isso continuará acontecendo. Porém há uma ressalva: essa corrida do ouro inicial provavelmente continuará, mas, se quisermos garantir que o metaverso seja inclusivo e reduza a desigualdade em vez de ampliá-la, ela não deve continuar. Como funciona o mercado imobiliário digital, como isso afeta a economia do metaverso e pode se tornar uma coisa boa? Quais outros aspectos do metaverso definem como a economia funcionará? Para entender como a economia do metaverso funcionará, vamos mergulhar fundo nos NFTs: o que são, como funcionam, por que são tão importantes, quais são seus desafios e por que o hype atual de vender JPEGs por milhões de dólares é importante, embora o dinheiro não represente o verdadeiro valor dos NFTs.

Por fim, antes de terminar o livro com um vislumbre futuro do metaverso, no Capítulo 9, exploraremos o lado sombrio desse ambiente. Como a web existente tem uma dark web, o metaverso inerentemente terá aspectos negativos que podem prejudicar pessoas, organizações e sociedades. Quais são esses problemas e, mais importante ainda, como podemos evitá-los? Discutiremos os perigos e os desafios éticos do metaverso, o impacto mais provável na saúde (mental) de seus usuários e os inúmeros perigos relacionados a privacidade e segurança. O metaverso apenas será divertido e útil se o construirmos da maneira correta. No Capítulo 8, veremos como fazer isso e como lutar para manter o metaverso um ambiente agradável que não traga ainda mais desequilíbrio à sociedade, e sim progresso à humanidade.

Nos próximos anos, a definição de sociedade e do que significa ser humano mudará drasticamente. Estamos muito próximos de construir uma realidade alternativa não limitada pelas leis da física e na qual tudo é possível. Nesse mundo, a magia se tornará realidade. Espero que este livro o faça compreender totalmente o que o metaverso pode se tornar e como você, consumidor, pode aproveitá-lo e como as empresas podem se beneficiar dele sem importunar e seguir esses consumidores como as organizações fazem na web da atualidade. Se não aprendermos com nossos erros e errarmos novamente, o metaverso distópico retratado por Neal Stephenson no romance *Snow Crash* se tornará realidade. No entanto, se o construirmos da maneira correta, um mundo de abundância está prestes a acontecer. Que a jornada e a magia tenham início. Vamos entrar no metaverso!

Capítulo 1

O Futuro É Imersivo

Da Web 1.0 para a Web 3.0

Para entender como o metaverso mudará o que somos, precisamos saber de onde viemos e o que impulsionará a internet imersiva. Isso nos obriga a voltar no tempo, até a década de 1950, quando a segunda geração de computadores, que usavam transistores, chegou ao mercado.[13] Esses grandes computadores mainframe substituíram as máquinas de tubo a vácuo e deram início ao advento da era da informação como a conhecemos atualmente. Foi possível construí-los pois, alguns anos antes, três cientistas do Bell Labs — William Bradford Shockley, John Bardeen e Walter Houser Brattain — inventaram o transistor, pelo qual receberam o Prêmio Nobel em 1956.

Em poucos anos, os diversos componentes necessários para construir o computador pessoal, como o chip de computador e os microprocessadores, eram pequenos o suficiente para nos lançar a uma nova era. Ao longo dos anos, o aprimoramento no hardware continuou a fornecer soluções cada vez menores — a tal ponto que, agora, temos máquinas capazes de criar transistores de um nanômetro de comprimento.[14] Um nanômetro é um bilionésimo de metro, ou 40% da largura de uma fita de DNA humano.[15] Ou seja, é muito pequeno mesmo! Essas melhorias no hardware são necessárias, se quisermos acessar o metaverso usando dispositivos pequenos, confortáveis e baratos, como headsets de realidade virtual (RV), óculos de realidade aumentada (RA) ou até mesmo lentes de contato inteligentes em um futuro distante — o que significa que a adoção convencional da RV e da RA ainda levará alguns anos. Além disso, a criação de um hardware mais sofisticado é apenas um dos pré-requisitos da internet imersiva.

O outro componente é o software; para o primeiro algoritmo, precisamos remontar ao século XIX. Na década de 1840, Ada Lovelace, analista e matemática, considerada a primeira programadora de computadores, elaborou o primeiro algoritmo. Em seu artigo de 1843, Lovelace previu acertadamente que as futuras máquinas poderiam ser capazes de "compor peças de música elaboradas e científicas de qualquer grau de complexidade ou extensão".[16] Claro, levou mais de 175 anos para que os programas de computador fossem mesmo capazes de fazer isso, mas a visão do futuro que ela teve é notável, por isso é reconhecida como a mãe da computação moderna.[17]

Após 125 anos, passamos da programação de código binário para a era das linguagens de programação. Em 1964, os pesquisadores do Dartmouth College em Hanover, New Hampshire, lançaram o BASIC, um acrônimo para Beginner's All-purpose Symbolic Instruction Code [Código de Instruções Simbólicas de Uso Geral para Iniciantes, em tradução livre], uma família de linguagens de programação de alto nível, enfatizando a facilidade de uso e a linguagem de programação usada em muitos dos primeiros videogames. Alguns anos depois, a Hewlett-Packard lançou diversos computadores que rodavam programas BASIC, e, na década de 1970, a Microsoft desenvolveu um dialeto da linguagem de programação chamado Microsoft BASIC. Esse foi o ponto de partida de uma das empresas mais valiosas do mundo e, desde então, a Microsoft percorreu um longo caminho. Em 2021, a empresa anunciou sua entrada no metaverso corporativo e, em 2022, estruturou seu curso por meio do anúncio de compra da empresa de jogos Activision Blizzard por quase US$70 bilhões.

Com hardware e software implementados, a Agência de Projetos de Pesquisa Avançada de Defesa (DARPA) conseguiu desenvolver a primeira rede de computadores, chamada ARPANET. Na década de 1970, a ARPANET foi incrementada com um protocolo host-to-host e com software de rede, resultando nas primeiras aplicações para a rede, incluindo o correio eletrônico. Os pesquisadores vanguardistas foram inteligentes o suficiente para desenvolver um mecanismo de coordenação fácil, possibilitando que mensagens de e-mail fossem enviadas a diferentes computadores, independentemente do aplicativo usado para enviar ou receber o e-mail. Essa interoperabilidade permitiu que o e-mail se tornasse rapidamente uma das principais aplicações da internet.[18]

Ao ser dividida em seções para militares e civis, a ARPANET acabaria evoluindo para a web pública. Alguns anos depois, Sir Tim Berners-Lee propôs o conceito de World Wide Web enquanto trabalhava no CERN, na Suíça. Berners-Lee escreveu as três principais tecnologias que usamos atualmente na web: HTML (HyperText Markup Language); URI, também conhecida como URL (Uniform Resource Identifier); e HTTP (Hypertext Transfer Protocol). No final de 1990, a primeira página web foi disponibilizada online, e em 1991 a web 1.0 foi aberta ao público. O resto é história, e atualmente temos milhões de sites e páginas web. Esses padrões provaram ser fundamentais à evolução do que a web é hoje. Padrões semelhantes também serão necessários para o metaverso, se quisermos criar um metaverso que seja interoperável e que recompense a criação de conteúdo e sua propriedade.

O fato de a ARPANET e a World Wide Web surgirem de um ambiente de pesquisa *fechado* é importante para entendermos por que a internet funciona como funciona hoje. Ao longo dos anos, os envolvidos no aprimoramento da internet e da web criaram diversos padrões *abertos*, incluindo TCP/IP, DNS, HTTP etc. Isso cria uma rede sem permissão [*permissionless*], na qual qualquer pessoa pode facilmente se conectar e compartilhar e receber informações. Infelizmente, esses padrões e protocolos não se disseminaram para todas as seções da web. Como resultado, o sucessor do correio eletrônico — as mensagens móveis — não carregou a interoperabilidade. Apesar de resultar em fortes efeitos de rede para a Big Tech, isso também criou os *walled gardens* para as mensagens móveis, aos quais estamos tão familiarizados. Até 2021, não era possível enviar uma mensagem do WhatsApp e recebê-la no Signal, ou vice-versa. No metaverso, deve-se evitar essa falta de interoperabilidade a todo custo. Felizmente, como parte da Lei de Mercados Digitais, a União Europeia está propondo mensagens móveis interoperáveis. No metaverso, espera-se que você consiga enviar ao seu amigo uma mensagem de texto no Fortnite que possa ser recebida na Roblox, ou continuar conversando com seus amigos ao mudar de um mundo para outra plataforma. Claro que plataformas como o Discord podem ajudar nessa questão, mas acontece que o Discord também é um walled garden.* No entanto, as organizações envolvidas na criação da web e da internet trabalharam com as melhores intenções e imaginaram uma web aberta, descentralizada e acessível a todos.

Infelizmente, havia outra falha de design da web. Ao longo dos anos, os envolvidos no processo se esqueceram de criar um protocolo de identidade para usar online a sua identidade offline e um protocolo de reputação para ser reputável e responsável online, mesmo quando você é anônimo.† Eles se esqueceram disso por uma razão muito simples, mas que teve graves consequências. No início, quando a web estava sendo projetada, apenas pessoas confiáveis tinham acesso à rede, e não havia a necessidade de um protocolo de identidade ou de reputação. O resultado dessa falha é que, na internet, "ninguém sabe que você é um cachorro".[19] Você pode ser qualquer coisa na internet, uma vez que as ações online não têm consequências. Além do mais, os dados e a identidade não são de propriedade da pessoa que os cria nem controlados por ela. Consequentemente, na atualidade, é impossível para os usuários transferir dados (identidade e reputação) e ativos digitais de uma plataforma para outra, fortalecendo ainda mais os walled gardens que resultaram nos monopólios da Big Tech.

Quando passarmos da internet social ou móvel (também conhecida como web 2.0) para a internet imersiva, essa busca por dados se tornará ainda mais importante. São os dados que conduzirão a internet imersiva. Quanto mais fazemos online, mais integramos a internet em nossas vidas físicas, e quanto mais incorporamos o digital e o físico, mais importantes se tornarão os dados. Os da-

---

* O Discord é um aplicativo gratuito de bate-papo por voz, vídeo e texto com mais de 250 milhões de usuários, originalmente usado predominantemente por jogadores. Nos últimos anos, tornou-se a principal plataforma para NFTs e para as comunidades do metaverso. Ele permite que qualquer pessoa crie um servidor e inicie comunidades públicas ou privadas.

† O nível de anonimato definido e exigido pelas muitas legislações de privacidade em todo o mundo, como o GDPR na Europa, pode nunca ser alcançado. É quase sempre possível (re)identificar alguém, mesmo com apenas alguns dados específicos, desde que você tenha recursos suficientes.

dos já são o recurso mais valioso do mundo, muito mais valiosos que o petróleo. Basta olhar para os tipos de empresas que compõem as cinquenta empresas mais valiosas em 2021: dezoito estão relacionadas a dados ou à tecnologia (digital), e apenas três estão relacionadas a petróleo e gás.[20]

Claro que essa centralização de dados e de poder é um problema para a sociedade. A Big Tech detém e controla nossos dados e, com isso, torna-se nossa dona e pode nos controlar, conforme a controvérsia em torno da Cambridge Analytica nitidamente demonstrou. Eles perceberam, há muito tempo, o enorme poder e quanto dinheiro a posse de dados pode proporcionar. Todos caímos na armadilha dos serviços gratuitos e nos viciamos neles. O resultado disso é que a Big Tech se tornou tão poderosa que os governos não estão conseguindo subjugar o poder das empresas que, deliberada e consistentemente, violam a confiança, a privacidade e a liberdade dos consumidores. Com o advento do metaverso, a importância dos dados só aumentará. Já em 2018, os pesquisadores descobriram que um jogo de RV de vinte minutos coleta 2 milhões de pontos de dados, incluindo movimentos corporais.[21] Portanto, pode-se esperar que a Meta também colete grandes quantidades de dados por meio do uso de um headset de RV. Esses dados provavelmente incluem para onde e por quanto tempo você olha, quais emoções são evocadas pelo que você está assistindo e, também, como é o formato de suas mãos, como é seu quarto, além dos produtos e das pessoas que estão nele. Embora Zuckerberg tenha dito, em seu anúncio de 28 de outubro de 2021, que a privacidade e a segurança são importantes para a empresa, o Facebook provavelmente continuará coletando dados de comportamento humano e colocando algoritmos preditivos para trabalhar, a fim de vender publicidade cada vez mais personalizada e desestabilizar ainda mais a sociedade com suas recomendações prejudiciais por meio de algoritmos.[22] Isso só foi confirmado quando, em fevereiro de 2022, a Meta ameaçou fechar o Facebook e o Instagram na Europa se o continente impedisse que fosse feito o processamento de dados de europeus nos Estados Unidos.[23]

A Meta não é a única empresa que abusa do uso de dados. Um ditado popular afirma que se você não está pagando pelo produto, você é o produto. Com isso, a web 2.0 se transformou em uma internet composta de walled gardens em que é impossível mover o próprio conteúdo e todos os seus dados de uma plataforma para outra simplesmente porque os dados são muito valiosos. Atualmente, os usuários são os dados, e as plataformas são fechadas, impedindo a interoperabilidade de ativos que são cruciais se quisermos cumprir as promessas do metaverso. Além disso, a Big Tech provou não ser muito confiável. Em 2021, logo após Zuckerberg revelar a empresa Meta, uma artista australiana chamada Thea-Mai Baumann teve toda a sua identidade no Instagram deletada porque seu nome de usuário no Instagram é @metaverse. Uma década de trabalho duro desapareceu de repente, e ela não tinha como recuperar isso. De início, a empresa alegou que a conta dela havia sido bloqueada porque ela estava fingindo ser outra pessoa, e, quando Thea-Mai tentou entrar em contato com o Instagram para verificar sua conta, não recebeu resposta. Somente quando ela envolveu o *New York Times* a Meta lhe respondeu e restaurou seu perfil, alegando que a conta havia sido "removida incorretamente por falsificação de identidade". [24] É exatamente por isso que precisamos de um metaverso aberto e descentralizado, para impedir que empresas como a Meta simplesmente excluam toda a identidade de uma pessoa.

Felizmente, há uma luz no fim do túnel. Começamos a descentralizar a web, retomando lentamente o poder da Big Tech para a comunidade. Obviamente, há uma resistência feroz a esse processo por parte dos operadores históricos, seja a China, proibindo todas as negociações envolvendo criptomoedas, ou a Big Tech, engolindo todas as startups promissoras a fim de evitar qualquer competição. No entanto, como veremos na década seguinte e ao longo deste livro, o poder da descentralização não pode ser interrompido. Assim como os hackers ainda não conseguiram hackear o blockchain do Bitcoin, porque ele roda em milhões de computadores, a Big Tech e os governos autoritários não conseguirão resistir à descentralização da web.

À medida que progredimos da web 1.0 (somente leitura) para a web 2.0 (leitura e gravação, mas não propriedade), agora estamos vendo os primeiros contornos da web 3.0 (ler, gravar e ter posse). Na construção da web 1.0, as ferramentas eram mais primitivas e era necessário um nível de conhecimento mais alto para publicar um site, mas pelo menos os sites eram publicados em servidores próprios, em vez dos agregadores de nuvem da AWS, do Google ou da Microsoft. Por meio da web 3.0, conseguimos reverter muitas das tendências centralizadas da web 2.0 e retomar o poder, a identidade e o controle para o usuário, semelhante a como costumava ser na web 1.0. Se quisermos criar um metaverso que seja benéfico para a sociedade, e não apenas para a Big Tech e uma pequena elite, precisamos abraçar a web 3.0 descentralizada, limitar o controle e a influência da Big Tech e impedir que empresas como a Meta criem um metaverso apenas com a finalidade de coletarem e abusarem de nossos dados. O blockchain está no coração da web 3.0.

A tecnologia de ledger distribuído foi mencionada pela primeira vez em 2008, por Satoshi Nakamoto, no whitepaper Bitcoin.[25] Desde então, o ecossistema descentralizado vem se desenvolvendo de modo rápido. Blockchain é uma tecnologia fundamental que tem a oportunidade de mudar completamente a forma como administramos nossa sociedade.* Em sua definição mais simples, o blockchain é um banco de dados; no entanto, ao contrário de um banco de dados tradicional, que é *lido*, *escrito* e *editado*, o blockchain envolve apenas *leitura* e *escrita*. O fato de não poder ser editado faz dele uma fonte única da verdade, e qualquer pessoa com acesso ao blockchain pode ter certeza de que os dados não foram adulterados.

A terceira evolução da web tem a oportunidade de viabilizar uma internet que será controlada pela sociedade, sem permissão, persistente e programável, na qual você (o indivíduo) é dono dos dados, credenciais, identidade e conteúdo. Será construída por meio do armazenamento de dados descentralizado e do poder computacional, e qualquer pessoa poderá contribuir, além de ganhar tokens enquanto faz isso. Isso garante tolerância a falhas, reduz o impacto de invasões, ataques e violações de dados e ajuda a prevenir a censura. Graças ao blockchain, os dados serão imutáveis, verificáveis e rastreáveis, resultando em transparência total enquanto protege sua privacidade. Graças aos contratos inteligentes, os intermediários de qualquer setor provavelmente se tornarão menos relevantes. Com isso, as taxas cobradas por esses intermediários desaparecerão, e a economia P2P (peer-to-peer) que a substituirá será regida por criptografia em vez de humanos. É um momento empolgante, porém ainda estamos muito distantes de alcançá-lo, pois requer uma infinidade de padrões e trabalho árduo, energia,

---

* Já escrevi sobre blockchain antes em meu livro de 2018 *Blockchain: Transforming Your Business and Our World* [Blockchain: Transformando Seus Negócios e o Mundo, em tradução livre], que eu escrevi em coautoria com a Dra. Philippa Ryan, pela Routledge, de Londres.

dedicação e dinheiro para superar alguns dos desafios mais complexos que envolvem passar de uma web centralizada para uma descentralizada.

A web 3.0 possibilitará um novo contrato social envolvendo dados e identidade. Conforme descobriremos, ela é um pré-requisito para um metaverso aberto; no entanto, o metaverso em si não depende dela para existir. Construir o metaverso sobre a infraestrutura da web 3.0 nos permitirá nos afastar da vigilância estatal e corporativa e avançar para retomar o poder como cidadãos que têm controle total sobre seus dados e sua identidade, com menores riscos de eles caírem em mãos erradas. De fato, o blockchain pode mudar a forma como lidamos com os dados e, portanto, será um pré-requisito para o metaverso aberto, sobretudo porque a quantidade de dados que estamos gerando está prestes a explodir exponencialmente de zettabytes de dados (10^{21}) para yottabytes (10^{24}) e, posteriormente, brontobytes de dados (10^{27}, ou 1 quatrilhão de terabytes) devido à Internet das Coisas*, à comunicação 5G (e além) e, mais importante, à realidade virtual e à realidade aumentada.[26]

De RA para RV para XR

O ano era 1955, quando Morton Heilig, filósofo, inventor, diretor de cinema e de fotografia norte-americano, lançou um artigo intitulado "O Cinema do Futuro".[27] No artigo, ele descreveu uma máquina multissensorial imersiva, ou *Experience Theatre*, como ele a apelidou, que incluía um visor estereoscópico, um sistema de som estéreo, ventiladores, emissores de odor e uma cadeira móvel. O *Sensorama*, como era chamado, e pelo qual ele recebeu uma patente, era um cinema 5D personalizado antes mesmo de esse termo existir.[28] Os espectadores foram presenteados com um passeio imaginário de motocicleta pela cidade de Nova York. Por meio deste, eles teriam uma experiência real da cidade, de como ela era, com a simulação dos ruídos e dos cheiros de pessoas, carros e também de

---

* A *Internet das Coisas* se refere a uma rede de produtos, dispositivos ou máquinas que são incorporados com sensores e conectados à internet para compartilhar dados a fim de obter insights. Yuval Noah Harari se refere à Internet de Todas as Coisas, indicando que não se trata mais de sua impressora e estação meteorológica estarem conectadas, mas de você, seu corpo físico, com wearables e rastreadores, smartwatches etc. — Harari, Y. N. (2016). *Homo Deus: uma Breve História do Amanhã*.

pizza, além de sentir o vento, que seria simulado por ventiladores. Infelizmente, a invenção era muito avançada para a sociedade da ápoca, e Heilig não conseguiu apoio financeiro; então o *Sensorama* nunca chegou até as massas. Devido ao seu trabalho, Morton Heilig é considerado o pai da realidade virtual.

Desde então, diversas vezes a realidade virtual se tornou uma promessa de tecnologia inovadora, mas nunca conseguiu, de fato, alcançar o que foi prometido. Por muito tempo, os aparelhos eram considerados muito volumosos e desconfortáveis; os gráficos eram medíocres, para dizer o mínimo; a experiência deixava as pessoas enjoadas, sem contar que o hardware era muito caro. Estava longe de ser uma experiência perfeita e necessária para que uma tecnologia se tornasse popular.

Tudo mudou em 2010, quando Palmer Luckey, um empresário de 18 anos, criou um protótipo para o que, mais tarde, se tornaria o headset Oculus Rift, o primeiro headset de realidade virtual com um campo de visão de 90° (FOV). O FOV é um aspecto fundamental da RV, pois determina quanto de um mundo virtual observável pode ser visto a qualquer momento. Quanto maior o FOV, mais imersiva será a experiência. A campanha Kickstarter de 2012 para o headset foi um grande sucesso, e Palmer levantou US$2,4 milhões para criar o Oculus Rift. Apenas dois anos depois, após ver o enorme potencial do headset de RV criado e de receber uma demonstração de realidade virtual de Jeremey Bailenson, diretor fundador do Virtual Human Interaction Lab, da Stanford University,[29] Zuckerberg comprou a Oculus por US$2 bilhões. Desde então, a realidade virtual acordou do inverno RV e ganhou força rapidamente, levando ao anúncio do metaverso do Facebook em 28 de outubro de 2021, que chamou a atenção do mundo inteiro para o movimento relacionado ao metaverso.

Nos últimos anos, vimos uma ampla variedade de novos headsets de RV serem comercializados, visando tanto o mercado consumidor de baixo custo quanto o mercado corporativo de ponta. Os usuários podem interagir com ambientes 3D, criados por meio de um computador, usando ferramentas como Unity ou Unreal Engine*, ou gravações em 360° de eventos do mundo real. O objetivo da realidade virtual é proporcionar ao usuário uma experiência imersiva que pode

---

* Unity e Unreal Engine são engines gráficas que permitem aos desenvolvedores criar mundos virtuais 3D.

ser explorada à vontade, independentemente das leis da física. A RV diz respeito a possibilidades infinitas, em que somos limitados apenas pela própria imaginação. Trata-se da forma que interagimos uns com os outros e com o mundo virtual, que pode ser tanto para diversão (como jogos ou atividades sociais) quanto para trabalho (como reuniões virtuais 3D, orientação remota, colaboração ou assistência técnica e treinamentos imersivos).

Ainda que a realidade virtual ofereça uma experiência imersiva, sem dúvidas não é a única tecnologia que possibilitará o metaverso. A outra tecnologia é a realidade aumentada, cuja adoção foi generalizada em 2016 por meio do *Pokémon Go*, da Niantic.

Por mais que a RV proporcione ao usuário um ambiente totalmente imersivo, com um campo de visão estendido, a RA oferece uma camada digital adicional sobre a realidade, geralmente com um FOV bem menor. Essa camada digital viabiliza infinitas possibilidades, porque pode ser usada em qualquer lugar e a qualquer momento e proporcionar uma experiência única, dependendo de onde você está e para onde está olhando. De displays de alertas no carro (chamados assim porque literalmente permitem que você mantenha o olhar à frente enquanto dirige) ao Google Glasses (infame por sua violação de privacidade, pois nunca ficou claro se ele estava gravando você), de óculos de RA MagicLeap ou HoloLens a lentes de contato futuristas, que projetam informações diretamente em sua retina, a realidade aumentada mudará nossa vida de forma radical. Na verdade, Ming-Chi Kuo, o mais antigo especialista do setor, previu em 2021 que, até 2032, a Apple substituirá o iPhone por um dispositivo RA.[30]

Embora seja provável que a realidade aumentada tenha um impacto maior do que a realidade virtual em nossa vida, é muito mais difícil obtê-la, visto que estamos lidando com o mundo real, caótico e em constante mudança que não podemos controlar e no qual é necessário, às vezes, esconder objetos digitais atrás de coisas reais para se ter uma experiência realista. Esse conceito, chamado de *oclusão*, é um problema dificílimo de resolver.[31] Além disso, mesmo que não haja problema em usar um dispositivo grande e desajeitado na cabeça para acessar a realidade virtual, isso não é o ideal com relação à realidade aumentada, caso esteja andando na rua. Não será muito confortável, muito menos seguro! Precisaríamos de óculos inteligentes fáceis de usar e, de preferência, elegantes e que forneçam um campo de visão correspondente ao campo de visão dos humanos — quase 180° voltado para a frente. Mesmo que se tenha provado que desenvolver isso seja um tremendo desafio, a tecnologia evolui rapidamente. Em 2021, os óculos de RA da Snaps Spectacles, com um FOV de apenas 26,3° e uma duração de bateria de trinta minutos (e no momento de escrita deste livro, disponível somente para desenvolvedores selecionados)[32], eram os óculos de RA mais modernos. Porém na CES 2022, maior feira tecnológica do mundo, a Kura anunciou seus óculos de RA, o Kura Gallium, com FOV de 150°, 95% de transparência, pesando somente oitenta gramas e com uma resolução de 8K por olho.[33] Portanto, embora a tecnologia esteja sendo aprimorada, os altos custos dos óculos de RA (o HoloLens e o Magic Leap custam alguns milhares de dólares, e o Kura Gallium custará cerca de US$1.200) e o desafio da oclusão impedirão a adoção em massa no curto prazo. Uma vez que o hardware seja atualizado (o lançamento do Apple Glass, ou seja lá como for chamado, será provavelmente um momento decisivo), a realidade aumentada terá um impacto bem maior na sociedade do que a realidade virtual e se tornará o principal ponto de entrada no metaverso. No entanto, nos próximos anos, os dispositivos RV e RA se tornarão tão comuns quanto o smartphone que você carrega no bolso.

Esses desafios, é claro, não significam que não possamos usar a RA atualmente. O ARKit, da Apple, possibilita o uso de uma ampla variedade de aplicativos RA por meio de seu iPhone; o mesmo se aplica ao Google ARCore para celulares Android. Já existem inúmeros aplicativos disponíveis para experimentar a realidade aumentada por meio de seu celular ou tablet, como obter informações sobre pontos turísticos durante uma viagem ou uma réplica digital 3D bastante realista de um produto real criado digitalmente com o celular. Um exemplo interessante disso são as novas cédulas mexicanas lançadas em 2022, que geram animações aumentadas relacionadas à história e à cultura do México quando você as digitaliza com o smartphone. É uma excelente maneira de oferecer uma experiência única com aspecto educacional e melhorar a segurança, a fim de evitar falsificações.[34] Mas, por ora, experimentar a realidade aumentada usando o smartphone não será tão simples e fácil como usar um óculos ou, posteriormente, lentes de contato inteligentes.

Sem querer ser muito futurista, é provável que daqui a cinco ou dez anos, se você estiver andando na rua e não carregar um dispositivo de realidade aumentada, possivelmente perderá muito da ação que estará acontecendo ali, desde a arte de rua inovadora nas paredes até criaturas fantásticas voando pelo ar ou a publicidade imersiva e personalizada (que você consegue bloquear depois com bloqueadores de anúncios RA). Ao todo, podemos esperar que, daqui a cinco ou dez anos, a realidade aumentada se torne parte de nossa realidade. Se não tiver o wearable para participar dela, ficará de fora do mundo físico. A RA será a nova realidade. As fronteiras começarão a se confundir e, em breve, a RV e a RA se fundirão em uma realidade estendida (XR), e não precisaremos mais trocar de dispositivo se quisermos alternar entre uma e outra.

Assim que chegarmos a esse estágio, possivelmente no início da década de 2030, o metaverso já terá chegado. Smartphones e notebooks com certeza se tornarão desnecessários, assim como os dispositivos RV e RA separados, porque, para o entretenimento, a socialização ou o trabalho, simplesmente usaremos um elegante par de óculos XR.

A RV e a RA nos ajudarão a preencher a lacuna entre os mundos digital e físico em que vivemos atualmente. Ambas são tecnologias imersivas que possibilitam aos usuários experimentar conteúdo renderizado digitalmente em ambientes físicos e virtuais, e ambas mudarão a forma como socializamos, jogamos, trabalhamos e colaboramos uns com os outros.[35] Embora a realidade virtual e a aumentada sejam importantes para o metaverso, elas não são os únicos pontos de acesso a ele. Especialmente hoje, muitas das experiências de metaverso disponíveis oferecem uma experiência virtual, mas certamente não uma experiência imersiva em 3D. Os exemplos mais conhecidos são da área de games, na qual jogos populares como Fortnite, Minecraft, Roblox, Decentraland e Axie Infinity atraíram milhões de usuários e levantaram bilhões de dólares em financiamento, oferecendo aos jogadores uma experiência social 2D virtual, que, para alguns, tornou-se parte importante da vida. Nenhuma dessas plataformas viabiliza que os usuários joguem na realidade virtual ou usando a realidade aumentada, mas isso não as impediu de se tornarem as plataformas que estão impulsionando o metaverso na atualidade. No entanto, é questão de tempo até que esses espaços do metaverso também possibilitem um ambiente virtual 3D. Plataformas como

Somnium Space e Solice já são acessíveis por meio de navegadores web e de realidade virtual; é provável que, no futuro, vejamos muito mais desses ambientes híbridos, atendendo aos primeiros usuários que adotaram a RV e, também, aos usuários convencionais por meio de uma web ou da experiência de navegador móvel, aproximando metaverso cada vez mais de nós.

O que o Metaverso Pode Se Tornar?

Em 1973, a lenda Arthur C. Clarke cunhou sua terceira lei, afirmando que "qualquer tecnologia suficientemente avançada é indistinguível da magia".[35a] Agora que vivenciamos o alvorecer do metaverso, isso se tornará mais real do que nunca. Embora o metaverso ainda esteja dando os primeiros passos, nos próximos anos, graças à convergência de tecnologias, ele crescerá em velocidade exponencial. Antes do final desta década, a internet móvel ou social terá sido convertida em uma internet imersiva, onipresente, persistente, na qual a magia parece estar sempre acontecendo. O metaverso dará início a uma nova era, a era da imaginação.

O designer e escritor Charlie Magee cunhou pela primeira vez a expressão "era da imaginação" em 1993. É um período teórico pós-era da informação, na qual a criatividade e a imaginação se tornam os principais impulsionadores do valor econômico.[36] Até porque muitos dos empregos existentes na atualidade serão automatizados por meio do uso da inteligência artificial e robótica. O metaverso desencadeará a era da imaginação com toda a sua força, tirando-a da esfera teórica e inserindo-a no mundo real. O metaverso recompensará a criatividade como nunca, graças ao poder transformador dos tokens não fungíveis (NFTs). Ele capacitará os criadores de conteúdo a obter renda, e a criatividade será recompensada com base em como será percebida pela sociedade. No metaverso, qualquer pessoa pode ser artista e compartilhar com o mundo suas criações. Mas como podemos definir o metaverso?

Primeiro vamos corrigir um erro de interpretação notável: há apenas um metaverso. Assim como há apenas uma internet. Lógico que pode haver, e haverá, infinitos espaços, mundos, ambientes ou experiências dentro desse metaverso, onde as pessoas podem relaxar, se divertir, socializar, trabalhar ou colaborar. Alguns desses mundos serão walled gardens, como o Horizon Worlds, da Meta, ou o Fortnite, da Epic Games. Ao mesmo tempo, a maior parte do metaverso, se o construirmos devidamente, pode ser aberta, descentralizada, orientada pela comunidade e controlada pelo usuário. Claro que nem tudo pode ser aberto e voltado à comunidade. Alguns ambientes serão espaços virtuais seguros, acessíveis somente se você tiver a chave digital correta, semelhante à forma como a maioria dos escritórios é acessível apenas com a chave física correta. No Capítulo 2, aprofundarei o debate sobre o metaverso aberto *versus* fechado e sobre as consequências de se tomar qualquer uma dessas direções.

Ainda que o metaverso pareça distante, nada poderia estar mais longe da realidade. O metaverso está em construção há muito tempo, e muitos dos componentes e das plataformas que farão parte dele já existem há muito. Isso ficou evidente nos últimos dois anos. Se há um lado bom da pandemia, é que a Covid-19 nos catapultou para a era digital. Durante muito tempo, as organizações adiaram seus programas de transformação digital por diversos motivos, porém, quando a pandemia chegou, empresas de todo o mundo tiveram que migrar para o trabalho remoto praticamente da noite para o dia, e muitas fizeram isso sem grandes problemas em virtude da tecnologia disponível. Todos os anos, escrevo uma previsão anual das tendências tecnológicas para o ano seguinte e, se eu tivesse previsto, no final de 2019, que, três meses depois, a maioria das organizações trabalharia de casa, as pessoas me chamariam de louco. No entanto, foi isso que aconteceu. Felizmente, a tecnologia estava pronta para isso, e muitos funcionários substituíram seus deslocamentos matinais por mais tempo de sono e um café da manhã tranquilo; seus cubículos no escritório por chamadas telefônicas a pé; e suas reuniões em sala fechadas por reuniões em aplicativos como Zoom, Teams ou Hangouts. Óbvio que houve diversos contratempos, como um advogado do Texas que apareceu na frente de um juiz, em uma reunião de tribunal online, com um filtro de gato. Ocorreram outros problemas ainda mais sérios de segurança de dados, que felizmente foram corrigidos de maneira relativamente rápida. Resumindo, até que nos saímos muito bem. Essa transição para o trabalho remoto, incluindo reuniões entre amigos online, quizzes de pub online e, até mesmo, um evento virtual completo do Burning Man, não teria sido possível se a tecnologia não estivesse pronta. Se a pandemia tivesse acontecido há cinco ou dez anos, não teríamos conseguido fazer essa mudança de modo tão fácil.

O Futuro É Imersivo

Desde o início da internet, no final da década de 1990, passamos lentamente de uma espécie analógica para uma espécie digital: a *Homo digitalis*. Atualmente, para a maioria das pessoas, a internet se tornou a norma, e passamos muitas horas por dia na internet. Para um grande grupo de pessoas, inclusive eu, passamos a maior parte do dia online. No entanto, não devemos esquecer que, mesmo em 2022, existem quase 2,9 bilhões de pessoas que nunca estiveram "na" internet.[37] Graças a iniciativas como o Starlink, de Elon Musk, provavelmente daremos aos 3 bilhões de pessoas restantes acesso à internet e ao próximo metaverso, na década seguinte. Quando todos os seres humanos tiverem acesso à internet, poderemos, de fato, começar a falar de uma espécie digital.

Nos próximos anos, à medida que entramos no metaverso, experimentaremos a maior transição na jornada digital — uma verdadeira mudança de paradigma. Essa transição será de nos considerarmos algo separado da internet a nos vermos obrigados a fazer uma ação consciente para entrar na internet, a fim de ficarmos totalmente conectados e imersos nela. A internet se tornará tão primordial quanto o ar que respiramos ou a energia que usamos para carregar nossos dispositivos. Não haverá mais a necessidade de "entrar na internet", pois, no metaverso, a internet estará lá, esperando uma interação a qualquer momento — desde os óculos inteligentes que projetarão seu escritório enquanto você toma café com leite em seu coffee shop favorito, o carro autônomo que informará a sua casa de que você está a caminho e o rastreador de sono que fará o monitoramento de todos os seus movimentos enquanto dorme, com uma análise detalhada de como você dormiu, e ajustará automaticamente uma sessão de meditação virtual quando acordar. O metaverso é uma convergência total do mundo físico e digital ou, conforme disse Satya Nadella, CEO da Microsoft, vamos "incorporar a computação no mundo real e o mundo real na computação"[38], criando uma camada adicional em ambos os mundos com os quais podemos interagir ao usar qualquer dispositivo conectado imaginável, seja um smartphone, um computador, um headset de RA/RV, um dispositivo IoT ou quaisquer outros que venhamos a inventar.

O metaverso pode ser visto como a próxima versão da internet: um modelo de internet que suporta experiências digitais online imersivas, interativas e permanentes, como Decentraland, Microsoft Mesh, Pokémon Go ou Fortnite e qualquer coisa que venha a ser inventada nos próximos anos. O metaverso não é um lugar único, muito menos um mundo virtual específico, conforme retratado no livro *Jogador Nº 1*. Ele será a convergência do mundo físico e digital, no qual todos os nossos dados — como identidade, personalidade, reputação e ativos, e também toda a nossa história, sentimentos e/ou emoções de qualquer lugar (virtual ou físico), organização ou coisa — podem interagir, ser controlados e experimentados de maneiras completamente novas, a fim de que as pessoas e as coisas sejam capazes de criar experiências, interações e ambientes novos e mágicos. A convergência desses mundos possibilitará que sejam desenvolvidas aplicações semelhantes à forma como a internet gerou aplicações completamente novas que seriam impossíveis de prever em meados da década de 1990. Como Bayan Towfiq, CEO da Subspace, descreveu, o metaverso é "muito mais parecido com um console [de jogos] do que com Mario, o jogo que roda nele". [39] Ele viabilizará que todos os tipos de novas experiências sejam criados no futuro. No entanto, se qualquer empresa disser que está construindo *um metaverso*, seria o mesmo que ela afirmar que está construindo *uma internet*.

No metaverso, conteúdos 2D e 3D, informações e experiências organizadas espacialmente e comunicação síncrona em tempo real entre humanos e máquinas terão uma interação perfeita. Algumas marcas já estão explorando essas novas experiências "figitais". No início de 2022, por exemplo, a Nike e a EA Sports criaram uma experiência que ofereceria aos jogadores recompensas únicas no jogo Madden NFL se estes corressem 8km no mundo real, rastreados por meio do aplicativo NRC da Nike.[40] Podemos esperar muito mais experiências como essa, inteiramente novas. Como parte do metaverso, usuários, organizações e coisas poderão organizar e interagir com dados que vão além do sentido tradicional da visão e da audição. Em vez de ler ou ouvir sobre terremotos acontecendo em todo o mundo nos noticiários, por exemplo, podemos senti-los em tempo real ao usar sensores internos conectados sem fio aos sismógrafos do mundo. Parece fantasioso? Não deveria, pois é exatamente o que a artista espanhola Moon Ribas já fez em 2012, quando teve sensores implantados no corpo que lhe permitiram sentir todas as atividades sísmicas da Terra. Durante sete anos, ela sentiria as vibrações da Terra no próprio corpo.[41] Essas experiências novas também fazem parte do metaverso e podem se tornar comuns no futuro.

O Futuro É Imersivo

Ao utilizar uma variedade de tecnologias, desde inteligência artificial, aprendizado de máquina, Internet das Coisas, 5G (e, em breve, 6G), até, é claro, RV e RA, o metaverso nos possibilitará criar qualquer tipo de experiência imersiva que transcenda o mundo real e o virtual; seremos limitados apenas por nossa imaginação. Embora o mundo físico e o digital já estejam convergindo diariamente — pense nos fundos virtuais no Zoom ou na compra de produtos físicos com criptomoedas —, o metaverso será uma realidade quando começarmos a parar de fazer distinções entre esses dois mundos e os enxergarmos como um só.

O metaverso terá uma enorme variedade de mundos, experiências ou ambientes virtuais ou aumentados. Assim como a internet, será direcionado à comunidade e focado no criador de conteúdo, com a diferença de que temos uma segunda chance de criar uma sociedade mais igualitária, compartilhando os benefícios do metaverso com a comunidade e os criadores de conteúdo. Para que o metaverso ofereça o máximo de benefícios à sociedade, ele precisará ser aberto, e os dados e a identidade precisarão ser **pessoais** (são sobre você e o que é seu), **portáteis** (interoperável, ou seja, você pode transpor identidade, reputação, ativos e dados de uma plataforma para outra), **privados** (você controla sua identidade, seus ativos e seus dados), **persistentes** (dados, identidade e experiências criadas não são alterados sem seu consentimento e você pode entrar a qualquer momento em uma experiência que pode ter evoluído ao longo do tempo, mas não desaparecido, a menos que o criador decida fazê-lo) e **protegidos** (seus dados e sua identidade não podem ser roubados).[42] Explicarei essas características com mais detalhes na seção seguinte. Embora os walled gardens, como Meta e Fortnite, existam por algum tempo, acredito que, no longo prazo, devemos lutar por um metaverso aberto que beneficie a sociedade como um todo e que viabilize aos usuários migrar seu trabalho duro e seus ganhos de um ambiente para outro. Claro que isso não significa que plataformas fechadas não existirão no metaverso, mas, conforme veremos no Capítulo 7, os benefícios econômicos tanto para os acionistas quanto para a sociedade são grandes demais para serem ignorados, e qualquer walled garden teria um benefício significativo se abrisse e abraçasse a interoperabilidade, a privacidade de dados e de identidades autossoberanas (para indivíduos, organizações e coisas)*. Se por algum motivo, como sociedade, não formos capazes de criar um metaverso tão aberto assim, poderemos ter experiências imersivas incríveis, porém ficaremos presos ao paradigma da web 2.0, na qual a Big Tech controla dados e identidade, e a maioria dos trilhões de dólares que o metaverso pode desbloquear permanecerá acessível somente a um pequeno grupo de pessoas e empresas, em vez de a toda a sociedade. Em vez de tentar abocanhar um pedaço maior do bolo, seria mais benéfico, até mesmo para a Big Tech, se criássemos um bolo enormemente maior ao abri-lo. É apenas bom senso comercial.

Um metaverso aberto será um ecossistema em constante evolução, descentralizado e orientado por seus criadores, sem limitações físicas e de espaço-tempo, no qual a humanidade e a tecnologia coexistem em uma relação mutualística equilibrada (ou seja, no qual existe uma situação em que todos ganham e ninguém sai perdendo), permitindo que todos experimentemos o real e o digital de maneiras que nunca poderíamos sequer imaginar.

Seis Características do Metaverso

No metaverso, estamos limitados apenas por nossa criatividade e pelos recursos à nossa disposição. Por ser digital, qualquer coisa pode ser criada, desde que nos dediquemos a isso. Afinal, no mundo digital, as leis da física não se aplicam, mesmo que estejamos interagindo com o mundo físico. Essa mudança de perspectiva é crucial para ter uma mente aberta ao construir mundos e experiências virtuais no metaverso. Ao desenvolver uma experiência de metaverso — independentemente de ser uma marca que deseja se engajar com os clientes, desenvolvedores de jogos que querem criar um jogo social imersivo ou uma companhia industrial que planeja incorporar gêmeos digitais em suas cadeias de suprimentos —, você não está mais preso à escassez ou às limitações do mundo real.

---

* Em março de 2022, a organização criadora do Bored Ape Yacht Club, Yuga Labs, levantou US$450 milhões, apesar de ter só um ano de idade. Sua avaliação de US$4 bilhões pode contribuir para o fato de que qualquer pessoa que tenha um Bored Ape também detenha todos os direitos autorais e a propriedade intelectual deste, possibilitando que os proprietários criem um valor significativo sobre seu investimento.

Consequentemente, imitar o mundo real no mundo virtual não faz sentido algum. No metaverso, o espaço é infinito. Os usuários podem se teletransportar com facilidade de uma experiência para outra ao criar, por exemplo, imóveis digitais artificialmente escassos, embora benéficos para um pequeno grupo de insiders e como uma nova maneira de arrecadar fundos para uma startup (semelhante à oferta inicial de moedas [ICO], que estava na moda em 2017), ou seja, não faz sentido assumir essa perspectiva diferente. No metaverso, você pode criar o que quiser, onde quiser, para quem quiser e como quiser. Essa liberdade total para os criadores, sem dúvida, resultará em algumas experiências fascinantes. Mas, para que o metaverso aberto funcione, existem seis características que os criadores (indivíduos, startups, marcas, empresas e até mesmo governos) devem levar em consideração ao construí-lo, ao mesmo tempo que precisam aderir, idealmente, aos cinco princípios de dados discutidos anteriormente:

- ▲ Interoperabilidade
- ▲ Descentralização
- ▲ Persistência
- ▲ Espacialidade
- ▲ Orientação à comunidade
- ▲ Autossoberania

Vamos analisá-los um por um para ter uma visão completa de como é possível criar um metaverso aberto e oferecer experiências únicas.

Interoperabilidade

Se quisermos criar um bolo maior em vez de abocanhar uma fatia maior do mesmo bolo, a interoperabilidade será fundamental, pois pode tornar a rede maior e aumentar seu valor externo para os consumidores. A falta de interoperabilidade mantém os usuários dentro de uma plataforma, uma vez que já estão dentro, e isso é predominantemente benéfico para seu proprietário. Um ótimo exemplo disso é o WhatsApp. Ao longo dos anos, o app alcançou efeitos de rede bastante fortes porque quanto mais pessoas tiverem uma conta do WhatsApp, mais fácil será se conectar com os amigos.

A falta de interoperabilidade também traz custos de troca muito altos para o usuário final, o que provavelmente foi um dos motivos pelos quais o Facebook pagou US$19 bilhões pelo WhatsApp em 2014. Em 2021, quando o Facebook anunciou que começaria a compartilhar dados do WhatsApp com o Facebook para uma publicidade mais direcionada, algo que, em 2014, Zuckerberg prometeu que não faria, muitos usuários estavam fartos da plataforma de mensagens sociais e decidiram migrar para o Telegram ou o Signal. Apesar de essas plataformas terem um aumento em sua base de usuários, isso não teve grande impacto no WhatsApp simplesmente por causa desses altos custos de troca. Devido à falta de interoperabilidade entre as plataformas de mensagens, mudar para outra só é útil se todos os seus amigos também aderirem, e conseguir isso é quase impossível. Se quisermos desbloquear trilhões de dólares em valor para a sociedade como um todo, devemos evitar processos semelhantes no metaverso.

A interoperabilidade está relacionada a até que ponto os usuários conseguem tirar o valor que criaram dentro de uma plataforma e trazê-lo para outra, e vice-versa, sem nenhuma barreira. Possibilita aos usuários ganhar, comprar ou adquirir um ativo digital em um ambiente e usá-lo em outro, seja físico ou digital. A interoperabilidade fornece aos usuários os meios para transferir dados e ativos de uma plataforma para outra e vendê-los a outros usuários pelo valor determinado pelo mercado aberto. Quanto mais perfeita a experiência, mais valor o metaverso criará para a sociedade em geral.

A interoperabilidade pode ser alcançada ao se elaborar padrões, protocolos e estruturas de desenvolvimento que todos concordam em usar, semelhantes aos padrões e protocolos que viabilizam o uso do e-mail ou às interfaces de programação de aplicações (APIs), que facilitam a conexão entre diferentes plataformas. No entanto, há também desafios quando se trata de garantir a interoperabilidade para o metaverso, e isso exigirá mais do que somente padrões, protocolos ou estruturas globais. Precisamos concordar com a operacionalidade e as regras, a fim de permitir recursos interoperáveis que podem ser usados em diversos mundos virtuais.[43] Obviamente, queremos evitar que você possa usar seu lança-mísseis do Grand Theft Auto durante uma reunião com seus colegas se achar que está muito demorada ou se um colega estiver incomodando-o novamente. Além disso, mundos diferentes seguem designs diferentes, e levar um ativo de um mundo de baixo poli (também chamado de low poly — jogos como o Minecraft) para um de alto poli (também chamado de high poly — jogos como o Fortnite), ou vice-versa, pode prejudicar a experiência do usuário ou todo o ambiente.*

Sob essa perspectiva, a verdade é que um padrão é somente um protocolo de interoperabilidade que todos decidem implementar. É um acordo para que duas coisas funcionem juntas e, como humanos, provamos ser muito bons em elaborá-las. Pense no padrão monetário que viabiliza comprar qualquer produto com qualquer moeda, ou no padrão USB, que permite conectar facilmente um hardware (seu celular) em outro (seu notebook). Padrões podem significar qualquer coisa, mas, no caso do metaverso, grande parte da interoperabilidade será em formato de ativos digitais. O tipo de formato e as informações incluídas neles devem estar em padrões de interoperabilidade acordados. Isso possibilitaria levar qualquer ativo pelo metaverso; qualquer um dos milhões de ambientes, mundos ou experiências do metaverso que surgirão entenderia como descompactar, processar e usar o ativo digital. Isso prova que temos um enorme desafio à frente, e como Neil Trevett, eleito presidente do Khronos Group, disse: "Precisamos de uma constelação de padrões."[44] Organizações de padronização, como a International Standards Organization (ISO) e o Khronos Group, estão trabalhando incansavelmente para alcançar os padrões de interoperabilidade necessários. Ainda assim, apesar de todo o trabalho duro, no final, caberá ao mercado decidir se prevalecerá um metaverso aberto ou fechado. Se a Big Tech decidir impor as próprias especificações e o mercado as aceitar, terminaremos com walled gardens que limitariam o valor que o criador ou o usuário final poderia alcançar no metaverso. Felizmente, já vemos uma mudança de padrões de

---

* Baixo ou alto poli se refere ao número de polígonos em um modelo ou mundo, que determina o nível de detalhe e realismo dentro de um ambiente. Um polígono é uma forma bidimensional com linhas retas, que permite aos desenvolvedores criar qualquer tipo de modelo digital por meio da combinação de polígonos. Quanto mais polígonos, mais realista, e mais poder computacional é necessário para renderizar o avatar ou o ativo digital.

propriedade da empresa para padrões abertos, como a mudança do padrão .fbx para o padrão .glTF ao fazer upload de arquivos de avatar.*

Um aspecto importante da interoperabilidade também é a prova de propriedade e negociação de qualquer ativo digital. Felizmente, esse desafio foi amplamente resolvido por meio dos tokens não fungíveis (NFTs), tokens fungíveis (criptomoedas) e mercados (descentralizados). Abordarei isso em detalhes no Capítulo 7, ao discutir o que são os NFTs e como conquistar uma economia metaverso vibrante e rica. Por enquanto, basta saber que a beleza dos NFTs não reside tanto no fato de poder comprar um JPEG por milhões de dólares e exibi-lo aos amigos, e sim no fato de que eles nos possibilitarão, sem dúvida, verificar e comprovar propriedade de qualquer ativo digital, bem como rastrear a proveniência deles em todo o metaverso. Afinal, se você tem a chave privada de sua carteira criptográfica que armazena o NFT, significa que é proprietário dessa carteira e, portanto, do NFT. Podemos comparar isso a uma caixa postal nos correios: todo mundo pode colocar algo dentro dela. Podemos até espiar o que tem dentro de uma caixa postal, mas somente a pessoa que tem a chave física pode abri-la e retirar o que está lá dentro. Se conseguirmos superar o desafio da interoperabilidade, os NFTs podem se tornar o combustível da economia do metaverso.

Descentralização

Enquanto a interoperabilidade viabiliza a troca de ativos em mundos ou experiências virtuais, a descentralização é quem controla esses mundos, os ativos e as experiências e quem colhe os frutos se a experiência for um sucesso. A visão para a web sempre foi de descentralização total, em que o poder está nas mãos dos indivíduos, e não da Big Tech ou dos governos, que conseguem usar plataformas centralizadas para controlar, explorar e manipular as pessoas. A propriedade digital e o controle dos dados são fundamentais aqui, e será crucial corrigir as

---

* glTF significa *Graphics Language Transmission Format*, um formato de arquivo padrão para ativos 3D, semelhante a .fbx, que significa *Filmbox*. Enquanto o formato .fbx é um formato de arquivo proprietário desenvolvido em 2006 e de propriedade da Autodesk, o formato .glTF é um padrão aberto criado pelo Khronos Group e em breve será um padrão ISO. A maioria das empresas está mudando para .glTF como seu formato importante, incluindo as empresas Meta, Microsoft, e Ready Player Me.

falhas da web 2.0 e criar um metaverso que não seja controlado por ninguém e que seja de propriedade de todos.

É aqui que o blockchain e as diversas tecnologias blockchain que foram desenvolvidas na última década entram em cena. O metaverso deve contar com uma única fonte descentralizada da verdade ao trocar valor entre as partes interessadas, sejam consumidores multiplayers ou empresas como parte de uma cadeia de suprimentos. Em um metaverso descentralizado, graças à criptografia, os dados se tornam imutáveis, verificáveis e rastreáveis, dispensando a necessidade de um intermediário confiável que gerencie a fonte verdadeira das informações disponíveis. Isso significa que a proveniência de dados e produtos (digitais) garantirá uma troca de valor eficiente e total transparência. Graças ao blockchain, a liquidação das transações pode levar segundos.* Os contratos inteligentes nos permitem incorporar regras e governança no código com cada ativo digital, que são aplicadas automaticamente. Contratos inteligentes são scripts para o processamento de transações e/ou decisões. Podem ser considerados como instruções *If, This, Then, That* compiladas em trechos de código (embora mais complicadas). Os contratos inteligentes são pequenos programas de software que serão executados automaticamente assim que as condições pré-acordadas por dois ou mais atores forem atendidas.[45, 46] Eles apresentam três características distintas: são autônomos, descentralizados e autossuficientes (podem acumular e gastar valor ao longo do tempo).[47] Uma vez que um contrato inteligente está em um blockchain, ele é definitivo e não pode ser alterado (ou seja, eles se tornam imutáveis, verificáveis e rastreáveis, embora certos parâmetros ainda possam ser alterados, se o código permitir).[48] Isso tornará a governança automática. O registro pode atuar como evidência legal para dados e aumentar a importância da propriedade e da transparência de dados, da proveniência de ativos e da auditabilidade em todo o metaverso.

---

* Isso depende muito de qual blockchain você usa. Alguns oferecem liquidação quase instantânea de transações, mas os blockchains mais conhecidos — o do Bitcoin e do Ethereum — são significativamente mais lentos, uma vez que o blockchain do Bitcoin está processando cerca de 4,6 transações por segundo em 2022 (comparado com a Visa, que processa, em média, cerca de 1.700 transações por segundo, ou a Alibaba, que consegue processar mais de 500 mil transações por segundo no Dia dos Solteiros).

Por meio dos contratos inteligentes, eliminaremos cada vez mais a necessidade de julgamento humano, e a necessidade de confiança também será minimizada. Quando diversos contratos inteligentes são combinados com a inteligência artificial e a analítica, é possível automatizar totalmente as capacidades de tomada de decisão. Isso resultará em um paradigma completamente novo de atividade de organização e construção de comunidades governadas por código, as chamadas organizações autônomas descentralizadas (DAOs). As DAOs serão parte importante do metaverso e podem revolucionar a forma como os processos democráticos funcionam e como as comunidades são formadas.

Os contratos inteligentes são um aspecto crítico de um NFT, pois incorporam as regras vinculadas a ele. Como criador do NFT, você pode decidir quais regras anexar a ele, por exemplo, como as pessoas podem usar o NFT online e quais direitos (se houver) estão vinculados a ele etc. No Capítulo 7, falaremos em detalhes sobre os NFTs e como os usuários podem monetizar os ativos digitais que têm.

A descentralização do metaverso será fundamental para seu sucesso, principalmente se exigirmos ativos digitais interoperáveis. No contexto do metaverso, descentralizar é provar a propriedade de ativos (digitais) e ter controle total sobre sua identidade, reputação e seus dados (autossoberania). No entanto, descentralizar ainda não significa usar a tecnologia blockchain para descentralizar o poder computacional, a largura de banda ou o armazenamento de dados. Embora essas soluções já estejam disponíveis, levará muito tempo até que possamos usar o blockchain como uma infraestrutura digital para alimentar o metaverso, pois experiências imersivas interativas em tempo real exigirão (ultra) alta definição, baixa latência e largura de banda extrema, algo que ainda não pode ser fornecido pela atual tecnologia blockchain.

Apesar disso, a descentralização é fundamental para o metaverso aberto, pois capacitaria o usuário final, permitiria que os criadores se conectassem diretamente com os fãs em escala, limitassem a censura e assegurassem a confiança criptográfica em um ambiente sem confiança (por exemplo, um em que não existam intermediários).[49]

Persistência

O metaverso será uma internet sempre ativa e persistente, no qual as experiências, tanto virtuais quanto aumentadas, permanecerão disponíveis e online para qualquer pessoa que tenha acesso a elas e pelo tempo definido pelo criador. Essa persistência se aplica a experiências de realidade aumentada e a mundos virtuais, que viabilizariam experiências virtuais que poderiam evoluir ao longo do tempo e estariam sempre disponíveis para os usuários explorarem. Assim como no mundo real, um metaverso persistente deve permanecer, mesmo que você saia. Por exemplo, se você tiver experiências de realidade aumentada fixadas em determinado local do mundo real, elas sempre estarão lá, a menos que o criador decida removê-las. Assim, um dragão sobrevoando a Times Square pode ser visto por qualquer pessoa com óculos de RA, um celular ou tablet e o aplicativo certo instalado. Dependendo da posição física em que estiver na Times Square, será possível ver esse mesmo dragão de uma perspectiva diferente. Se dermos um passo adiante e você visitar a Times Square em realidade virtual, também verá o mesmo dragão sobrevoando a praça mundialmente famosa. Em um metaverso persistente de verdade que, provavelmente, passará a existir daqui a menos de uma década, as pessoas que estiverem experimentando uma realidade virtual conseguirão ver os avatares das pessoas que observam o dragão na Times Square, e os avatares delas se tornarão visíveis para quem os buscar por meio dos óculos de RA no mundo real. Seria uma experiência XR verdadeiramente persistente, copresencial em ambos os mundos, real e virtual.

A chave para um metaverso persistente é que o conteúdo pode ser excluído apenas por seu criador, semelhante à forma como, no mundo real, os edifícios são permanentes e podem ser removidos apenas com a permissão do proprietário. Isso também pode representar um risco, pois essa tecnologia pode, da mesma forma, ser usada por criminosos ou terroristas, que conseguiriam publicar conteúdo difamatório, ofensivo ou ilegal — por exemplo, um pôster de recrutamento terrorista —, algo que se tornará persistente e será impossível de remover. Portanto, as plataformas que permitem aos usuários abandonar as experiências aumentadas no mundo real devem ter determinadas regras que os impeçam de simplesmente descartar qualquer conteúdo, mas que seja semelhante ao governo local, o qual não permite a construção de qualquer edifício.

Um metaverso persistente criaria oportunidades infinitas (de monetização) para artistas e criadores de conteúdo enriquecerem os mundos digital e virtual, pois seus esforços poderiam ser recompensados, e as receitas, recebidas de modo instantâneo, sem a necessidade de bancos. Por exemplo, o artista Banksy poderia deixar uma pintura virtual em um local movimentado em Londres, e você só conseguiria vê-la se estivesse nesse local específico se pagasse uma pequena quantia em dinheiro, na forma de criptomoeda. Como a pintura virtual seria persistente, permaneceria lá indefinidamente, a menos que o artista a excluísse.

De uma perspectiva técnica, o metaverso também requer conexões persistentes em tempo real com alto grau de precisão. Se você está vendo o dragão (virtual) que sobrevoa a Times Square junto com dez ou mil pessoas simultaneamente, não importa que cada um o veja da própria perspectiva — desafio técnico difícil de resolver, pois garantir altos níveis de simultaneidade exigiria conexões de muitos para muitos.[50]

Espacialidade

Um metaverso que não é espacial é um metaverso de oportunidades limitadas. Qualquer mundo, espaço ou experiência virtual deve incorporar âncoras espaciais para fazer com que os objetos dentro dessas experiências virtuais ou aumentadas sejam persistentes, a fim de que as pessoas possam encontrá-los e para dar uma experiência mais semelhante ao mundo real, que pode ser reforçada por meio do uso de áudio espacial. Os dados espaciais possibilitarão que os usuários interajam com itens digitais, tanto colocados no mundo virtual quanto real, da forma mais natural por meio dos cinco sentidos (ou até sentidos futuros, conforme mencionado anteriormente). A computação espacial traduziria ações físicas (movimentos, fala, gestos) em interações digitais na experiência virtual ou aumentada. A palavra-chave aqui é *localização*, que determina onde os usuários (avatares) ou os ativos e espaços digitais serão colocados ou movidos no mundo físico e/ou virtual.

Cada coisa, usuário ou espaço deve obter um identificador exclusivo, regras de governança e interação (de preferência, incorporadas no código por meio de contratos inteligentes registrados no blockchain) e proveniência verificável, a fim de que as partes interessadas interajam e tenham uma cópia perfeita no ambiente físico ou mundo digital. Retomando o exemplo do dragão sobrevoando a Times Square, os dados espaciais tornariam o dragão persistente e permitiriam aos usuários experienciá-lo de diferentes perspectivas e, até mesmo, ouvir o áudio com base em sua localização em relação ao dragão no ar. Os dados espaciais também criariam novas oportunidades de monetização, por exemplo, ao apresentar diferentes estratégias de preços com base na distância do objeto virtual.

Os dados espaciais não dizem respeito apenas a adicionar âncoras a itens digitais, mas também de tornar o físico mais digital ao adicionar sensores e fazer com que o item físico apareça como uma réplica exata, ou gêmeo digital, no mundo virtual, com o qual os usuários podem interagir. No Capítulo 6, abordaremos isso com mais detalhes, pois falarei sobre o metaverso corporativo, que tem a ver com a incorporação de gêmeos digitais nos processos de negócios. Os dados espaciais farão com que os mundos físico e virtual sejam mais inteligentes, adicionando contexto e inteligência a qualquer objeto, espaço ou usuário. Por meio deles, será possível a interação e a colaboração em tempo real, o que proporcionará uma experiência intuitiva tanto para humanos quanto para máquinas.[51] Será possível ainda encontrar o melhor caminho no metaverso, porque, lembre-se, ainda não existe o Google no metaverso. Obviamente, isso mudará nos próximos anos, quando o Google, ou uma futura startup, entrará nesse vazio e permitirá aos usuários encontrar o que precisam em milhões de experiências e objetos digitais. Sem essas âncoras espaciais, o metaverso seria um mundo flutuante, não persistente e caótico, e seria impossível encontrar qualquer coisa dentro dele.

Orientação à Comunidade

Os humanos são criaturas sociais por natureza, então não é surpresa que o metaverso seja primordialmente uma experiência social, sem exceções. Até as experiências de RV que podem ser experienciadas apenas de forma individual normalmente agregam um componente social, como um quadro de líderes ou outras técnicas de gamificação. A comunidade será fundamental para qualquer experiência do metaverso, seja esta projetada em torno de uma comunidade ou criada por seus membros. Nesse sentido, o metaverso não é diferente do mundo real, em que as pessoas se reúnem e formam uma comunidade em torno de qualquer tema, afinal pertencer a um grupo sempre foi importante para a sobrevivência dos indivíduos.

Pode ser uma comunidade de nicho, como um espaço metaverso para os amantes de vinho, ou uma comunidade mais ampla, voltada para jogos de RPG online para mutltiplayers (MMORPGs). O metaverso pode elevar as comunidades a outro nível, no qual seus membros podem ter experiências em tempo real, compartilhadas, imersivas e até próprias. A característica principal de jogos de sucesso como Fortnite, Axie Infinity ou Minecraft é permitir experiências sociais,[52] e isso também será possível no metaverso.

As marcas que desejam entrar no metaverso devem reconhecer a comunidade já existente e não fingir saber mais do que ela. Respeito, aprendizado e interação com a comunidade são fundamentais para o sucesso no metaverso. Atualmente, as marcas e organizações encontram sua comunidade nas plataformas de mídia social, e na maioria das vezes os sites são apenas um showroom do que elas têm a oferecer. Quase todas as marcas interagem com sua comunidade nas plataformas de mídia social em que os usuários estão, em vez de atraí-la para o site da empresa. O mesmo se aplica ao metaverso; as marcas devem ir até o local em que sua comunidade está. Além do mais, ele oferece uma oportunidade de criar experiências de marca únicas e imersivas, elaboradas *com* a comunidade e, talvez, até controladas e de propriedade dela. No Capítulo 5, vamos nos aprofundar em como as marcas podem se tornar parte do metaverso.

Autossoberania

A principal característica derradeira de um metaverso aberto é a autossoberania, o que significa que a pessoa permanece no controle de sua identidade e de seus dados online, em vez da plataforma ou do site. Uma identidade e/ou reputação autossoberana tem sido o objetivo da web 3.0 há muito tempo e é uma das características mais importantes que temos que acertar se quisermos criar um metaverso aberto. Nas últimas décadas, a autossoberania não esteve em pauta, pois gostávamos muito dos serviços gratuitos fornecidos pela Big Tech. Como resultado, chegamos a uma situação em que os usuários têm identidades digitais que não são autossoberanas, mas controladas por empresas que podem excluir sua identidade (online) com apenas um clique no botão, como vimos acontecer com a artista australiana Thea-Mai Baumann, que teve seu Instagram deletado pela Meta. A falta de autossoberania leva a violações de privacidade, a vazamentos e manipulações de dados e a problemas mais sérios, como roubo ou falsificação de identidade. A autossoberania é fundamental se quisermos alcançar um metaverso aberto, descentralizado e interoperável.

A identidade consiste em muitos atributos diferentes, em constante mudança e evolução em termos de prioridade e durabilidade. Alguns deles, como data e local de nascimento, pais biológicos e números da segurança social, permanecerão por toda a vida. Outros, como número de colaborador e de aluno, endereço ou número de telefone, podem ser alterados periodicamente. Outros atributos têm curta duração, como o nome de usuário em um fórum ou site. Cada um desses atributos apresenta características diferentes e exclusivamente identificáveis, e a combinação deles constitui a identidade de uma pessoa (embora ela possa perceber isso de maneira diferente).[53] A identidade é um conceito complicado e, dentro do metaverso, ela se tornará ainda mais complicada porque, graças aos avatares, poderá assumir todas as formas. Os usuários provavelmente terão diversos avatares para diversas experiências de metaverso; uma pessoa poderia aparecer como um dinossauro hiper-realista em um ambiente, ou um humano digital em reuniões de trabalho ou, ainda, um avatar pixelado de baixo polígono em um ambiente do tipo Minecraft ou Sandbox. Todos constituem a mesma pessoa, porém em ambientes diferentes. Isso não é novidade, pois, no mundo físico, fazemos exatamente o mesmo (ainda que não nos vistamos de dinossauro para ir à casa de um amigo).

Se a identidade consiste em atributos em constante mudança, uma identidade autossoberana retoma o controle de acesso a esses atributos para o consumidor ou dispositivo que detém essa identidade. Assim, em vez de empresas de mídia social ou governos deterem os atributos da identidade de uma pessoa, o consumidor está no controle total e determina, para cada interação, quem tem acesso a quais atributos ou pontos de dados.[54] Autossoberania é a ideia de que as pessoas — e as coisas em um futuro próximo — têm controle sobre os próprios dados, identidade, reputação e suas informações na internet, sem precisar depender de nenhuma empresa ou entidade governamental para protegê-los ou de qualquer intermediário que controle esses dados ou sua identidade. As pessoas podem recuperar a soberania sobre sua identidade e seus dados ao usar tecnologias blockchain, incluindo provas de conhecimento zero.[55]

Por exemplo, ao entrar em uma comunidade do metaverso que exige idade mínima, podemos usar uma identidade autossoberana para provar que temos determinada idade sem revelar nossa idade. Em vez disso, compartilharíamos uma prova de conhecimento zero, uma declaração verificada criptograficamente de *sim* ou *não* — somos mais velhos do que a idade mínima exigida — sem compartilhar nenhuma informação adicional. Compare isso ao mundo atual, em que você é obrigado a mostrar documento de identidade ou carteira de motorista para provar sua idade, que inclui muitas informações pessoais, como data de nascimento, endereço, nome ou número da licença, nenhum dos quais é necessário para determinar se você atende ao requisito de idade para a comunidade do ambiente. Todo esse processo pode ser automatizado por meio de contratos inteligentes, a fim de criar uma experiência perfeita enquanto protege sua identidade. Ao usar as identidades autossoberanas, os consumidores se tornarão caixas pretas para as organizações, e somente o usuário determinará quais dados serão compartilhados com cada ambiente do metaverso.

Dentro do metaverso, provar a identidade, ou provar que você é quem diz ser, será mais importante do que nunca porque, com avatares, será relativamente fácil se passar por alguém criando uma cópia digital do avatar que normalmente usam. Por meio de inovações como o Reallusion Character Creator 4 ou o MetaHuman Creator do Unreal Engine ficou mais fácil do que nunca criar uma cópia exata de uma celebridade, um político ou um empresário e usar um áudio deepfake para fazer com que ele ou ela faça e diga o que você quiser em qualquer ambiente digital. A menos que essa celebridade, esse político ou empresário possa provar criptograficamente que é o *proprietário* e *controlador* do avatar ou humano digital, será aberta uma caixa de Pandora de desastres. No Capítulo 8, mergulharei a fundo nos perigos do metaverso e como eles podem arruinar a vida das pessoas e prejudicar de modo significativo a sociedade.

A confiança e a reputação estão relacionadas à representação de avatares. Como você sabe que a pessoa com quem está interagindo é quem diz ser? Como podemos confiar no avatar com o qual estamos interagindo? É aí que a reputação autossoberana entra em jogo. Muitas pessoas discutem o conceito de identidade autossoberana, mas poucas discutem o conceito de reputação autossoberana, que é tão importante, porque queremos garantir que somos confiáveis mesmo que permaneçamos anônimos e mudemos nossa identidade regularmente, como fazemos com o avatar.

A resposta está em garantir *responsabilidade anônima* no metaverso, algo que só é possível se tivermos uma identidade autossoberana e verificada. Isso viabilizaria que os usuários permanecessem completamente anônimos para o mundo exterior enquanto constroem uma reputação nas plataformas. Funcionaria para que um usuário pudesse obter um código exclusivo de, digamos, um banco, que verificou essa pessoa como parte do processo de *conhecer seu cliente* (da sigla KYC). Esse código exclusivo pode incluir diversos pontos de dados, como a data em que foi fornecido e por qual banco (para garantir que apenas bancos confiáveis possam fornecer esses códigos). As informações são armazenadas em um blockchain e conectadas à identidade do metaverso do usuário, que está vinculada à sua carteira de criptomoedas. Se o usuário trocar de avatar, a mesma conexão verificada permanecerá e, com base em suas ações, ele construirá uma reputação portável de uma plataforma para outra, pois ela está conectada à identidade do usuário, mesmo que este interaja anonimamente. Ao combinar responsabilidade anônima com autossoberania, os usuários podem ser responsabilizados, mesmo que interajam anonimamente. Isso aumentaria a confiança no metaverso, colocando o poder de revelar a identidade de alguém nas mãos do usuário, e não nas mãos das organizações. E por mais que essa soberania deva focar não somente a identidade ou a reputação dos usuários, eles também devem ser soberanos com relação a seus dados, seus ativos digitais e suas criações, garantindo que a propriedade destes seja do usuário, e não das organizações ou dos governos. Assim sendo, as carteiras digitais desempenharão um papel fundamental que garantirá a autossoberania dentro do metaverso.

Se pudermos fazer da autossoberania os alicerces vitais do metaverso, isso nos aproximará de um metaverso realmente aberto e descentralizado, de propriedade e controlado pela comunidade, e não pelas corporações. Isso nos permitiria passar da troca de informações programáticas como parte da web 1.0 e da web 2.0 para a troca de valor programático, como uma parte complexa da web 3.0, por meio da qual os usuários são capazes de construir componentes de código em cima de seus ativos soberanos, que fazem coisas interessantes, aumentando o valor do sistema como um todo, sem depender de intermediários capazes de separá-los do ecossistema. Ou seja, a autossoberania é uma mudança de paradigma do sistema de identidade e de dados atual, capacitando usuários e criadores a retomar o controle da própria vida.

Um Metaverso Aberto Significa Liberdade

Um metaverso aberto tem tudo a ver com troca de valor e seres humanos capazes de interagir uns com os outros e ter controle total sobre como organizam suas vidas no metaverso. Qualquer plataforma que construa algo para o metaverso deve incorporar essas características de alguma forma se quiser contribuir para um metaverso aberto e estar presente no longo prazo. Para entender como isso funcionaria na prática, vamos dar um exemplo fictício.

A Freedom Platform é um novo mundo digital que possibilita aos usuários socializar, relaxar, trabalhar e colaborar em um ambiente espacial imersivo. Os usuários podem se registrar na plataforma usando sua carteira digital para criar uma conta. Uma vez registrados, podem selecionar um dos avatares disponíveis, criar o próprio avatar usando a ferramenta de criação integrada ou adicionar a própria criação simplesmente carregando uma na plataforma. Seu avatar é cunhado como um NFT e armazenado dentro da carteira do usuário. Os usuários que desejam ser verificados podem usar o aplicativo descentralizado (dApp) para se conectar a seu banco local e se tornarem totalmente verificados. Podem também decidir interagir anonimamente na plataforma ou compartilhar sua identidade.

Na Freedom Platform, os usuários conseguem construir mundos, edifícios e experiências semelhantes aos mundos virtuais existentes, como Decentraland, The Sandbox ou Wilder World. Podem interagir com a plataforma usando uma experiência imersiva 2D em seu desktop ou tablet, ou mergulhar de verdade e explorar o mundo em realidade virtual. Algumas experiências também podem ser lançadas no mundo real e, por meio de âncoras espaciais, conectar o mundo real e o virtual. Os artistas, por exemplo, podem criar uma escultura rara dentro da plataforma e soltar essa mesma escultura na Trafalgar Square, em Londres; ela estará conectada a um NFT de propriedade do artista e os usuários poderão pagar para ver a escultura nos mundos virtual e aumentado usando o token criptográfico nativo da plataforma FRDM, que o artista recebe instantaneamente.

Diversas empresas também se registraram na The Freedom Platform, o que lhes possibilita fazer reuniões imersivas com os colaboradores localizados ao redor do mundo. Eles podem participar de uma reunião de modo remoto usando o desktop e a webcam ou um headset de RV enquanto os colaboradores, dentro do escritório, podem usar óculos de RV para projetar, de maneira instantânea, os avatares dos colegas que ingressaram na reunião. O áudio espacial criará uma experiência mais imersiva para todos os participantes, garantindo uma reunião produtiva.

Tanto a sede virtual de uma empresa quanto a escultura de um artista são persistentes e ficam disponíveis para qualquer pessoa ver ou entrar se tiver as chaves certas, impedindo que convidados indesejados entrem na reunião da empresa. Como a plataforma é descentralizada, ninguém pode excluir o conteúdo criado por outra pessoa, embora existam, é claro, regras que impedem determinado comportamento. A inteligência artificial e os contratos inteligentes regem essas regras, e a reputação de um usuário pode ser afetada caso as regras sejam violadas repetidas vezes. Na Freedom Platform, qualquer pessoa consegue se reunir ou criar uma comunidade e estabelecer uma organização autônoma descentralizada para construir uma experiência colaborativa. A experiência é de propriedade da comunidade e controlada por ela, e qualquer receita gerada por meio da experiência é compartilhada instantaneamente entre os membros com base em suas contribuições.

Ao longo dos anos, a plataforma evoluiu para uma experiência virtual e aumentada cada vez maior. Graças aos padrões de interoperabilidade, os usuários conseguem exportar facilmente seu avatar e seus ativos para explorar outros mundos, obter ativos nesses mundos e expô-los como troféus virtuais em sua casa The Freedom Platform ou como troféus digitais aumentados em sua casa física do mundo real.

Claro que se trata de um exemplo fictício. Ainda assim, mostra como as futuras plataformas podem incorporar as seis características do metaverso para construir uma plataforma que ofereça benefícios reais à sociedade. E aqueles que a construíram também se beneficiam, em virtude do aumento do preço da criptomoeda FRDM, sendo recompensados por assumir o risco de construir um mundo tão peculiar.

Um Oceano Azul sem Fim

O futuro será virtual e aumentado; isso é certo! Ele já é. Não precisamos mais memorizar todos os fatos porque temos o Google. Também não precisamos mais organizar uma viagem e elaborar um roteiro, basta dizer ao carro aonde queremos ir. Em um futuro não muito distante, aprender um novo idioma também se tornará obsoleto, pois as traduções instantâneas se tornarão a regra. Devido à convergência de tecnologias emergentes, como blockchain, IA, IoT e RA/RV, temos a oportunidade de reconstruir a sociedade e corrigir algumas das falhas da web 2.0. A IA será a cola que unirá tudo e possibilitará que tudo funcione de acordo com seu design, e o blockchain será uma necessidade se quisermos garantir a interoperabilidade e a real propriedade dos ativos digitais. A IoT será necessária para conectar o mundo físico ao mundo virtual por meio de gêmeos digitais — máquinas, fábricas ou até mesmo humanos —, e a RA e a RV serão os novos canais por meio dos quais exploraremos todo esse conteúdo digital.

A era da imaginação será possível por meio do metaverso. Nela, os criadores de conteúdo conseguirão monetizar seu trabalho e contribuir para uma internet imersiva rica, vibrante e mágica. Somos seres sensoriais; portanto, a mudança para o metaverso é uma iteração natural para a humanidade. Nos próximos anos, os dispositivos de computação, sejam quais forem, se tornarão conscientes do mundo e se comunicarão entre si. Graças à computação espacial e contextual, qualquer dispositivo conectado ao metaverso entenderá seu ambiente (virtual) e será capaz de interagir com ele.

Como resultado, o metaverso será um oceano azul infinito de oportunidades semelhante à internet original. Teremos o mundo físico e milhões de espaços virtuais e experiências aumentadas em todo o metaverso. Todos os nichos e grupos existentes no mundo real e na web 2.0 provavelmente encontrarão o caminho até o metaverso e criarão as próprias comunidades imersivas de nicho. Atualmente, estamos no início do metaverso, e plataformas como a fictícia The Freedom Platform ainda têm pelo menos cinco anos para se tornar uma realidade em virtude da infraestrutura necessária para entregar esse mundo. Você poderia até argumentar que, em 2022, estamos no ponto em que a internet estava no final dos anos 1990, muito antes do Facebook ou da Amazon, embora não demore tanto para atingir todo o potencial do metaverso, devido à convergência das diversas tecnologias. Nos próximos anos, ficará mais fácil ainda construir experiências imersivas e aumentadas, especialmente se conseguirmos criar a "constelação de padrões" necessária para rodar o metaverso sem grandes problemas.

Se fizermos isso, o metaverso conseguirá devolver trilhões de dólares à sociedade global. As estimativas variam, mas, em 2019, a PWC divulgou um relatório, estimando que a RV e a RA têm o potencial de aumentar o PIB global em até US$1,5 trilhão em 2030, acima dos US$476,4 bilhões projetados em 2025.[56] Acredito que esse valor esteja muito subestimado, pois até 2030 a realidade virtual terá se tornado hiper-realista, e a realidade aumentada será o modo-padrão por meio do qual interagiremos com o metaverso.* Todo cidadão, toda organização e a maioria dos governos viverão, trabalharão e interagirão dentro do metaverso. A moda digital se tornará a regra, e os criadores de conteúdo poderão monetizar seu trabalho de formas que ainda não somos capazes de imaginar. O modelo direct-to-avatar terá superado os modelos de negócios business-to-commerce (B2C), e o comércio imersivo (i-commerce) será significativamente maior, superando, inclusive, o comércio eletrônico (e-commerce).

Os gêmeos digitais já estão começando a criar novas maneiras para as empresas otimizarem as operações e as cadeias de suprimentos, aumentando o valor que o metaverso fornecerá ao PIB global. Alguns estudos preveem que 50% das crianças da atualidade terão empregos que ainda não existem ou que estão surgindo no mercado, desde guias turísticos virtuais do metaverso até estilistas digitais, que o receberão em lojas virtuais e o ajudarão a selecionar os melhores itens de moda para seu avatar.[57] O metaverso terá a própria economia global, elevando a globalização a outro nível, pois as fronteiras artificiais provavelmente terão um papel menor dentro desse ambiente. A forma como or-

---

* Aqui, embora não citemos muito o metaverso chinês, que será significativamente diferente devido à regulamentação e censura, o Morgan Stanley estima que ele poderia envolver um mercado de US$8 trilhões no futuro; segundo Arjun Kharpal, "os gigantes da tecnologia da China avançam em direção a uma oportunidade de um metaverso de US$8 trilhões — que será altamente regulamentada", CNBC, 13 de fevereiro de 2022. Disponível em: www.cnbc.com/amp/2022/02/14/china-metaverse-tech-giants-latest-moves-regulatory- action.html [texto em inglês].

ganizamos essa economia impactará diretamente o valor que ela tem a oferecer para a sociedade, porém conceitos como finanças descentralizadas serão uma parte importante, capacitando os criadores de conteúdo a colocar seus ativos para funcionar e gerar mais valor.

O metaverso possivelmente subverterá todos os setores e criará oportunidades de receita em i-commerce, eventos, publicidade, hardware/software, moda e muito mais, criando novas empresas ao longo do caminho e agregando um enorme valor, semelhante ao valor de mercado de, aproximadamente, US$15 trilhões das empresas da web 2.0.[58] O metaverso terá um impacto tão grande na sociedade quanto a internet teve, se não maior. Isso mudará completamente a forma como trabalhamos, vivemos e socializamos. As organizações que levarem tempo demais para se adaptar provavelmente deixarão de existir nos próximos anos. O metaverso representa uma mudança de paradigma, e nos capítulos seguintes falarei sobre o que isso significará para o ser humano e como impactará as organizações e a sociedade. No entanto, primeiro vamos falar sobre como podemos criar um metaverso aberto.

Capítulo 2

Criando um Metaverso Aberto

Aberto vs. Fechado

Conforme vimos no Capítulo 1, a interoperabilidade é o principal facilitador de um valor significativo para a sociedade em geral ao viabilizar que os usuários movam com facilidade seus ativos (incluindo sua identidade) de uma plataforma para outra. Mas o que isso significa de fato? Qual é a diferença entre construir um metaverso com plataformas abertas e um que consiste apenas em walled gardens? Existe um equilíbrio entre essas duas coisas? É possível a existência de um metaverso híbrido, com experiências digitais abertas e fechadas? Ao que parece, o espectro de aberto *versus* fechado não é exato, porém existem diversas camadas e aspectos que determinam quão aberta ou fechada é determinada plataforma ou experiência. No entanto, uma coisa é clara: um metaverso aberto agregará um valor mais significativo do que um metaverso que consiste em plataformas fechadas, muito menos um que consiste em uma única plataforma fechada, como o Oasis, conforme retratado no livro *Jogador Nº 1*. Na verdade, o Oasis foi criado, pertence e é controlado por uma única pessoa, algo equivalente a uma empresa que é dona de toda a internet. Apesar de algumas empresas fazerem o possível para serem retratadas como sendo um metaverso, isso não é muito realista e nunca acontecerá de uma maneira ideal.

A variante menos extrema é um metaverso formado apenas por walled gardens, que é basicamente o que temos hoje. A grande maioria das empresas na web é centralizada e administra plataformas ou sites, alguns dos quais cresceram tanto em virtude dos efeitos de rede que são considerados uma Big Tech. Apesar da perspectiva inicial da internet, atualmente é impossível mover dados ou ativos digitais de um site para outro. Não é possível baixar seu histórico do TikTok, por exemplo, incluindo comentários e amigos, e carregá-lo em outra plataforma para continuar suas atividades de influenciador digital. O TikTok é dono dos seus dados e dificulta muito sua saída da plataforma, porque esses dados valem muito para ele. A Big Tech se saiu muito bem ao proporcionar uma experiência de usuário perfeita, incluindo autenticação federada para fazer login por meio do Google ou do Facebook em sites de terceiros, consumindo ainda mais dados. Os usuários trocam privacidade por conveniência, e naturalmente a Big Tech fará o que puder para impedir qualquer alteração nesse modelo.

Um metaverso que consiste em walled gardens seria basicamente uma versão mais radical da web atual. Como na internet imersiva a coleta de dados será cem vezes maior em comparação à atualidade, a Big Tech será mais poderosa do que nunca e terá maior controle sobre nossa vida. A mídia social e as recomendações prejudiciais serão o mecanismo que gerará valor aos acionistas inovadores. Se você acha que a mídia social fez com que as pessoas se tornassem mais radicais, polarizando a sociedade em 2D, imagine o que poderia acontecer em 3D. Câmaras de eco virtuais e realidades virtuais alternativas são capazes de destruir uma sociedade inteira, já que todos estarão vivendo no próprio mundo (virtual), reforçados por um círculo vicioso tóxico de publicidade e recomendações.[59] Ao utilizar a realidade aumentada, poderíamos automaticamente inserir avatares no lugar de pessoas na rua com base na raça, a fim de criar uma realidade própria, o que dividiria ainda mais a sociedade. Se queremos manter uma sociedade agradável e habitável, precisamos mudar isso e evitar que aconteça. Precisamos nos afastar do modelo de acionistas que abre espaço para mecanismos de recomendação prejudiciais, focados em manter as pessoas engajadas o maior tempo possível, para um modelo de stakeholders que recompense todas as partes interessadas e considere causar um maior impacto na sociedade. Precisamos impedir, com todas as forças, que alguns aplicativos sejam lançados e, assim, viabilizar uma experiência perfeita para os usuários migrarem de uma plataforma para outra, levando consigo ativos digitais, dados e identidade conquistados com muito esforço, recompensando todos aqueles que geram o valor, em vez de só recompensar os proprietários da plataforma.

Claro que isso não significa que você poderá importar ativos, dados e seu avatar para qualquer lugar. Quando se trata de mundos virtuais, experiências aumentadas e, até mesmo, gêmeos digitais, eles serão privados ou públicos e podem ser sem permissão ou permissionários. Há três opções:

- ▲ *Sem permissão e público:* Qualquer pessoa pode participar a qualquer momento. Você pode precisar de uma conta para ingressar, mas não precisa obter permissão para ingressar em um mundo virtual ou ter uma experiência de RA.
- ▲ *Permissionário e público:* É necessário receber uma aprovação para participar de uma experiência ou de rede pública. Esta pode ser dada após o pagamento ou por meio de um convite especial.
- ▲ *Ambiente privado:* Como o próprio nome diz, são ambientes seguros e que necessitam de permissão para entrar, semelhantes às intranets das empresas e à forma como algumas das maiores organizações constroem redes 5G privadas.

Cada espaço digital tem regras próprias, elaboradas, monitoradas e aplicadas por fundadores, proprietários, comunidade ou pela organização em geral. De modo semelhante ao mundo real, haverá uma grande variedade de plataformas totalmente abertas e sem necessidade permissionária, como também muitos ambientes privados fechados que necessitam de permissão — como seu escritório virtual — e qualquer coisa entre ambos. Quando você consegue importar e exportar seu avatar e sua identidade, seus ativos digitais e dados passam a depender das regras e da governança em vigor em determinada plataforma. Uma plataforma de mídia social descentralizada terá diferentes níveis de abertura e permissões para rastrear sua saúde, sua casa, o aeroporto local ou um edifício pertencente ao governo federal. Infelizmente, você não poderá se teletransportar para o mundo virtual do Pentágono.

Para dar ao usuário controle total sobre seus dados e sua identidade, as plataformas que adotam o paradigma da web 3.0 usarão tecnologias de ledger distribuído, como blockchains e NFTs. Por outro lado, as plataformas fechadas podem focar outros benefícios e impedir que os usuários obtenham valor sobre o que criaram. No entanto, não podemos forçar as pessoas a se deslocarem para plataformas fechadas ou abertas. É mais uma abordagem darwiniana, com a ideia de que as plataformas que oferecem mais benefícios ao usuário final vencerão — plataformas fechadas e abertas em uma competição darwiniana saudável.

Espero, no entanto, que as plataformas abertas se tornem a regra em vez da exceção, basicamente por causa do valor e dos benefícios que trazem aos usuários e à sociedade como um todo. Se um walled garden for verdadeiramente fechado, a riqueza e a influência ficarão retidas. Se o valor digital que você gerou é intransferível, ele não tem valor para o sistema econômico mais amplo.

Como explicou Jamie Burke, fundador e CEO da Outlier Ventures, uma boa maneira de refletir sobre isso seria imaginar um jogador do Fortnite entrando em um banco para obter um empréstimo de curto prazo ou uma hipoteca.[60] Ele poderia ter investido anos e centenas de dólares nisso, acumulando uma enorme receita por meio de avatares, skins, ativos e prêmios. No entanto, para um banco, grande parte dessa riqueza é um custo irrecuperável que não pode ser considerado uma forma de garantia na obtenção de um empréstimo ou uma hipoteca. Essa é a mesma situação que a maioria dos envolvidos na economia digital, como os influencers de mídia social, enfrenta. Apesar de ter direitos de propriedade sobre ativos digitais, eles estão presos a um design, com grande parte do valor digital e dos ativos de propriedade não sendo reconhecidos pelo sistema financeiro atual. Isso constitui uma forma de exclusão financeira, mesmo quando o ecossistema de jogos e digital ao redor equivale a muitos bilhões de dólares. Se os usuários não puderem levar seus ativos de uma plataforma para outra, seja no mundo real ou no digital, serão apenas coisas desconectadas que não agregam nenhum valor à sociedade. O usuário é excluído financeiramente do sistema econômico, embora possa ter contribuído com um grande valor potencial. Enquanto esse valor não for reconhecido, será muito difícil criar um sistema econômico verdadeiramente inclusivo.

Criando um Metaverso Aberto

É aí que entra em cena a interoperabilidade econômica. Você deve ser capaz de transferir ativos de uma plataforma para outra livremente pelo valor de mercado em um mercado aberto, seja lá qual for o motivo, gerando um enorme valor para o sistema econômico. Por exemplo, uma pesquisa da Outlier Ventures mostrou que as pessoas gastaram dez vezes mais em um jogo baseado em um blockchain, que permite aos usuários transferir ativos dessa plataforma, do que em um jogo não baseado em um blockchain.[61] Um exemplo é o jogo *Play to Earn* Axie Infinity. Apesar de ter uma base de jogadores de cerca de 3 milhões, ele gerou mais receita do que qualquer jogo no planeta — quase US$760 milhões apenas no 3º trimestre de 2021.[62] Lançado em 2018, em poucos anos, explodiu para 1 milhão de usuários diários, aumentando sua receita para US$364 milhões por mês[63], e foi avaliado em US$3 bilhões em outubro de 2021[64] (além de um valor de mercado altamente flutuante de bilhões de dólares do token do jogo, ASX, que passou de US$9,77 bilhões em novembro de 2021 para US$3,89 bilhões em meados de fevereiro de 2022[65]) e possibilitou que um grande grupo de pessoas nas Filipinas saísse de seus empregos e fossem jogar Axie Infinity em tempo integral. A princípio, eles conseguiram ganhar mais dinheiro com o jogo do que com o emprego, mas, em virtude das demandas do mercado e da volatilidade das criptomoedas, os ganhos da maioria dos jogadores caíram para um valor abaixo do salário mínimo.[66] Apesar de enfrentar tantos desafios, o impacto econômico e social geral do Axie Infinity é maior do que o do Fortnite, que faturou US$5,1 bilhões em 2020, com 80 milhões de usuários mensais[67] e cujos lucros acabaram nas mãos de um pequeno grupo de empresas e pessoas. Segundo Jamie Burke, as pessoas valorizarão os ativos digitais transferíveis em vez dos intransferíveis; por isso, adotar a interoperabilidade é só uma boa prática empresarial e social. Sim, talvez isso resulte em ganhos de centenas de milhões de dólares em vez de bilhões de dólares para a elite da Big Tech, mas eu diria que esse é um sacrifício que eles deveriam fazer em prol da sociedade e do progresso da humanidade.

Embora a transferibilidade de NFTs contribua com valor para o sistema econômico, há casos de uso em que você deseja evitar ou limitar essa transferibilidade.[68] Um caso de uso em que seria necessária a não transferibilidade é quando os NFTs são usados para a emissão de documentos governamentais (por exemplo, carteiras de motorista) ou diplomas universitários. Se você pudesse transferir o NFT provando que concluiu um curso para outra pessoa, o sistema perderia seu valor rapidamente. Outro caso de uso seria o crachá NFT conhecido como *prova de presença* (PoA), que comprova que uma pessoa participou pessoalmente de determinado evento. Digamos que você tenha participado de um grande evento interativo ao vivo, e o patrocinador deu a todos um PoA que oferece um desconto para você ir até a loja física e apresentá-lo. Indo um pouco mais além, Lindsey McInerney, ex-chefe global de tecnologia e inovação da Anheuser-Busch InBev, acredita que a prova de presença, de fato, pode ser um item de moda digital, como uma camiseta digital que seu avatar pode usar em festival de camisetas no mundo físico, por exemplo, mas que são atualizadas automaticamente à medida que você participa de outros eventos.[69] Os usuários podem exibir essas NFTs, não tanto para mostrar que têm dinheiro, mas para mostrar que participaram de algum evento pessoalmente. Pode ser sensato limitar a transferibilidade, principalmente se o NFT vier com algum tipo de conveniência, como o desconto em uma loja. A plataforma POAP facilita aos organizadores de eventos a criação de tokens de prova de presença para distribuí-los aos visitantes. Impedir completamente a transferência de NFTs também não é desejável, pois os usuários ainda devem poder transferir NFTs de uma carteira para outra, por exemplo, para fins de segurança. Por isso, a plataforma recomenda que desenvolvedores e organizações implementem as próprias verificações, como a análise on-chain, que verifica se o proprietário atual é o mesmo que o destinatário original.

Não é novidade que uma economia aberta gera mais valor do que uma fechada; podemos ver isso por meio do exemplo das economias do mundo real. Nos últimos quinhentos anos, passamos de economias relativamente fechadas para uma economia global, interconectada e aberta, na qual padrões, protocolos e acordos comerciais resultaram em crescimento econômico para os países abertos a ela. Basta olhar a economia fechada da Coreia do Norte para confirmar que economias fechadas têm um desempenho bem pior do que as abertas. Dessa perspectiva, o metaverso é apenas a história se repetindo.

Nos últimos anos, cada vez mais plataformas foram desenvolvidas, com o objetivo de construir um equivalente aberto das plataformas mais proeminentes da web atual, embora a maioria delas ainda não tenha sido adotada em massa. Por exemplo, a Steem.it tentou substituir o Medium, e a Status.im pretende substituir o WhatsApp, mas, em virtude dos fortes efeitos de rede desses walled gardens, os custos de troca são altos para os usuários. Além disso, a descentralização exige muito trabalho por parte dos usuários, outro motivo para a baixa taxa de adoção, e a maioria das pessoas prefere a praticidade. Muitas pessoas reclamarão, acharão muito complicado ou dirão que é muita responsabilidade lidar com uma carteira totalmente descentralizada, na qual o usuário é responsável por suas chaves privadas e os erros podem sair caro.

A experiência do usuário (UX) da web 3.0 tem sido desafiadora e requer um alto grau de conhecimento técnico.[70] À medida que a UX melhora ao longo do tempo e as carteiras descentralizadas se tornam mais aceitas e confiáveis pelas massas, as plataformas abertas se tornarão uma alternativa melhor às atuais plataformas centralizadas, fechadas e muito práticas, de propriedade da Big Tech.

Óbvio que as carteiras podem ser completamente descentralizadas, tendo você como único responsável por manter as chaves privadas seguras; ou pode ser uma carteira gerenciada, o equivalente a um banco, que mantém sua carteira segura, o que é uma contradição: uma carteira centralizada em uma entidade que assegura um ativo descentralizado. As pessoas perdem passaportes, telefones e chaves físicas o tempo todo; portanto, manter sua chave privada segura — uma longa sequência de letras e dígitos impossível de lembrar — parecerá algo bastante desafiador para muitas pessoas. Sempre haverá um grupo extremista de pessoas usando apenas carteiras verdadeiramente descentralizadas, porém com certeza não é o que a maioria fará. Precisamos reconhecer isso e desenvolver plataformas e regulamentações para proteger as pessoas que optarão por carteiras descentralizadas gerenciadas, visto que perder toda a sua identidade digital é um problema mais grave do que perder o passaporte.

Uma vez que a web descentralizada oferece tanta praticidade e uma experiência tão perfeita quanto a web 2.0, também podemos converter os usuários "preguiçosos" ao extremo, que preferem a conveniência acima de qualquer outra coisa. De maneira ideal, quanto melhor a UX da tecnologia descentralizada, menos relevantes serão os walled gardens que continuam a obstruir a interoperabilidade. Afinal, quanto vale algo em que você investiu todo seu tempo, dinheiro e sua energia se não é possível movê-lo e monetizá-lo?

À medida que plataformas mais fechadas abrem ou fecham, a interoperabilidade se torna o principal recurso do metaverso. Isso não significa que todas as plataformas permitirão a transferência de todos os ativos, porque, mesmo dentro da interoperabilidade, existem diversas camadas. Por exemplo, as plataformas hiper-realistas não permitirão avatares com poucos polígonos, e vice-versa, pois isso prejudicará a experiência, e pode ter certeza de que qualquer mundo virtual de propriedade da Walt Disney não permitirá avatares vestidos de nazistas dentro de sua plataforma.

A Web Híbrida

A visão da web 3.0 é uma internet descentralizada, de propriedade, administrada e controlada pela sociedade. A ideia é democratizar os dados e passar de um modelo de servidor centralizado para uma rede de nós descentralizada, ponto a ponto e grande, funcionando e rodando os aplicativos da web com transparência. Embora seja nosso dever nos esforçamos para ter esse modelo, por diversos motivos, não acredito que esse metaverso completamente descentralizado, em todas as suas facetas, seja algo que consigamos alcançar já na próxima década ou na seguinte.

Em primeiro lugar, o metaverso precisa ser compatível com as versões anteriores. As plataformas já existentes, assim como as futuras, precisarão estar conectadas ao legado da web 2.0, ou seja, sempre haverá um componente centralizado no metaverso. Não podemos simplesmente apertar um botão e deletar tudo o que foi construído antes da chegada do metaverso, ou migrar tudo da AWS ou da Microsoft Azure para plataformas de armazenamento descentralizadas, como InterPlanetary File System (IPFS), Storj ou FileCoin, que recompensam os usuários por compartilhar qualquer excesso de armazenamento e, como tal, criam um sistema de armazenamento que não seja de propriedade de uma empresa, e sim de milhares de usuários.

Em segundo lugar, no futuro próximo, as tecnologias de ledger distribuído não serão avançadas o suficiente para lidar com plataformas de metaverso. Fornecer dados de vídeo volumétricos hiper-realistas transmitidos ao vivo é muito difícil, e mais difícil ainda é ter centenas de milhares de usuários dentro de uma mesma experiência imersiva, todos interagindo uns com os outros. Imagine ter 100 mil avatares todos presentes em um evento; isso significa 100 mil movimentos influenciando uns aos outros em 100 mil locais ao redor do mundo,

Criando um Metaverso Aberto

apresentados por meio de um número quase infinito de perspectivas. Estamos falando de largura de banda, latência, poder computacional e arquitetura em níveis sem precedentes, com o qual nem mesmo o sistema centralizado atual consegue lidar. Por isso, atualmente, na maioria dos mundos virtuais, você está presente apenas com, no máximo, algumas dezenas de outros usuários. Quando o ambiente passa a ser multidimensional, os desafios técnicos se tornam exponencialmente mais complexos. Como veicular os dados? Como torná-los sociais, apropriados, acessíveis e não hackeáveis? Fica ainda mais complicado se você quiser ter uma experiência verdadeiramente em tempo real. Digamos que você tenha um objeto compartilhado, uma bola em um jogo de futebol, e duas pessoas estejam tentando chutá-la exatamente ao mesmo tempo. Se houver alguns milissegundos de atraso, a trajetória dessa bola pode mudar, impactando diretamente o resultado. No futuro próximo, será impossível às tecnologias de ledger distribuído lidar com essas atividades.

Outro motivo é que a internet teve início e ainda é um protocolo aberto, mas sua consolidação aconteceu em menos de uma década, resultando em um oligopólio que governa o mundo. Isso aconteceu porque, no início da internet, construir plataformas digitais e sites era muito difícil. Portanto, fazia sentido agrupar, gerar economias de escala e levantar toneladas de capital a fim de desenvolver as ferramentas para construir a internet. As plataformas desse segmento, a AWS, a Google, o Facebook ou o WordPress, transformaram-se na Big Tech da atualidade. Provavelmente acontecerá o mesmo com o metaverso. Construir os mundos virtuais descentralizados e as experiências aumentadas da atualidade é muito difícil. Construir plataformas descentralizadas e imersivas, como Decentraland ou Somnium Space, é significativamente mais difícil do que um site por meio do WordPress. Então, não me surpreenderia se o mesmo acontecesse com a web 3.0. Além do mais, teremos um pequeno grupo de plataformas que simplificarão e muito a criação de experiências virtuais ou aumentadas. Claro que essas plataformas devem ser abertas; elas podem até ser parcialmente de propriedade da comunidade, porém é mais provável que sejam controladas e centralizadas pelos investidores que financiaram as plataformas desde o início.

Por fim, mesmo que os desafios técnicos sejam superados, as organizações autônomas descentralizadas (DAOs) começam a centralizar. Nada pode ser descentralizado desde o primeiro momento, porque alguém precisa desenvolver determinada ideia e construir a base. Óbvio que, para crescer, ela pode ser financiada pela sociedade que, consequentemente, tem a posse e controla a DAO; no entanto, a menos que haja restrições programáticas para limitar o nível de propriedade que um usuário individual pode ter, é possível que até mesmo uma DAO possa, futuramente, ser controlada por um seleto grupo de pessoas. Faz parte do instinto humano tentar aumentar sua influência dentro de determinada comunidade. Se não houver freios e contrapesos que impeçam isso, mesmo os sistemas que começam descentralizados podem rapidamente se tornar centralizados. Isso já está acontecendo no mundo das criptomoedas. Embora o objetivo seja criar um ecossistema descentralizado, a realidade é que as economias de escala e a desigualdade resultam, rapidamente, em alguma forma de centralização. Por exemplo, 50–60% do poder de mineração do Bitcoin (a taxa de hash) são controlados por cinco a seis pools de mineração (um grupo de mineradores que compartilham poder computacional),[71] enquanto as 10 mil principais carteiras controlam mais de 4 milhões de bitcoins, ou 21% da oferta circulante.[72] No ambiente NFT, acontece a mesma coisa: um pequeno grupo de compradores na lista de permissões (compradores que são notificados antes de qualquer outra pessoa quando há um lançamento de NFT disponível) obtém o maior lucro; 78% das vendas de compradores autorizados resultam em lucro, enquanto a mesma porcentagem de vendas de compradores não autorizados resulta em prejuízo.[73]

Como resultado, acredito que o metaverso será construído em cima de uma web híbrida. É bem provável que a próxima versão da web nunca seja totalmente descentralizada. Em vez disso, o melhor que podemos esperar é uma web híbrida com o melhor dos dois mundos perfeitamente conectados. A velocidade, a largura de banda e o poder computacional da rede centralizada possibilitam visualizações hiper-realistas em tempo real, recursos avançados de IA e aplicativos na rede, viabilizando a inovação em ritmo acelerado combinado com uma identidade autossoberana e propriedade real de ativos digitais e de dados, e como você deseja monetizá-los usando tecnologias blockchain.

De acordo com Ryan Gill, fundador da Open Metaverse Association, "a internet foi construída por desenvolvedores web, e o metaverso aberto está sendo construído por desenvolvedores de jogos"[74]. Ainda que plataformas como Unity, Unreal Engine 5 ou Blender tenham facilitado a criação de plataformas imersivas, essas experiências ainda exigem a melhor infraestrutura semelhante a jogos, desde conexões rápidas de internet fibra óptica até os melhores consoles de jogos. Portanto, para que o metaverso seja um sucesso, a própria web precisa se tornar inteligente e participante ativa. Haverá plataformas centralizadas que o ajudarão a criar ativos digitais — experiências aumentadas, avatares, cenas ou ambientes virtuais imersivos, wearables digitais etc. — e permitirão que você os exporte como um ativo descentralizado e interoperável vinculado a um NFT, controlado pelo dono. Veicular esses ativos digitais exigirá conexões de rede estáveis e de (ultra) baixa latência, largura de banda extrema e baixa redundância, o que deve ser feito usando o modelo de servidor centralizado que conhecemos atualmente, pois será impossível usar um avatar de maneira descentralizada, por exemplo, em um MMORPG.* Para garantir a autossoberania, isso pode ser regido por meio de contratos inteligentes de tal forma que, no momento em que você parar de jogar ou extrair suas NFTs, ele exclua automaticamente a cópia centralizada que acompanha o ativo, reunindo o melhor dos dois mundos: autossoberania e experiências imersivas exclusivas.

Um Sistema Econômico Aberto

O melhor que pode acontecer ao metaverso é a existência de um metaverso que consiste em plataformas centralizadas e comunidades descentralizadas em que é possível haver interoperabilidade em todos os lugares. Isso não significa que não haverá uma Big Tech poderosa e centralizada, mas reduzirá os custos de troca para os consumidores ou fará com que eles sejam insignificantes, algo que beneficiará tanto o consumidor quanto a sociedade, já que as organizações precisam trabalhar mais para manter os usuários satisfeitos. Isso será mais vantajoso para todas as partes e trará mais valor à sociedade, embora talvez seja menos atraente para os fundadores bilionários, cuja única preocupação é a riqueza pessoal. Algumas comunidades descentralizadas serão DAOs puras e completamente abertas; outras, pelo contrário, serão plataformas centralizadas com regras e regulamentos próprios, nas quais você ainda poderá importar seus ativos, que permanecerão sob seu controle, embora não todos.

A interoperabilidade econômica é a chave para um metaverso inclusivo que pode agregar valor a todos os usuários da internet. Apesar de haver diferentes níveis de interoperabilidade econômica, dependendo da plataforma, de suas regras e de seus mecanismos de governança, a transferência gratuita de direitos de propriedade (de identidade, ativos digitais, conteúdo, dados etc.) só é possível por meio de protocolos e padrões globais, conforme vimos no Capítulo 1.

Protocolos e padrões podem resultar em valor adicional em ecossistemas grandes. Por exemplo, uma empresa de energia pode elaborar um modelo de IA usando dados de suas cem turbinas eólicas para prever a necessidade de manutenção e a quantidade de energia fornecida. No entanto, se a indústria como um todo fosse capaz elaborar um modelo de IA com os dados de todas as turbinas eólicas do mundo (que se enquadram na mesma categoria), teríamos um modelo de IA muito melhor, agregando mais valor aos seres humanos. Para viabilizar isso, as empresas precisariam colaborar e compartilhar seus dados buscando proteger os insights proprietários. Protocolos e padrões independentes com os quais a indústria concordou ajudariam a evitar qualquer desconfiança entre as empresas de energia participantes. O mesmo se aplica ao metaverso. Protocolos e padrões podem ajudar a garantir que os usuários entrem em qualquer plataforma sem temer que sua identidade ou seus ativos digitais sejam roubados ou sequestrados. É aí que as empresas-padrão, como o Grupo Khronos ou a Organização Internacional de Padrões (ISO), entram em cena. Elas são capazes de elaborar padrões e protocolos abertos de maneira coletiva, que são adotados por todos e controlados pela sociedade em vez de Big Tech, que está constantemente impondo suas especificações proprietárias.

Quando se trata de padrões, de acordo com Neil Trevett, presidente eleito do Khronos Group, "é certamente mais fácil e rápido para uma empresa escrever uma especificação proprietária, conseguir que três pessoas a aprovem e a enviem do que trazer uma indústria inteira junto com você e obter um amplo acordo de, potencialmente, centenas de empresas. No entanto, conseguir esse acordo não é um bug. É um recurso".[75] Embora leve tempo para definir padrões, ainda é o caminho mais rápido a fim de garantir um metaverso aberto e inclusivo, que ofereça um valor maior a todos os quase 8 bilhões de humanos.

O metaverso é uma oportunidade única de corrigir os erros do passado e construir um futuro melhor, mais inclusivo e igualitário. Estamos em um ponto da história em que temos uma escolha. Podemos construir um metaverso por meio do qual todos participarão de experiências únicas e imersivas, terão acesso a modos únicos de sobrevivência e controle total sobre sua identidade, seus dados e ativos digitais; ou podemos permanecer na realidade atual, com todos os problemas que a acompanham.

Um metaverso interoperável viabilizará aos usuários monetizar esses ativos, vendê-los, tomá-los como empréstimo, usá-los como garantia, gerar derivativos ou alugá-los. As oportunidades são abundantes, e isso construirá uma economia ininterrupta, conforme veremos nos capítulos seguintes. No entanto, isso também gera maior responsabilidade para nós, pois exige que enfrentemos plataformas fechadas que limitam um sistema econômico aberto e a interoperabilidade e que estejamos dispostos a pagar por serviços em vez optarmos por serviços gratuitos, que pagamos com nossos dados. Temos que escolher entre nossos dados e nossa carteira — preferencialmente uma carteira descentralizada.

Capítulo 3

Seja Quem Você Quiser

A Ascensão dos Avatares

A ARPANET não foi crucial só na criação da internet; também foi usada no primeiro jogo FPS entre diversas universidades com o primeiro avatar do mundo. No início da década de 1970, três funcionários da NASA — Steve Colley, Howard Palmer e Greg Thompson — criaram o jogo multiplayer MazeWar, no qual um globo ocular gráfico se movia por um labirinto, dirigindo o olhar de ciclope para onde quer que estivesse indo.[76] Essa foi a primeira representação visual de um personagem digital. Desde então, a evolução dos avatares foi significativa e, atualmente, eles representam usuários reais e inexistentes em um mundo virtual. Em um futuro não muito distante, eles também entrarão no mundo físico por meio da realidade aumentada ou de projeções holográficas.

Um avatar pode ser qualquer coisa, desde uma imagem 2D composta de pixels, como CryptoPunks, um personagem do Bored Ape Yacht Club, um personagem de jogos como Fortnite ou Minecraft, e até representações digitais 3D hiper-realistas de humanos, os chamados *humanos digitais*. Um avatar é, acima de tudo, uma representação visual de uma identidade — a representação de uma pessoa real em um mundo virtual ou de um usuário digital inexistente, um agente digital, também conhecido como *personagem não jogável* (NPC), controlado por um computador em vez de uma pessoa. Os avatares são peças fundamentais para o metaverso, pois possibilitam a inserção de uma identidade no mundo virtual, a interação com os outros avatares e, também, a transposição dessa identidade virtual para o mundo real.

Assim como no mundo físico, no metaverso, os usuários terão identidades diferentes, a depender da configuração (virtual). Na vida real, quando está entre amigos, você se comporta e se veste de maneira diferente de quando está em um ambiente de trabalho. O mesmo se aplica ao mundo virtual. Dependendo da comunidade para a qual deseja ir ou da qual quer participar, você vestiria seu avatar de outra maneira ou escolheria um avatar completamente diferente. O aspecto emocionante de usar um avatar para retratar sua identidade é não permanecer preso à sua identidade física; há um mundo de novas oportunidades por meio das quais você pode se expressar.

Nos últimos anos, ampliamos nossa perspectiva sobre o que significa identidade. O que começou como homem *versus* mulher, agora abrange uma grande variedade de identidades de gênero, incluindo não binárias, transgêneros ou fluidas. Na verdade, existem muitas identidades de gênero,[77] porém nem todas são aceitas em todos os lugares, tendo, por vezes, graves consequências. No metaverso, isso será diferente. No mundo virtual, se for capaz de inventar e criar uma identidade, você consegue ser quem quiser e quando quiser. Isso provavelmente resultará em uma explosão de identidades, porque, no metaverso, as pessoas têm total liberdade para decidirem o tipo de avatar que desejam usar e como querem vesti-lo.

No metaverso, você pode ser quem quiser, pode aparecer como você mesmo ou como qualquer coisa que possa imaginar — de um coelho fofo a um robô enorme ou um centauro voador roxo. Vale tudo, desde que você esteja feliz com isso. O fato de um avatar não se parecer com um humano não deveria fazer diferença. Na verdade, isso pode ajudar as pessoas a retratar melhor sua identidade e a demonstrar seus sentimentos em determinado momento, alterando o avatar conforme seu humor. Um avatar pode também servir como um indicativo de que você pertence a determinada comunidade. Atualmente, muitas pessoas estão usando o NFT como um avatar nas mídias sociais, como sua foto de perfil — seja um CryptoPunk, um Bored Ape ou qualquer outro —, mostrando (ou não) que fazem parte de determinada comunidade de nicho. Por isso que, no início de 2022, o Twitter permitiu que os usuários verificassem seus NFTs ao conectar sua carteira de criptomoedas ao Twitter.[78]

Isso só será amplificado no metaverso, porque os avatares 3D se tornarão a regra. Os avatares 3D oferecem uma ampla variedade de novas formas de mostrar quem você é e a qual comunidade pertence. Isso pode ser feito por meio do formato ou do tipo de seu avatar, como também pela forma como ele se veste ou pelo tipo de wearables digitais que possui. Isso, conforme veremos, fará com que surja uma economia inteiramente nova.

Dentro do metaverso, podemos esperar uma grande multiplicidade de avatares, e o tipo de avatar disponível em determinado ambiente geralmente é uma escolha de design, com implicações significativas do ponto de vista técnico. As plataformas podem recorrer a uma pronta para uso, como o Ready Player Me, que permite aos desenvolvedores integrar com facilidade uma plataforma de avatar em sua experiência ou desenvolver o próprio sistema de avatar, como o desenvolvido pelo Roblox, pela Meta ou pela Microsoft. Essas plataformas adotam uma abordagem diferente, sendo que a Roblox e a Sandbox escolheram uma aparência mais similar ao Lego para seus avatares, e a Meta e a Microsoft optaram por avatares sem pernas. Ambas plataformas usam avatares com um baixo número de polígonos, a fim de reduzir o poder computacional necessário e possibilitar que a maioria dos consumidores jogue ou use seu ambiente por meio de praticamente qualquer smartphone, tablet ou computador. Avatares mais simples têm muitas vantagens e facilitam a interação em um jogo ou em um ambiente. Segundo Timmu Tõke, CEO e cofundador da Wolf3D, a empresa que constrói o Ready Player Me: "quanto mais perto você estiver do realismo, mais fácil será estragar tudo".[79]

O número de polígonos determina quão realista é um avatar ou qualquer ativo digital. Um avatar no VRChat on Quest não pode exceder 10 mil polígonos[80], caso contrário, ele não será exibido, enquanto os ativos hiper-realistas do videogame Matrix Awakens (que não é só um jogo, mas também uma demonstração que apresenta as possibilidades do Unreal Engine 5 e promoveu o filme) têm milhões de polígonos cada, o que explica por que somente usuários com um Xbox Series X ou um PS5 conseguem jogá-lo.[81] Levará um tempo até que essas experiências hiper-realistas sejam disponibilizadas na realidade virtual. Atualmente, há poucas plataformas que permitem avatares hiper-realistas e com um número alto de polígonos, como humanos digitais, basicamente porque é preciso muito poder computacional para disponibilizá-los, algo inacessível à grande maioria dos consumidores. Esses avatares são usados principalmente em jogos profissionais, filmes ou gravações. Além disso, é mais difícil criar avatares hiper-realistas. Embora novas soluções, como o MetaHuman, do Unreal Engine, ou o Reallusion Character Creator 4, simplifiquem esse processo, ainda é um desafio criar um, sem contar o alto custo. Levará alguns anos até que humanos digitais hiper-realistas, como o Keanu Reeves virtual de Matrix Awakens, sejam comuns e disponíveis às massas.

Além dos requisitos de processamento computacional e largura de banda exigidos pelos avatares hiper-realistas, há outra razão considerável pela qual a maioria das plataformas opta por avatares de desenho animado na atualidade — tem a ver com um conceito chamado *vale da estranheza da mente*. Somos muito bons em diferenciar o potencial social dos itens humanizados em algum nível. Um exemplo é adicionar dois olhos, um nariz, orelhas e uma boca a uma geladeira ou a qualquer objeto; isso representa um potencial social para nós. No entanto, suponha que o objeto "social" não se comporte de maneira suficientemente humana. Nesse caso, segundo Rabindra Ratan, professor associado da Michigan State University, que pesquisa avatares há anos, nosso desapontamento é imediato. Por isso, assistentes digitais como Siri, Alexa ou Cortana não têm corpo. Nós ficaríamos zangados se elas fizessem besteira. Sem essa humanização, conseguimos perdoá-las com mais facilidade se cometerem erros. O mesmo vale para os mundos virtuais disponíveis hoje em dia; avatares (hiper) realistas seriam mais propensos a atrasos e a se comportarem de maneira desajeitada devido à largura de banda disponível e ao poder computacional. Aqueles que parecem especialmente realistas, porém não o suficiente, encaixam-se no *vale da estranheza* e afastam as pessoas. Essa sensação é basicamente a incompatibilidade entre a maneira como o cérebro espera que um avatar hiper-realista pareça e se comporte e seu comportamento real; se isso não estiver em sincronia, ficaremos nervosos e desconfortáveis.[82] Alguém que se sente desconfortável enquanto joga não continuará jogando por muito tempo. Ou seja, as empresas precisarão levar isso a sério se quiserem que as pessoas usem seu ambiente por um longo período — razão pela qual, atualmente, temos avatares caricaturados, alguns inclusive sem pernas, que se comportam de maneira realista; é a melhor abordagem, dadas às restrições de hardware. Com dispositivos cada vez melhores e conexões de internet cada vez mais rápidas, avatares hiper-realistas se tornarão mais comuns no futuro.

Os tipos de avatar e seu impacto no desenvolvimento e no poder computacional podem ser retratados em uma matriz simples, como mostrado na Imagem 3.1, com dois eixos: o eixo x mostra uma escala de um número baixo a um número alto de polígonos, e o eixo y representa uma escala de avatares de desenho animado a avatares hiper-realistas. Com base na escolha de design feita, o gráfico exponencial demonstra o poder computacional mais provável e o tempo necessário para projetar o avatar.

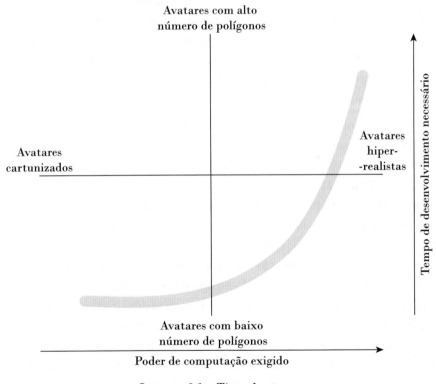

Imagem 3.1   Tipos de avatar

Se você é desenvolvedor de metaverso, outra decisão de design é focar seu tempo construindo um sistema de avatares exclusivo ou implementar uma solução plug-and-play, como o Ready Player Me. Essa startup visa desenvolver o sistema de avatar padrão para o metaverso,[83] e, por meio dessa ferramenta, os usuários conseguem criar avatares ao enviar uma foto ou, ainda, projetar seu avatar com base em uma infinidade de opções. No final de 2021, eles conectaram sua plataforma a mais de mil aplicativos e jogos, viabilizando aos usuários criar o avatar uma vez e o levar para uma ampla variedade de experiências — a interoperabilidade tão necessária para o metaverso. Assim, os usuários podem ter diversos avatares para diferentes ambientes; mas criar um novo avatar sempre que entrar em uma nova experiência ou plataforma não é uma abordagem muito amigável. Seria como abrir uma nova conta de e-mail sempre que jquisesse se registrar em um site novo.

O avatar é um aspecto crucial do metaverso, pois representa nossa identidade no mundo digital. Deveria ser possível levá-lo conosco de uma plataforma a outra. Essa identidade visual determinará quem somos dentro no metaverso e, provavelmente, a maneira como nos sentimos e nos comportamos. A identidade é um conceito fascinante e sobre o qual muitas pessoas pensaram muito, inclusive eu. Mas o que ela significa? O que significa ser quem somos? Como você quer ser retratado no mundo (digital)?

Como a identidade já é uma área sociológica e antropológica que fascina os pesquisadores, espera-se que assuma um significado completamente novo já que cada vez mais pessoas criarão um avatar para usar no metaverso. Os avatares possibilitarão que as pessoas se escondam por trás de suas camadas físicas e experimentem uma identidade no mundo digital. Talvez elas não estejam felizes com aparência física ou ainda não estejam confortáveis com a própria sexualidade, assim terão a chance de explorar sua identidade bem mais do que no mundo físico. Por exemplo, se no mundo físico você é uma mulher, poderá optar por um avatar masculino; se for introvertido no mundo real, poderá escolher um avatar com aparência extrovertida no metaverso. Pesquisas demonstraram que a pessoa por trás desse personagem será o resultado das características visuais do avatar associadas a determinado comportamento e de seu engajamento com esses comportamentos esperados, o que se chama *efeito Proteus*. Ou seja, a aparência do avatar (cor da pele, altura, corpo, roupas digitais etc.) pode resultar diretamente em mudanças no comportamento da pessoa por trás dele.[84] Segundo um estudo realizado em 2007 pelos pesquisadores Nick Yee e Jeremey Bailenson, os participantes que receberam avatares mais altos exibiram maior confiança em um ambiente virtual. O curioso é que essa mudança de comportamento se estendeu às interações físicas subsequentes.[85] A simples escolha de um avatar que apresente os traços de caráter que uma pessoa gostaria de ter pode resultar em uma mudança de comportamento tanto no mundo virtual quanto no real. Isso dará às pessoas liberdade de explorar sua identidade em um ambiente relativamente seguro, principalmente se isso puder ser feito de maneira anônima. No início, provavelmente as pessoas alternarão entre diferentes avatares com certa frequência, tentando descobrir qual deles melhor se adapta à sua identidade e personalidade, antes de escolher avatares que usarão nas diversas plataformas.

A ascensão dos avatares é irrefreável; quanto mais pessoas entrarem no metaverso, maior será a explosão de criatividade quando se trata de identidade. Literalmente vale tudo, e os usuários são limitados somente pela própria criatividade ao querer mostrar quem são no mundo digital. Claro que isso só funcionaria se você, e somente você, tivesse controle total sobre isso. Se quisermos explorar plenamente o potencial que uma identidade digital tem a oferecer, a autossoberania é fundamental. Como discutido no Capítulo 1, isso significa que o usuário tem total propriedade e controle sobre sua identidade, seus dados e ativos digitais. É aqui que o blockchain e as NFTs entram em jogo. Ainda que o Ready Player Me seja uma ótima plataforma para disponibilizar avatares interoperáveis, ela ainda é centralizada — de propriedade e controlada. Se o Ready Player Me for hackeado ou falir por qualquer motivo, seus usuários perderão seu avatar e, com ele, sua identidade. No final de 2021, Timmu Tõke, do Ready Player Me, anunciou um investimento de US$13 milhões da série A para a expansão da plataforma, que seriam usados em wearables NFT e em moda virtual para avatares.[86] Embora seja um excelente começo, acredito que a plataforma se tornará realmente valiosa se os usuários puderem ter posse não só de seus ativos de personalização de avatar, como também do avatar que criaram, o qual deve, é claro, ter um armazenamento descentralizado e ser vinculado a um NFT.

Enquanto passamos de avatares 2D em uma internet 2D controlada pela Big Tech para avatares 3D em uma internet imersiva controlada pelas pessoas, entraremos em um mundo de criatividade ilimitada. É possível ser quem você quiser, tendo logicamente a certeza de que você é único e que não vai encontrar um estranho usando o mesmo avatar que o seu. Naturalmente, isso não se aplica ao uso de avatares-padrão, caso esteja explorando um ambiente novo e não possa gastar mais de trinta segundos selecionando seu avatar; mas, se tiver escolhido uma pequena variedade de avatares para usar em diversos ambientes, tenha certeza de que seu avatar é, de fato, você; ou seja, único. É provável que nos próximos anos seja mais fácil obter avatares exclusivos de diversas maneiras. Você pode personalizar seu avatar em detalhes por meio de sistemas como o Ready Player Me, mas acredito que teremos um empolgante mercado de avatares surgindo daqui a alguns anos. Dentro deles, será possível comprar avatares-padrão prontos para uso, que poderão ser personalizados; comprar avatares exclusivos e prontos que podem ser editados; ou, inclusive, encomendar um avatar de um artista especialmente para você. Haverá também um mercado secundário movimentado, afinal é provável que queiramos trocar nossas skins e nossos itens de moda digitais da mesma forma como trocamos de roupa no mundo físico. Isso levanta outras questões interessantes: como você se sentirá ao vender o avatar que está usando há anos? Será como um novo começo ou você terá uma crise de identidade? Nos próximos anos, os pesquisadores podem explorar essas questões fascinantes.

De qualquer modo, para que um avatar seja de fato único, precisamos ter certeza de que outras pessoas não podem roubar ou se passar por nós, por nossos avatares — algo que os criminosos absolutamente tentarão, ainda mais se você for famoso. É aí que os NFTs e, possivelmente, a biometria, entram em cena. Uma das principais características dos avatares interoperáveis vinculados a NFTs é que conseguimos verificar se determinado avatar está mesmo vinculado e sendo controlado pelo proprietário oficial, a pessoa que controla a chave privada dessa carteira e que teve a identidade verificada. Caso contrário, seria muito fácil para os criminosos se disfarçarem de celebridades para enganar pessoas, como fazem atualmente recorrendo a perfis falsos de celebridades nas redes sociais a fim de ludibriar as pessoas. Afinal, se eu consigo criar uma cópia digital de mim mesmo, qualquer um consegue; usando um áudio deepfake, os criminosos podem se passar por qualquer pessoa no mundo digital. Se não houver alguma forma de verificação, será um desafio distinguir entre o falso e o real, assunto que discutiremos em detalhes no Capítulo 8. Os NFTs permitirão que plataformas e outros jogadores/usuários verifiquem se um avatar é quem diz ser, se está vinculado a uma identidade autossoberana e se é controlado pelo proprietário. A biometria pode ser usada como uma camada de segurança adicional, a fim de verificar se a pessoa que controla não roubou a chave privada e é quem afirma ser. Funcionaria basicamente como uma forma mais avançada do tique azul *Verificado* do Twitter, mas, em vez de estar disponível apenas para algumas pessoas, estaria para todos que quisessem ser verificados.

Um avatar é uma representação digital de uma entidade que facilita a interação com outras pessoas, ativos ou ambientes. Para que um avatar seja uma representação digital sua, não basta ser único, interoperável e verificável, deve ser também controlado por você, ideal e universalmente em todo o metaverso. Afinal, de nada adianta ter que reaprender a controlar seu avatar se você passar de uma plataforma para outra. Há diversas formas de migrar seu avatar. A mais comum é usando o teclado — as teclas de seta ou as teclas *a*, *w*, *s* e *d* — junto com o mouse. Em um futuro (próximo), haverá formas mais avançadas de controlar o avatar, usando a captura de movimento (*mocap*). O mocap é o processo de usar sensores e/ou câmeras para registrar o movimento de pessoas ou objetos e traduzi-los para o mundo digital. Há diversos sistemas de captura de movimento disponíveis no mercado:

- ▲ Sistemas simples e gratuitos de rastreamento facial usando a webcam, como o Animaze.
- ▲ Sistemas ópticos avançados de muitos milhares de dólares que podem calcular cada movimento em detalhes precisos.
- ▲ Esteiras RV para imitar caminhadas ou corridas em RV, como as usadas no *Jogador Nº 1*.
- ▲ Feedback tátil de corpo inteiro e trajes de captura de movimento, como o TeslaSuit.

Nos próximos anos, possivelmente usaremos o mocap para controlar seu avatar no metaverso e identificá-lo especificamente por meio da biometria comportamental de corpo inteiro ou do reconhecimento facial, incorporando uma camada de segurança adicional necessária para verificar se um avatar é controlado pelo proprietário legítimo. Além do mais, uma vez que a replicação de expressões faciais em alta definição e em tempo real possa ser traduzida para avatares, será possível que usuários em mundos virtuais se conectem com mais rapidez e autenticidade com outros.

Como um avatar é sua representação exclusiva, é óbvio que você precisa estar vestido. Afinal, assim como os humanos, eles nascem nus. O mercado incipiente de moda digital será multibilionário e pode se tornar ainda maior do que o mercado de moda físico. Por mais que um avatar exija um pouco de esforço inicial, vesti-lo será mais fácil. Ao usar a moda digital (única) e os wearables, você poderá projetar uma representação digital exclusiva de si mesmo. A indústria da moda digital está prestes a explodir.

Moda Digital

Em 13 de setembro de 2021, Kim Kardashian vestiu um traje todo preto da Balenciaga no Met Gala.[87] O vestido preto de alta-costura, com uma máscara combinando, gerou burburinho nas redes, mesmo dentro da comunidade Fortnite. Muitos usuários do Twitter da comunidade Fortnite enxergaram uma comparação próxima entre o traje de Kim os personagens bloqueadas no popular videogame. Eles se perguntaram por que ela estava vestida como um personagem de videogame ainda não desbloqueado.[88] Os boatos ganharam força quando, dias depois, a Balenciaga anunciou uma parceria com a Epic Games, desenvolvedora do Fortnite, para disponibilizar no jogo os itens exclusivos de vestiário que levam a assinatura fashionista da empresa.

As coleções icônicas da Balenciaga serviram de inspiração para as peças: os quatro personagens favoritos dos fãs do Fortnite, Doggo, Ramirez, Knight e Banshee, passaram a usar um novo look, o novo conjunto da Balenciaga Fit para jogadores. Acessórios exclusivos completavam os novos looks: mochilas Balenciaga, picaretas e muito mais, para os jogadores se expressarem de maneiras completamente únicas.[89] As roupas e os wearables estavam disponíveis para compra na loja habitual de jogos da Fortnite, bem como no hub Strange Times Featured, na aba Balenciaga. Para acompanhar o lançamento da coleção de roupas digital, as duas empresas lançaram uma campanha de lookbook e lifestyle voltada à comunidade, disponível no mesmo hub Strange Times Featured, dentro do Fortnite.[90] No centro da campanha, estavam as lojas digitais da Balenciaga, que apareciam no Fortnite exibindo a moda da comunidade virtual em outdoors, misturando a autoexpressão do jogador com elementos inesperados.

Ambas as marcas também lançaram uma parceria limitada de vestuário físico disponível exclusivamente em lojas selecionadas da Balenciaga e no site `Balenciaga.com`. A nova linha tinha bonés, camisetas, moletons, entre outras peças inspiradas no ponto de interesse (POI) favorito da comunidade, o Retail Row, e a partir de 20 de setembro de 2021 estava à venda no mundo todo. Adam Sussman, presidente da Epic Games, demonstrou confiança com a parceria, afirmando: "A autoexpressão é uma das coisas que torna o Fortnite tão peculiar, e não poderia haver um primeiro parceiro de moda melhor do que a Balenciaga para levar seus designs autênticos e sua cultura de tendências até milhões de jogadores em todo o mundo."[91] E funcionou! Crianças de todo o mundo começaram a pedir dinheiro aos pais (surpresos) para comprar roupas Balenciaga.

A alta-costura e a indústria da moda entraram no mundo dos jogos, e isso é só o começo. As possibilidades da moda digital são tão ilimitadas quanto o potencial do metaverso, e será um dos maiores setores da internet imersiva na próxima década. Mesmo que seu avatar seja um homem-cachorro chamado Doggo no Fortnite ou, ainda, caso tenha que entrar em seu escritório virtual do metaverso para se reunir com seu gerente, sua representação digital não pode andar nua pelo metaverso — embora eu tenha certeza de que haverá comunidades de nicho em que esta será a regra ou a exigência. Afinal, como acontece com qualquer nova tecnologia, podemos esperar que a indústria pornográfica também adote o metaverso, assim como adotaram o VHS, o DVD e a internet.

Outra marca de moda de luxo que abraçou o metaverso é a Gucci. Em 2021, a Gucci foi além: colaborou com o Roblox para vender diversos itens raros da marca na plataforma. A casa de moda fez uma exposição exclusiva de um jardim virtual por duas semanas, acessível apenas por meio do Roblox. A exposição virtual fez parte da Gucci Garden Archetypes, experiência multimídia imersiva de duas semanas em Florença, na Itália, que explorou e comemorou o 100º aniversário da marca. A exposição física mergulhou no mundo das campanhas publicitárias da Gucci, em grande parte contando com inspirações como música, arte, viagens e cultura pop. Cada espaço foi dividido em salas de exposição por tema, que reproduziam o universo diversificado e fascinante das campanhas publicitárias da Gucci. Com tecnologia de ponta, a produção de artistas extremamente detalhistas e designs de interiores inovadores, a exposição apresentou um espaço diversificado e imersivo, fazendo com que os visitantes se sentissem dentro das campanhas publicitárias da Gucci.

Ao mesmo tempo, o espaço virtual Gucci Garden do Roblox estava disponível para todos na plataforma mundialmente favorita dos pré-adolescentes. Aqueles que compareceram puderam ver e sentir a visão, a estética e a filosofia inclusiva do diretor criativo da marca, Alessandro Michele, por meio das mesmas quinze campanhas publicitárias anteriores da Gucci. Durante o evento, a casa de moda lançou itens de edição limitada, como bolsas virtuais, na plataforma Roblox.[92] A experiência Roblox imitou a experiência física, possibilitando que os usuários da plataforma comprassem roupas digitais disponíveis por um período limitado de tempo, criando uma sensação de escassez e aumentando os preços. Alguns desses itens foram revendidos a preços absurdos — uma Dionysus Bag, com uma abelha bordada, foi revendida por 350 mil Robux, moeda do jogo da plataforma, ou US$4.115, mais do que o valor de varejo de US$3.400 de uma bolsa física.[93] Tudo o que o comprador recebeu foi um conjunto de pixels exclusivos para serem usados apenas dentro da plataforma Roblox — não o tipo de interoperabilidade que se esperaria de uma bolsa de US$4.115.

A Balenciaga e a Gucci estão longe de ser as únicas marcas que criaram itens de moda digital para o metaverso. Quando estiver lendo este livro, possivelmente haverá diversos novos exemplos de marcas se introduzindo na moda digital, como casas de moda que estarão conhecendo as vantagens proporcionadas pela moda digital tanto para as próprias marcas quanto para os usuários e, até mesmo, para o meio ambiente.

A moda digital é mais sustentável, pois sua pegada de poluição é menor, requer somente servidores e computadores, que podem ser alimentados por energia renovável, quando comparada à atual logística abastecida a combustíveis fósseis e uso de tecidos quimicamente tratados em fábricas clandestinas que abusam do trabalho infantil. A moda digital é muito escalável e oferece possibilidades ilimitadas para experimentar novos estilos. Como as oportunidades são infinitas, a moda digital pode se tornar a nova moda em breve. De qualquer forma, moda se trata de identidade, e como resultado, a identidade passará por um renascimento nos próximos anos. Afinal, no mundo físico, nos expressamos pelo quê e como nos vestimos, e o mesmo valerá para o mundo virtual, com infinitas possibilidades.

No mundo físico, os designers de moda são limitados pelos tecidos disponíveis e pelas leis da física quando desenham suas roupas. Essas barreiras não se aplicam ao metaverso. Os designers de moda digital podem criar qualquer tipo de roupa ou tecido confeccionando designs exclusivos e exóticos nunca vistos. Um exemplo é o traje de vidro virtual, o Glass Suit, confeccionado por Domenico Dolce e Stefano Gabbana em 2021. O item de moda digital fazia parte da Collezione Genesi NFT da Dolce & Gabbana — coleção NFT composta de nove peças. Foi vendido por quase US$1,2 milhão para a plataforma e-commerce Boson Protocol, que pretende "tokenizar" produtos e serviços. Em troca, a empresa recebeu o arquivo digital original do processo de criação e uma versão física. O traje verdadeiro é feito com 100% de seda, costurado com 72 peças bordadas de vidro de cristal Swarovski e vidro Murano. Além do Glass Suit, durante o leilão, a marca de moda também vendeu um vestido digital dourado por mais de US$750 mil e um vestido digital prata por mais de US$600 mil.[94] Esses designs da Dolce & Gabbana são excelentes, mas ainda não abrangem todo o potencial dos itens de moda digital.

Se levarmos a moda digital ao próximo nível natural, será possível criar itens de moda com base nas roupas disponíveis apenas no mundo digital e agregar serviços a esses itens. A Fabricant é uma empresa focada exclusivamente no design de moda digital. A casa de moda holandesa é uma marca exclusivamente digital e desenha roupas somente para o metaverso, usando os avanços mais recentes em inteligência artificial para projetar itens de moda digital, não raro baseados em roupas novas, cuja apresentação e aparência são naturais, como metal líquido. De acordo com Michaela Larosse, chefe de conteúdo e estratégia da Fabricant, os itens de moda digital são parte de uma experiência emocional semelhante à das roupas físicas.[95] Quaisquer itens que você decida usar no metaverso permitem explorar diferentes identidades. Talvez você seja uma pessoa que prefere sapatos bem práticos na vida real mas que, no metaverso, experimenta usar um par de salto agulha de 15cm. Em fevereiro de 2022, a empresa Fabricant lançou uma nova plataforma chamada The Fabricant Studio, baseada em blockchain, possibilitando que qualquer pessoa crie, negocie, monetize e ostente os próprios designs de moda enquanto acumula $FBRC, o token da plataforma que permite aos usuários influenciar a tomada de decisões futuras no Studio. O Studio gera uma cadeia de moda descentralizada de que todos podem participar e lucrar com sua arte: IAs tecelãs, designers de materiais cibernéticos, criadores de moda digital, meta-alfaiates, estilistas, compradores profissionais, varejistas multimarcas ou simplesmente fãs de moda coexistirão no mundo virtual. Todos terão a capacidade de definir sua função, expandir seus negócios e se beneficiar do crescimento da plataforma de maneira descentralizada.[96]

Tanto os influenciadores quanto as marcas de moda podem confeccionar roupas e tecidos, e os usuários podem combiná-los para criar novos itens de moda digitais exclusivos e vendê-los como NFTs. O objetivo da Fabricant é democratizar a criação de moda e possibilitar que qualquer pessoa se torne um designer de moda digital, desde que tenha uma conexão com a internet. Não é improvável que, nos próximos anos, as potências da moda que venham a surgir sejam marcas apenas digitais nativas do metaverso, projetadas por um garoto de catorze anos que confecciona os próprios itens de moda que viralizam. Obviamente, a plataforma também viabilizará que as casas de moda tradicionais disponibilizem seus tecidos na plataforma, cocriem o estilo e as roupas do ano seguinte com a comunidade e os lancem no mercado digital e físico — uma verdadeira convergência do físico e do digital em uma experiência *figital*.

À medida que mais criadores se juntam ao metaverso, presenciaremos uma explosão de criatividade. Ao adicionarmos inteligência artificial, teremos itens de moda digitais exclusivos, podendo mudar com base no humor, no clima ou no estado físico. Quando começarmos a combinar a arte digital e moda com dados do mundo físico, as possibilidades serão literalmente ilimitadas.

No início, é provável que os itens de moda digital se pareçam muito com os itens de moda físicos, mas, nos anos seguintes, veremos uma explosão de criatividade, porque um traje tradicional pode não cair muito bem em seu Bored Ape 3D. Avatares não humanos exigirão roupas, tecidos e estilos diferentes. Além do mais, talvez queiramos integrar novas ideias em nossa moda digital, por exemplo, projetando uma jaqueta digital conectada ao clima local, com um tecido que muda de cor dependendo do tempo, se chove ou se faz sol — moda digital que transmite uma mensagem e emoções simplesmente ao alterar o tecido. Tudo é possível. Afinal, roupas digitais são apenas dados que podem ser manipulados da maneira que for preciso, conectando-os a sensores no mundo real ou digital.

Além de ajudar a compor uma identidade, os itens de moda digital também serão acompanhados de todo tipo de serviço. As marcas podem usá-los para recompensar os compradores de novas maneiras, por exemplo, dando-lhes poderes adicionais dependendo da plataforma; ou seja, é possível comprar um tênis Adidas ou Nike que farão com que você corra mais rápido em uma plataforma, ou comprar uma jaqueta Red Bull que lhe possibilite voar em determinados ambientes. Essas experiências adicionais de jogo tornarão os itens mais valiosos. Os serviços também podem incluir descontos do equivalente físico do item digital, incorporando ao usuário um benefício de responsabilidade social ou sustentabilidade, acesso VIP a experiências de marca exclusivas, eventos comunitários (digitais) ou qualquer outra coisa, desde que ofereça engajamento e uma experiência única aos usuários.[97] Quanto mais serviços forem adicionados ao produto digital, mais valioso ele será. As possibilidades de adicionar serviços aos itens de moda digital e wearables são infinitas; será interessante ver como esse espaço evoluirá nos próximos anos.[97]

Claro que nem todos os itens de moda precisam ser exclusivos, pois não seriam acessíveis às massas. Ou seja, espera-se que a alta-costura digital se torne mais barata do que a alta-costura física — salvo as exceções, como já vimos —, devido provavelmente à atual corrida do ouro, se é que ela existe. Marcas renomadas da moda como Nike, Adidas, H&M ou Zara passarão a vender produtos físicos também como produtos digitais, a fim de gerar receita adicional e garantir a visibilidade no metaverso. Os tênis da Nike (projetados pela RTFKT, a marca digital de calçados esportivos comprada pela Nike no final de 2021) ou o vestido da Zara podem ter serviços exclusivos, mas serem produzidos digitalmente em massa, cunhados como NFTs e vendidos no metaverso a um preço razoável. Seria possível, ainda, revender itens de moda digital em um mercado secundário para pessoas que não querem pagar o preço total, mesmo que tenham arranhões digitais, por usá-los em diversas plataformas — até mesmo com a proveniência atrelada ao NFT, o que poderia sugerir um valor adicional caso tenha sido usado em determinado desafio ou em uma experiência inédita que proporcionou mais serviços.

A criação de itens de moda digital usando ferramentas como as desenvolvidas pela empresa Fabricant é a primeira fase da moda digital. Conforme discutimos, os itens de moda e os wearables digitais devem ser interoperáveis, a fim de que você consiga levar seu traje de vidro de US$1,2 milhão ou seu vestido da Zara de US$5 do Fortnite para o Microsoft Mesh e para o Sandbox, oferecendo utilidade e serviços adicionais, em vez de apenas mais um arquivo JPEG ou GIF. Afinal, é muito improvável que você compre um item de moda físico que possa ser usado apenas uma vez e em um local; portanto, não devemos aceitar o mesmo no metaverso. Contudo, projetar itens de moda que você pode usar em diferentes ambientes é muito mais complexo do que confeccioná-los no mundo físico. Será complexo obter a interoperabilidade, pois um Glass Suit ou um vestido da Zara terá uma aparência diferente em cada ambiente e precisará cumprir os requisitos técnicos e de design de cada plataforma, mas ainda deve se parecer com o original, para que as pessoas possam reconhecê-lo em todas elas. Com tantos mundos virtuais diferentes e a falta de padrões, a melhor solução seria uma ferramenta que permitisse aos usuários criar um ativo uma vez e disponibilizá-lo automaticamente em outras plataformas. Por exemplo, você cria um item de moda ou um wearable digital uma vez e, automaticamente, ele é convertido para funcionar perfeitamente em vários mundos; ou seja, você transforma um vestido hiper-realista em um vestido Roblox com baixo número de polígonos com o clique de um botão e solta o NFT em diferentes plataformas. Quando conseguirmos superar esse desafio e levar roupas e wearables digitais de uma plataforma para outra, com os itens se ajustando automaticamente às restrições técnicas e de design necessárias, o valor desses itens e wearables digitais aumentará de maneira significativa, assim como a economia do metaverso.

I-commerce

A venda desses itens digitais (de moda) deu início a novos modelos de negócios. Em vez de direto ao consumidor, agora entramos na esfera do direto ao avatar (D2A). Esse modelo pressupõe que os produtos digitais nunca sairão do mundo virtual. Marcas de moda digital que vendem NFTs com serviços em ambientes de metaverso específicos são apenas o começo. Nos anos seguintes, assistiremos a uma convergência das compras físicas e digitais, formando um comércio totalmente novo: o comércio imersivo, ou i-commerce.

O i-commerce inclui o modelo de negócios direto ao avatar e os modelos de negócios digital para físico (D2P) e físico para digital (P2D). O D2P permitirá que os usuários experimentem um produto virtualmente antes que a versão física seja entregue em casa, enquanto no P2D, ao comprar um tênis físico, você também receberá uma versão digital para seu avatar. No entanto, o i-commerce não se trata apenas de duplicar os produtos físicos vendidos no mundo digital ou vice-versa. As marcas que seguirem esse caminho provavelmente não terão sucesso. O metaverso não é uma oportunidade de marketing adicional, mas um canal de distribuição completamente novo, com regras e requisitos próprios. A geração Z é digitalmente experiente, porém a geração Alpha será experiente em metaverso. Eles sabem como navegar na internet imersiva e apreciam a facilidade de uso. Eles cresceram jogando Roblox ou Minecraft e querem que as marcas estejam onde estão, oferecendo experiências imersivas nativas. Isso não acontecerá no YouTube, no Twitter ou no Facebook. Se quiserem ter sucesso, as marcas precisam adotar uma abordagem diferente. O i-commerce oferece oportunidades infinitas para se envolver com os clientes, porém, se quiserem ter sucesso no i-commerce, as marcas precisam expandir o pensamento sobre como querem ser percebidas no metaverso e o que representam. É um jogo completamente diferente. No Capítulo 5, falaremos sobre isso em detalhes.

As principais características do i-commerce são as novas oportunidades de os consumidores explorarem ou experimentarem um produto, seja digital ou físico, antes de comprá-lo. Nos próximos anos, por exemplo, poderemos assistir a um filme volumétrico imersivo (um filme capturado tridimensionalmente, para que você possa assisti-lo com óculos de realidade virtual ou em uma tela 3D), a uma sitcom; ou jogar alguma coisa no metaverso e, com um clique de botão, comprar um produto que faz parte do programa ou do jogo e enviá-lo a um endereço físico; ou, ainda, adicioná-lo à carteira NFT para usar em outros jogos. De acordo com Lindsey McInerney, poderemos participar de um grande evento interativo ao vivo junto com nossos amigos, e todos receberão uma camiseta digital personalizada para o avatar e enviarão a versão física para nossas casas.[98] Se formos além, veremos que o i-commerce também é uma experiência compartilhada; meu amigo e eu podemos participar de um evento virtual e decidir pedir uma cerveja no bar virtual, que será entregue fisicamente em nossas casas por meio do Deliveroo ou do Uber Eats em quinze minutos, para que possamos ter uma experiência compartilhada enquanto estamos geograficamente separados.

O i-commerce tem a oportunidade de revolucionar o comércio de roupas online e, o mais importante, reduzir drasticamente o grande número de devoluções por parte de clientes que decidem comprar roupas para experimentar em casa, um problema ambientalmente insustentável e custoso para a indústria da moda. Essas devoluções online e offline custam quase US$400 bilhões por ano aos varejistas, e menos de 50% dos itens podem ser revendidos pelo preço total.[99] Muitas dessas roupas novas devolvidas acabam indo para um aterro sanitário.[100] A moda digital pode contribuir para reduzir as devoluções, influenciando positivamente o impacto da moda no clima da Terra. No metaverso, poderemos experimentar roupas novas em uma loja virtual e fazer com que nosso avatar experimente as roupas que nos interessam para saber se combinam conosco. Usando um espelho virtual, podemos nos ver com as roupas novas e, inclusive, tirar fotos ou vídeos e compartilhá-los com amigos, para ouvir a opinião deles antes de comprar. Em um futuro mais distante, os avatares hiper-realistas podem vir com dados físicos específicos sobre nosso corpo, a fim de garantir que as roupas físicas que encomendarmos sejam feitas sob medida e sempre sirvam perfeitamente, reduzindo ainda mais os ajustes necessários.

Ao entrar na loja virtual, você será atendido por agentes virtuais. Em lojas virtuais sofisticadas, eles serão controlados por pessoas reais que trabalham de casa, aconselhando sobre o que vestir e ajudando a encontrar as roupas certas; já nas lojas mais baratas, os agentes de compras virtuais serão controlados por IA. Ou seja, será possível comprar itens só para seu avatar ou solicitar o envio de itens físicos para seu endereço físico — como você já as experimentou virtualmente, sabe como ficarão no corpo (isso se o avatar for uma cópia digital exata de você), e será menos provável que as devolva.

O i-commerce não envolve somente essas experiências puramente virtuais, mas também a inclusão do digital no mundo físico. Um exemplo é o uso de espelhos mágicos, como já está acontecendo bastante na China. Esse espelho lhe dá sugestões de combinações de roupas que você pode comprar ao digitalizar um código QR. Além disso, no provador, o espelho pode sugerir itens que combinarão com os looks.[101] O passo seguinte seria o avatar receber uma versão digital com benefícios adicionais, conforme mencionamos.

O i-commerce tem mais vantagens para as organizações. Os varejistas não só podem experimentar e cocriar seus produtos digitalmente com os clientes para ter produtos melhores, como as marcas puramente digitais também podem se tornar físicas, reduzindo muito as barreiras de entrada de uma marca. Por exemplo, as marcas de moda digital nativas do metaverso de que falamos podem se tornar tão populares no mundo virtual que as pessoas pedirão que itens digitais sejam criados como físicos. O momento em que a primeira marca nativa do metaverso desenvolver itens de moda físicos servirá como um alerta para a indústria da moda; e não demorará muito para que isso aconteça.

Os produtos digitais inaugurarão uma nova era de oportunidades ilimitadas para varejistas e clientes, pois o setor de varejo se tornará mais rico, primeiro porque as marcas ganharão rios de dinheiro e, segundo, porque possibilitarão que os consumidores explorem novas identidades ao usar roupas e wearables digitais, tendo uma experiência (de marca) mais rica. Já em 2017, muito antes do boom das criptomoedas ou do NFT, o comércio de itens virtuais (da moda) em videogames era uma indústria de US$50 bilhões,[102] e isso ainda crescerá muito, principalmente se esses itens se tornarem interoperáveis, tiverem serviços e puderem incorporar sua proveniência para incentivar a revenda em mercados secundários.

Uma Explosão Cambriana de Identidade

O metaverso permitirá que você seja quem quiser, independentemente de restrições físicas ou outras considerações. Isso possibilitará que as pessoas explorem sua identidade de maneiras nunca antes possíveis. Quanto mais entramos no metaverso e os mundos físico e digital convergem, impulsionados por avanços contínuos das tecnologias (digitais), mais divertido o mundo se torna. Isso resultará em comunidades de nicho únicas que se reúnem virtual ou fisicamente.

Já existem exemplos fascinantes de comunidades de nicho sinalizando o que podemos esperar no futuro. Segundo Konrad Gill, do NeosVR, existem comunidades furry na plataforma NeosVR que organizam festas de abraços, e eles gostam de se abraçar em realidade virtual.[103] Há também um grupo japonês que organiza festas virtuais para dormir. Eles criaram uma casa digital, um lugar fofo, e organizam festas do pijama, nas quais dormiram juntos no mundo virtual para vencer a solidão do lockdown durante a pandemia. Nada impede que as pessoas se unam se tiverem um interesse comum no mundo virtual.

Claro que haverá diversos grupos e organizações que se oporão a essa exploração de identidade, e comunidades digitais que restringirão a participação de identidades exóticas. Cada mundo virtual ou experiência aumentada virá com regras próprias, conforme descobriremos no capítulo seguinte. Algumas podem permitir que você entre apenas se tiver um Bored Ape como avatar, enquanto ir ao trabalho e conhecer o chefe como Bored Ape pode não ser uma boa ideia. No final, tudo dependerá das regras estabelecidas pelas comunidades com as quais interage. Algumas empresas não se importam com sua representação virtual no trabalho; se todos aparecerem como animais, isso pode ajudar durante as sessões de brainstorming. Por outro lado, empresas podem exigir uma réplica digital mais realista em reuniões profissionais. Então, novamente, haverá ambientes metavérsicos que permitem apenas avatares semelhantes a humanos de baixo polígono, como o Sandbox ou o Roblox, enquanto outros optarão por avatares mais parecidos com alienígenas ou com animais.

Pessoalmente, estou ansioso por essa explosão cambriana[*] de identidade e criatividade na próxima era da imaginação. Será um mundo colorido, formado por comunidades únicas e criativas, cada uma com as próprias necessidades e características. Dentro do metaverso, você pode ser quem quiser e estar onde quiser. Isso tornará os mundos virtual e físico mais divertidos. Imagine encontrar uma amiga no mundo físico enquanto está geograficamente distante e ela aparecer em sua sala de estar como sua gêmea digital, com um vestido virtual exclusivo feito de metal líquido, projetado por um holograma enquanto você usa óculos de realidade aumentada. Tenho certeza de que resultaria em uma conversa animada e divertida que deixaria as duas muito felizes!

---

[*] Uma Explosão Cambriana se refere à era do tempo de aproximadamente 541 milhões de anos atrás, quando surgiram, de repente, muitos animais novos e complexos. Dentro de um período de 20 milhões de anos, em um piscar de olhos nas escalas de tempo evolutivas, houve uma explosão de uma nova vida, inconsistente com o tempo anterior.

Capítulo 4

Esteja Onde Você Quiser

Mundos Virtuais

Em 1970, na Universidade de Essex, Roy Trubshaw e Richard Bartle (professor, autor e pesquisador de jogos) criaram a primeira masmorra multiusuário (MUD) do mundo. Um MUD é um mundo virtual multiplayer em tempo real, mas, em vez de usar gráficos como base, usa texto. Os jogadores leem as descrições das salas virtuais, das personagens ou dos objetos e executam ações digitando comandos em uma linguagem natural.[104] Em 1980, o jogo se tornou o primeiro RPG online multiplayer da internet, quando a Universidade de Essex se conectou à ARPANET.[105] O MUD foi desenvolvido para diversão e relaxamento, mas segundo Richard Bartle, seu cocriador, tinha uma utilidade muito maior. Eles tentaram "levar justiça a um mundo virtual que [eles] perceberam que não existia no mundo real"[106] e projetaram o MUD como uma declaração política, para oferecer às pessoas um mundo virtual "em que elas pudessem entrar e se livrar do que as estava impedindo", ou seja, "o mundo real era uma droga".[107] Esse tema é muito retratado na maioria dos livros e filmes de ficção científica. Por exemplo, o mundo virtual Oasis, no livro *Jogador Nº 1*, também serviu como fuga para as pessoas, porque o mundo real acabou se tornando um lugar distópico. Sim, os mundos virtuais oferecem às pessoas uma oportunidade de fugir da realidade por um momento. Dependendo de como moldamos o mundo real, as futuras versões dos mundos virtuais podem se tornar uma fuga em tempo integral ou um lugar para entrar apenas para socializar, entreter-se ou trabalhar, porém não para fugir da realidade física, explicou Benjamin Bertram Goldman, produtor-executivo e líder de pensamento no metaverso.[108] Precisamos tentar evitar um futuro distópico a todo custo; como disse Raph Koster, designer e empresário norte-americano de videogames, durante sua palestra na Game Developers Conference de 2017, *Snow Crash* não é realista, mas "o que está por vir é muito mais estranho e, na maioria das vezes, não tão legal assim; é perigoso e desafiador a um nível que *Snow Crash* nunca alcançou".[109]

Desde a criação do primeiro MUD, os mundos virtuais mudaram bastante. Embora os MUDs ainda existam, há vários jogos por aí com mais de cem jogadores online na maior parte do tempo;[110] os mundos virtuais de hoje são tudo menos baseados em texto. Ao longo dos anos, eles melhoraram muito e, com tecnologias disponíveis como o Unreal Engine 5, da Epic, podemos esperar mundos virtuais cada vez mais realistas.

Um dos primeiros mundos virtuais conhecido por todos provavelmente é o Second Life. Desenvolvido pela Linden Lab em 2003, atingiu quase 1 milhão de usuários regulares e cerca de US$1 bilhão em volume anual de transações de bens virtuais em seu auge.[111] Inclusive abrigou o primeiro milionário do mundo real ao proporcionar a venda de imóveis virtuais como moeda virtual, o Linden Dollar, que pode ser trocado por moeda do mundo real.[112] A jogadora Anshe Chung (Ailin Graef no mundo real) alcançou o status de milionária em 2006,[113] muitos anos antes de o mercado imobiliário virtual ter se tornado popular novamente, em 2021. O Second Life existe até hoje e, em 2020, o CEO da Linden Lab, Ebbe Altberg, compartilhou que ainda havia 900 mil usuários ativos, incentivados sobretudo pela pandemia.[114]

Os mundos imaginários são uma ótima forma de as pessoas se afastarem um pouco do mundo real — algo que os humanos têm feito desde o início de nossa existência, seja por meio de histórias que passamos de pais para filhos ao redor de uma fogueira ou por meio de livros, que nos ajudam a viver uma realidade diferente por algumas horas. Escapar da vida real é algo que nos atrai. Com as tecnologias atuais, os mundos virtuais se tornaram mais realistas e oferecem oportunidades que nunca tivemos. Agora é possível criar experiências imersivas e permanentes que você pode aproveitar a qualquer momento e ter uma ótima experiência junto com os amigos. Embora seja definida como uma atividade solitária, a realidade virtual não é, de maneira alguma, uma experiência solitária.

Uma dessas experiências virtuais foi a edição digital do Burning Man em 2020 e 2021. Burning Man é uma comunidade global que se reúne uma vez por ano, por uma semana, no deserto de Black Rock, em Nevada, para construir "uma metrópole temporária dedicada à comunidade, arte, expressão e autoconfiança".[115] Como qualquer outro evento em 2020, o Burning Man foi cancelado devido à pandemia. Foi aí que Doug Jacobson e Athena Demos decidiram criar uma edição virtual, que aconteceu na AltspaceVR, plataforma social de RV fundada em 2013 e adquirida pela Microsoft em 2017. A AltspaceVR é uma plataforma de eventos digitais disponível em realidade virtual, ou em seu computador, para quem não tem um headset de RV. Permite que artistas, criadores e marcas se unam e criem qualquer experiência virtual; e foi exatamente isso que Athena, Doug e o restante da equipe envolvida fizeram. Eles recriaram a famosa Playa, incluindo seu conhecido layout, caravanas, barracas, bares etc. e convidaram os chamados *burners* — os participantes do Burning Man — para criar arte digital e experiências que as pessoas pudessem visitar a partir da AltspaceVR. Eles receberam centenas de experiências digitais que os usuários conseguiram explorar. O conteúdo criado pelo usuário sempre foi importante para o Burning Man, e com a versão digital os participantes também não decepcionaram. Por meio de portais, as pessoas podiam se movimentar com facilidade entre as diversas instalações digitais e se divertir juntos no conforto e na segurança de suas casas. O que começou como uma maneira de substituir a experiência física do Burning Man durante a Covid-19 se tornou mais um evento anual do Burning Man, agora digital. Embora tenha sido uma excelente experiência, segundo Doug, também mostrou que o metaverso ainda não chegou. Os gráficos eram moderados, os tempos de carregamento das diferentes experiências digitais eram longos, dependendo da conexão com a internet, e o processo de integração era desafiador. Eles passaram muito tempo ensinando os *burners*, ajudando-os a criar avatares, a se familiarizar com a plataforma e a entender como se movimentar e divertir-se juntos. No final deu certo, e, com o aprimoramento das tecnologias, a versão digital do Burning Man ficará cada vez mais próxima do evento real.

Uma das principais características do evento digital Burning Man, e de qualquer experiência virtual ou aumentada, é que o mundo virtual é síncrono, persistente e possibilita que as pessoas interajam umas com as outras como avatares.[116] Conforme vimos, idealmente, esses mundos virtuais são interoperáveis e descentralizados, embora hoje isso seja mais a exceção do que a regra. Existem milhares de mundos virtuais na atualidade, desde walled gardens, como o Horizon Worlds, da Meta, o Microsoft Minecraft ou o AltspaceVR, o Fortnite ou o Roblox, até mundos virtuais descentralizados e abertos, como Decentraland, Sandbox, CryptoVoxels, ou mundos futuros, como Somnium Space, Solice ou Dreem. Para uma visão geral dos mundos virtuais e aumentados disponíveis até aqui, consulte os sites xrshowcase.xyz e ExtendedCollection.com [conteúdo em inglês].

Construir um mundo virtual, seja um ambiente digital imersivo ou uma experiência aumentada, é como desenvolver uma nova sociedade. O que determinará o sucesso do mundo virtual e seu impacto no mundo real serão as regras que você implementa, a estrutura de governança que incorpora e como configura a economia virtual. Conforme vimos em milhares de anos de tentativas de construir sociedades do mundo real ao redor do globo, isso é muito desafiador, e são muitas as direções que um mundo virtual pode tomar. De acordo com Benjamin Bertram Goldman, independentemente de qual experiência virtual é desenvolvida, há consequências no mundo real que precisamos considerar.[117] Dos primeiros mundos virtuais baseados em texto aos mundos atuais de experiências digitais imersivas, os jogadores os percebem como mundos reais, e seus usuários interagem nele como se fossem reais.[118] Quanto mais tempo passamos nesses mundos, maiores são as consequências, por exemplo, na saúde mental, como veremos no Capítulo 8. Além disso, os mundos virtuais imitam o modo como as sociedades humanas reais funcionam (afinal, ambas são desenvolvidas e compostas por humanos), e, a menos que pense muito bem na elaboração de um código de conduta, uma estrutura de governança e uma economia para o mundo virtual, você não deve criar um,[119] principalmente porque os mundos virtuais interagem cada vez mais com economias e sociedades do mundo real, e devemos estar cientes das consequências não intencionais dessas versões.

O Pokémon Go, da Niantic, é um excelente exemplo dessas consequências. Quando o jogo foi lançado, em 2016, o sucesso afetou a vida das pessoas de maneiras totalmente inesperadas.

- ▲ A proximidade com Pokestops aumentou o valor dos imóveis físicos.[120]
- ▲ Aconteceram muitos rompimentos entre casais quando alguns usuários foram pegos em flagrante traindo o(a) parceiro(a) porque pegaram Pokémons enquanto visitavam o(a) ex.
- ▲ Houve um aumento nos roubos, porque os criminosos também descobriram o jogo e aguardavam os jogadores de Pokémon em Pokestops já conhecidas.[121]

Infelizmente, não havia a possibilidade de denunciar mau comportamento ou indicar lugares perigosos para os desenvolvedores do jogo, o que levou a outras consequências não intencionais.[122] Mais recentemente, jogos como o *Play-to-Earn* Axie Infinity, em que os jogadores podem obter rendimento na forma de tokens ao jogar, resultaram na demissão em massa de grupos de filipinos, que saíram de seus empregos porque podiam ganhar mais dinheiro jogando do que tendo um trabalho "real". Essas são apenas algumas das consequências que os desenvolvedores de jogos não previram ao desenvolver os mundos virtuais, e é provável que consequências não intencionais semelhantes apareçam nos mundos virtuais do futuro.

Os mundos virtuais podem ser muito divertidos, e o metaverso provavelmente terá efeitos positivos sobre a sociedade, como a promoção de contatos sociais, com novas formas de entretenimento e uma colaboração digital mais eficiente para as organizações. No entanto, os mundos virtuais também podem ser prejudiciais. Como em qualquer sociedade, virtual ou real, algumas pessoas se recusam a cumprir as regras e apresentam comportamentos ruins e prejudiciais. Isso não é nenhuma novidade. Poucos anos após o lançamento do Second Life, houve relatos de pedofilia virtual no mundo digital, com usuários vestidos como avatares de crianças oferecendo prostituição virtual em um ambiente que se parecia com um parquinho infantil.[123] Há também muitos relatos de assédio virtual — desde a primeira milionária do Second Life, Ailin Graef, sendo atacada por um enxame de pênis voadores cor-de-rosa em 2006[124] até o apalpamento virtual de uma mulher enquanto ela atirava em zumbis no jogo em RV QuiVr, em 2016.[125] Houve, ainda, o caso de uma beta tester feminina da plataforma de RV da Meta, Horizon Worlds, que denunciou assédio sexual em 2021 e, segundo a vítima, para piorar, descobriu que o assédio foi incentivado por outras pessoas na plataforma.[126] Embora ocorrido em realidade virtual, parecia real e foi uma experiência horrível, segundo ela. Infelizmente, esses atos de assédio online, incluindo perseguição, ameaças físicas e assédio sexual, estão aumentando,[127] e a maioria das plataformas atribui a responsabilidade de evitar esses atos ao usuário, em vez de impedir que isso aconteça. A QuiVr criou um campo de força, como uma bolha pessoal, que um jogador assediado pode ativar para dissolver e silenciar instantaneamente um jogador próximo.[128] Apesar de inicialmente a Meta ter afirmado que essas situações eram culpa do usuário por não utilizar os recursos de segurança integrados ao Horizon Worlds,[129] em fevereiro de 2022, a empresa trouxe o distanciamento social para o metaverso e anunciou uma distância obrigatória entre avatares de realidade virtual como uma configuração-padrão.[130] Ambas as abordagens são deficiências dos mundos virtuais porque podem ser facilmente incorporadas ao código, a fim de evitar que ocorram apalpamentos. Afinal, é um mundo virtual, e, para implementar essas medidas, é necessário apenas escrever mais algumas linhas de código. Além disso, os usuários com esse comportamento devem ser automaticamente penalizados, sendo banidos da plataforma por um período de tempo. Isso pode começar com um aviso e um banimento de um a dois minutos, porém o tempo de banimento pode aumentar se ele continuar apresentando mau comportamento, resultando em um banimento permanente para os usuários que insistirem em violar o código de conduta do mundo virtual. Talvez devêssemos ter um código open source como padrão antiassédio que os desenvolvedores do mundo virtual pudessem implementar facilmente, pois, como Jordan Belamire, a mulher assediada sexualmente no jogo QuiVr, descreveu, "após só três minutos de jogo no multiplayer, ela já foi assediada virtualmente", enquanto seu cunhado "jogou o modo multiplayer cem vezes sem nenhum incidente, mas, em questão de minutos, [sua] voz feminina suscitou um comportamento lascivo".[131] Devemos evitar que esse mau comportamento se torne comum no metaverso em qualquer momento.

Esses mesmos problemas também ocorrerão em outros mundos virtuais. Conforme vimos na web 2.0, sempre que os usuários conseguem gerar conteúdo em uma plataforma ou interagir uns com os outros surgem problemas de mau comportamento. O conteúdo gerado pelo usuário (UGC) é o que alimenta a web e a deixa bonita, mas também é o que prejudica a sociedade, as pessoas e polariza as democracias. Uma identidade e uma reputação autossoberana permanente e interoperável, conforme descrita no Capítulo 1, certamente ajudariam a aliviar esses problemas, porque, quando as ações virtuais têm consequências no mundo real, sem dar muito poder à Big Tech, as pessoas podem não querer apresentar tal comportamento. Ainda restaria a questão da moderação de conteúdo, para evitar conteúdo prejudicial, que não foi resolvida em plataformas centralizadas e, provavelmente, continuará sendo um problema no metaverso.

Se um código de conduta, a autossoberania, a aplicação automática de regras e um padrão antiassédio open source pudessem garantir a segurança das experiências virtuais e aumentadas e a experiência de usuário, a interoperabilidade, a escalabilidade e a autenticidade perfeitas seriam capazes de manter um mundo virtual divertido e envolvente. Para que o metaverso seja adotado em massa, é importante disponibilizar uma experiência de usuário perfeita, que possibilite interagir com esse ambiente apenas ao colocar um headset ou óculos; é por isso que os designers de jogos e de UI/UX desempenharão um papel importante no desenvolvimento dessas experiências digitais imersivas do futuro. Independentemente do que se pensa de um walled garden como o Horizon Worlds, da Meta, eles se saíram bem na experiência de usuário. Esse mundo virtual, junto com a integração perfeita de seu hardware (Meta Quest), é um benefício adicional para a plataforma Meta. Embora, no lançamento, a Meta e outras plataformas limitassem o número de pessoas que poderiam ingressar em um único ambiente virtual de maneira simultânea, à medida que o hardware e o software ficassem mais avançados, esse limite acabaria aumentando e possibilitaria uma experiência mais social e imersiva com centenas ou milhares de pessoas ao mesmo tempo.

Se quisermos alcançar a adoção em massa, é preciso que, no futuro, as experiências virtuais e aumentadas sejam tão fáceis de acessar e interagir quanto os aplicativos em nossos smartphones. Ou seja, é necessário bastante trabalho para garantir uma experiência perfeita e acessível. A adoção em massa ao metaverso exigirá dispositivos fáceis e uma experiência de usuário que todos consigam entender e adotar, o que melhorará conforme as tecnologias são aprimoradas e as economias de escala tenham início. Além do mais, a criação de experiências e ativos imersivos em 3D está disponível, atualmente, apenas para um pequeno grupo de designers que dominam as ferramentas complexas disponíveis no mercado. Embora ferramentas como Reallusion, Blender, Unity e Unreal Engine 5 já tenham facilitado isso em comparação a alguns anos atrás, estamos longe de alcançar a facilidade de uso semelhante à publicação de um site por meio do WordPress ou à criação e compartilhamento de um vídeo pelo TikTok.

Quando se trata do metaverso, nos vemos no início da internet, época em que desenvolver um site era difícil, e tanto essa experiência quanto comprar algo online estavam disponíveis apenas para um pequeno grupo de inovadores e curiosos. No entanto, já podemos ver o impacto do metaverso e a importância que terá em atividades como jogos, esportes, entretenimento, educação e trabalho; portanto, vamos analisar como a internet imersiva mudará o jeito como jogamos, nos entretemos e aprendemos.

Jogando no Metaverso

Segundo a pesquisa de 2021 da Accenture, a indústria global de jogos está avaliada em US$300 bilhões, com US$200 bilhões em gastos diretos e US$100 bilhões em receita indireta.[132] Talvez não seja de conhecimento geral, mas isso é 20% mais do que o mercado global de filmes e vídeos, incluindo a bilheteria global e streaming de vídeo da Netflix, da Disney ou da Amazon.[133] A indústria de jogos é gigante e está prestes a ficar muito maior. Cerca de metade do valor total dessa indústria em 2021, US$155 bilhões, pode ser atribuído ao software. Ou seja: jogos mais reais, incluindo receita dentro do jogo. Os jogos são um enorme negócio global, e, sendo composta de 2,7 bilhões de jogadores em 2020,[134] ou 35% da população global, é provável que essa indústria cresça nos próximos anos em virtude do metaverso, entre outras questões. Porém, embora possam ser um negócio gigantesco, os jogos não são o metaverso. Conforme Matthew Ball, sócio-gerente da Epyllion Industries, explicou em um de seus artigos sobre o metaverso: "Embora o metaverso possa ter jogos, alguns objetivos semelhantes a eles e gamificação, ele não é um jogo e também não é orientado a objetivos específicos."[135]

No entanto, os jogos são um aspecto importante do metaverso e podem até ser considerados um ponto de partida deste. Todos os componentes que possibilitam jogos de alta qualidade, como computação gráfica 3D, unidades de processamento gráfico (GPUs), consoles de jogos, nuvem etc., agora podem ser usados para viabilizá-lo. Jogos como Fortnite, Minecraft ou Roblox surgiram a cerca de cinco anos, no máximo quinze, muito antes de o metaverso virar assunto. Nos últimos anos, esses jogos ganharam um grande número de novos jogadores, impulsionados não só pelos lockdowns durante a pandemia, mas também pela aderência dos jogos. Por exemplo, já em 2020, o Fortnite, lançado em 2017, tinha mais de 80 milhões de jogadores ativos mensais[136] e 350 milhões de contas registradas,[137] enquanto em 2021 o Minecraft, lançado em 2009, tinha cerca de 141 milhões de usuários ativos mensais.[138] O Roblox, lançado em 2006, tinha impressionantes 202 milhões de usuários ativos mensais,[139] dos quais a grande maioria é da geração Alpha (mais da metade de todas as crianças norte-americanas com menos de 16 anos joga Roblox[140]). Para muitos, em outubro de 2021, especialmente antes do anúncio da Meta do Facebook, esses números são ou foram uma surpresa, mas, para outros, jogar é uma prática diária. Há diversos exemplos de crianças fazendo festas de aniversário no Roblox e pedindo presentes digitais, porque a pandemia impediu encontros físicos. Felizmente, como vem despertando atenção generalizada desde outubro de 2021, o metaverso ganhou os holofotes e, agora, muitos estão tentando entender seu funcionamento e qual papel os jogos desempenharão dentro dele.

Apesar de nem o Fortnite, Roblox ou o Minecraft serem o metaverso — pois, como vimos, existe apenas um metaverso —, essas plataformas compartilham alguns elementos de um ambiente metaverso. Nelas, temos uma identidade consistente abrangendo as muitas seções fechadas das plataformas (mesmo que a interoperabilidade entre esses jogos ainda não exista). Embora proporcionem experiência inédita, algumas só para fins sociais, há uma economia sólida que recompensa os criadores de conteúdo, mesmo não sendo possível retirar ativos e receitas da maioria delas.[141] Apesar de não ser aberto e descentralizado, o Roblox se aproxima mais de um ambiente metaverso funcional. Em termos técnicos, não é sequer um jogo, é uma plataforma social que fornece as ferramentas para qualquer pessoa criar um jogo e socializar, desenvolver, jogar e interagir com outras pessoas gratuitamente. Milhões de jogos foram desenvolvidos, sendo que alguns alcançaram bilhões de visitas[142] e geraram milhões de dólares em receita a seus criadores.[143] Da compra física de jogos de console a jogos em nuvem, passamos a pagar uma assinatura para desenvolver os próprios jogos e também ganhar dinheiro com eles.

Esse sucesso resultou no surgimento de novas plataformas de jogos, e algumas delas adotam abordagem aberta e descentralizada, em que ativos digitais são registrados em cadeia para garantir sua verdadeira propriedade, no caso das plataformas como Decentraland, Upland, Utopia e Sandbox. Esses jogos em blockchain* instauram a verdadeira propriedade digital usando NFTs, oferecendo experiências diferentes e, ao mesmo tempo, criando novos modelos de negócios e oportunidades de monetização usando criptografia para os jogadores. Provavelmente, a interoperabilidade entre esses jogos em blockchain será realidade no futuro. Ainda assim, a oportunidade de os usuários serem realmente donos de seus ativos digitais e de a comunidade controlar o ambiente em algum momento é um grande passo na direção certa para longe da Big Tech e do controle centralizado. Claro que nem todos serão atraídos por essas novas abordagens, porque exigem mais trabalho por parte do usuário (como configurar uma carteira de criptomoedas) *versus* uma experiência perfeita nas plataformas centralizadas. Mas espero que, com o tempo, mais pessoas enxerguem os benefícios de ter controle total sobre seus dados e sua identidade.

Vejamos os diferentes tipos de jogos em blockchain[144]:

- ▲ Jogos de animais de estimação, que incluem os famosos CryptoKitties, lançados em 2017, e, mais recentemente, o jogo *Play-to-Earn* Axie Infinity.
- ▲ Jogos de economia de fãs, como NBA Top Shot, que se concentra na compra, na venda e na coleta de colecionáveis autorizados oficiais da NBA.
- ▲ Jogos sandbox, incluindo Decentraland, Sandbox ou CryptoVoxels, nos quais qualquer pessoa pode criar uma experiência digital, mas todos estão focados na propriedade de terras virtuais.

---

* Jogos de blockchain são videogames que incorporam tecnologias blockchain para gravar determinados elementos do jogo em um blockchain com criptografia para impulsionar os ecossistemas do jogo. As transações são feitas via criptomoeda nativa do jogo, e os usuários recebem NFTs de seus ativos digitais que os jogadores podem negociar ou transferir fora do jogo.

Todos esses jogos promovem uma mudança fundamental nos modelos de negócios, abandonando a extração de valor em ambientes fechados, como Fortnite ou Minecraft, para a captura de valor em ecossistemas abertos.[145] Como resultado, os jogos em blockchain usam aplicações de protocolo de camada 2 no jogo original, que se beneficiam dos detalhes da transação pública disponíveis no blockchain. Por exemplo, suponha que esteja interessado em vendas recentes de imóveis digitais em todos os jogos em blockchain ou na disponibilidade de uma arte NFT. Nesse caso, você pode simplesmente consultar os blockchains e mostrar os dados visualmente em seu site, para que qualquer pessoa veja e interaja. Isso seria simplesmente impossível nos jogos tradicionais, porque esses dados seriam considerados proprietários. O benefício adicional de ter verdadeira posse de seus ativos digitais e de jogos, possibilitado pelos NFTs, é que você pode monetizá-los. No Capítulo 7, abordaremos esse assunto em detalhes quando analisarmos a economia do metaverso. A única certeza é que os jogos e a economia dos jogos serão transformados de maneiras que ainda não podemos imaginar.

A maioria dos jogos citados até agora está disponível como ambientes virtuais 2D acessíveis apenas por meio de desktop, tablet ou smartphone. Embora existam muitos jogos de realidade virtual disponíveis, há apenas um número limitado de jogos em blockchain que também são acessíveis por meio da realidade virtual. Alguns deles, como Somnium Space ou Solice, foram lançados recentemente, mas é muito provável que existirão outros nos próximos anos. O mesmo se aplica a jogos em blockchain RA, como caças ao tesouro de criptomoedas (como um Pokémon Go, porém descentralizado), que oferecem enormes oportunidades para desenvolvedores de jogos, marcas e jogadores. Independentemente de esses jogos em blockchain estarem disponíveis em 2D, 3D ou em RA, em breve essas experiências devem adotar a interoperabilidade para criar um metaverso que eleve a captura de valor a outro nível e seja acessível a todos.

Esportes no Metaverso

Embora os jogos sejam um mercado que gera muito valor em âmbito global, a indústria do esporte é outra forma de entretenimento conhecida por gerar valor. Por mais que represente atualmente um mercado global que vale US$620 bilhões, quando a indústria do esporte entrar no metaverso, assistir ou participar de esportes (eventos) pode assumir um significado completamente novo. A RA não é nenhuma novidade para o mundo dos esportes, já que os eventos esportivos na TV recorreram a painéis de publicidade direcionada e digital nas laterais do campo por anos. Agora que há uma convergência de tecnologias como análise de dados, Internet das Coisas, IA e RV ou RA, essa indústria pode se transformar.

Imagine que você torce para um time — de futebol, beisebol ou basquete — e adoraria assistir a uma partida ao vivo. No metaverso, você pode fazer isso do conforto de sua casa sem perder nenhuma experiência que teria se estivesse no estádio. Embora nada supere uma experiência ao vivo, uma experiência de metaverso daria benefícios exclusivos que não seriam obtidos ao assistir à partida no estádio. Por exemplo, além de pagar bem menos, você pode assistir à partida em RV e, no longo prazo, talvez também em RA por meio de uma projeção holográfica, de qualquer ponto de vista, seja na lateral do campo ou sobrevoando os jogadores — enquanto recebe outras informações ao vivo sobre o que está acontecendo na partida. Você também pode se posicionar bem ao lado do seu jogador favorito enquanto ele marca um gol.

No início de 2021, a Nickelodeon tentou uma abordagem diferente, porém muito divertida. O canal fez parceria com a Beyond Sports, empresa holandesa de visualização de dados esportivos, para transformar uma partida de playoff da NFL ao vivo em um formato de bloco de desenho animado baseado em *Bob Esponja Calça Quadrada*.[146] Todo o ambiente, incluindo estádio, jogadores, campo etc., foi transformado em um bloco e, usando dados em tempo real, os jogadores nesse ambiente de bloco se moviam exatamente como os jogadores do mundo real, mas com a adição de todos os tipos de elementos divertidos, incluindo canhões de slime. Foi uma forma de transmitir jogos pitoresca, vibrante, divertida, completamente única, uma mistura de simulação de videogame e um jogo real da NFL.[147] Uma indicação do que está por vir e de onde os usuários podem praticar esportes da maneira que quiserem.[148]

Transmitir partidas esportivas em formato de bloco pode não ser para qualquer um, e esportes imersivos hiper-realistas podem parecer exagerados, mas o metaverso certamente revolucionará a forma como assistimos aos esportes. Com a reprodução instantânea disponível há anos e novos avanços na área, como a tecnologia Intel True View, estar no controle total de como você quer assistir a um jogo está mais próximo do que nunca. O sistema da Intel coloca dezenas de pequenas câmeras inteligentes em torno de um local, capturando o campo e o jogo de todos os ângulos possíveis e gerando grandes quantidades de dados volumétricos, como informações sobre altura, largura e profundidade.[149] Esses terabytes de dados volumétricos são convertidos em dados volumétricos de vídeo, que dão ao editor controle total sobre o que mostrar e de qual ponto de vista, em qualquer profundidade ou distância. O passo seguinte mais óbvio seria dar esse tipo de controle ao espectador, que, auxiliado por uma IA, poderia decidir como assistir a uma partida de seu time favorito. Teoricamente, o sistema da Intel deve ser poderoso o suficiente para substituir todas as câmeras tradicionais, dando aos editores e espectadores mais controle do que nunca. Ao adicionar um áudio espacial, de repente você se verá em campo, entre os jogadores, enquanto assiste à partida e os ouve conversando entre si de diferentes ângulos. Claro que todos esses dados volumétricos podem ser analisados por uma IA, fornecendo novos insights aos times, a fim de melhorar seu jogo da mesma maneira que daria ao time de beisebol Oakland Athletics e seu gerente geral Billy Beane, conforme retratado no filme *Moneyball — O homem que mudou o jogo*, na versão brasileira.

O que se aplicaria aos esportes físicos também se aplicaria à indústria de e-sports, forma de competição usando videogames, em que pessoas ou equipes participam de partidas de videogame multiplayer com o objetivo de vencer ou ser o último sobrevivente, dependendo do gênero de videogame. A maioria dessas competições gira em torno de jogos de FPS, Battle Royale ou jogos de estratégia em tempo real, como *Dota 2, Counter-Strike* ou *League of Legends*. É uma indústria de bilhões de dólares, com campeonatos mundiais acompanhados por milhões de entusiastas e prêmios de milhões de dólares. Embora esses jogos sejam 2D, a próxima versão dos e-sports já existe.

O metaverso unirá e-sports e esportes físicos em um omniverso maior, que atualmente são ecossistemas soberanos. Jogos como o *Echo Arena* são tanto uma atividade física como um jogo multiplayer de RV. Para vencer, os jogadores precisam se abaixar, pular, se esquivar, lançar com precisão e ter reflexos rápidos na realidade física. O jogo combina atividade física e tecnologia de maneira completamente nova e está crescendo em popularidade.[150] Poderia facilmente se tornar tão popular quanto os esportes tradicionais, afinal os ambientes digitais podem ser exibidos em dispositivos 2D, ou os espectadores podem assistir a um jogo em realidade virtual — de repente até participar das Olimpíadas do mundo real enquanto joga quadribol pela seleção!

Óbvio que a indústria esportiva também está procurando utilizar criptomoedas e NFTs para aumentar o engajamento dos fãs. Durante as Olimpíadas de 2022, o Comitê Olímpico Internacional entrou na onda dos NFTs e desenvolveu um jogo em blockchain chamado Olympic Games Jam: Beijing 2022, que permitia aos usuários competir em diferentes esportes olímpicos, usar skins de avatar personalizadas e ganhar prêmios. Curiosamente, o jogo não estava disponível na China, devido às restrições do país em relação a criptomoedas.[151]

O torneio de tênis Australian Open de 2022 também lançou NFTs, incluindo a AO Decades Collection — seis coleções NFT celebrando a história do Australian Open.[152] Embora a maioria desses NFTs não fosse nada mais do que imagens ou videoclipes curtos, um NFT daria a seu proprietário uma viagem paga para o Australian Open de 2023. Ao mesmo tempo, o Australian Open também divulgou uma arte NFT vinculada a dados de partidas ao vivo. Os 6.776 itens exclusivos da coleção AO Art Ball deram às pessoas a possibilidade de ter posse de uma peça do torneio. Os organizadores vincularam os 6.776 NFTs a uma parcela de 19cm × 19cm de todas as quadras de tênis e, sempre que a jogada vencedora de qualquer uma das mais de 400 partidas caísse em uma dessas parcelas, um NFT exclusivo seria cunhado em tempo real, incluindo os metadados do jogo. Ao contrário da AO Decades Collection, esses NFTs vieram com serviços, como wearables de edição limitada, mercadorias e outros benefícios futuros. As 6.776 bolas de tênis foram criadas por meio de inteligência artificial, para garantir uma combinação única de cores e texturas. Por fim, o Australian Open também lançou uma experiência de tênis na Decentraland, para os fãs explorarem o torneio virtualmente de qualquer lugar do mundo, completarem desafios e interagirem com os jogadores.[153] A experiência digital do Australian Open é um ótimo exemplo de como o metaverso pode enriquecer uma experiência esportiva, e não demorará muito para que você possa assistir a um jogo ao vivo dentro de um dos mundos virtuais disponíveis e experimentar jogar algumas partidas de maneiras completamente novas, semelhantes à partida de futebol americano NFL/Nickelodeon.

Mídia e Entretenimento no Metaverso

Todas as mudanças que podemos esperar para a indústria do esporte também se aplicam à indústria de mídia e entretenimento. A indústria do entretenimento foi duramente atingida devido à pandemia, com shows cancelados em todo o mundo. No entanto, conforme vimos na introdução deste livro, surgiram enormes eventos ao vivo e interativos, e podemos esperar que esses eventos se tornem maiores e mais interativos nos próximos anos — grande fonte de renda para artistas e proprietários de mundos virtuais —, oferecendo experiências interessantes aos fãs, que poderão ver e ouvir seus artistas favoritos de maneiras completamente novas. Os NFTs e as criptomoedas reduzirão a dependência de intermediários: os artistas poderão se conectar e vender suas músicas diretamente aos fãs; com isso, eles conseguirão ter mais lucro e, ao mesmo tempo, alcançar milhões de fãs de uma só vez por meio de shows virtuais (ao vivo). Claro que as plataformas centralizadas ficarão com uma parte dos ganhos dos artistas, como já acontece no mundo físico, em que há os custos de um estádio ou uma casa de shows.

Além dos dois eventos virtuais citados na introdução, tiveram outros. O primeiro deles aconteceu em 2 de fevereiro de 2019, quando Marshmello, produtor e DJ norte-americano de música eletrônica, fez seu primeiro show virtual na plataforma Fortnite, com 10 milhões de fãs jogando e assistindo à apresentação e outros milhões assistindo à transmissão ao vivo no YouTube.[154] Depois foi a vez da estrela do hip-hop Travis Scott, em abril de 2020. Sua turnê *Astronomical* de cinco shows de quinze minutos teve o número impressionante de 27,7 milhões de jogadores participando ao vivo, tendo um total de 45,8 milhões de visualizações.[155] Esses cinco shows renderam US$20 milhões ao artista — nada mal para algumas horas de trabalho,[156] especialmente se comparado à sua turnê *Astroworld* de 2019, que lhe rendeu US$1,7 milhão.[157] Os grandes eventos interativos ao vivo vieram para ficar. Ao mesmo tempo, acabamos de explorar as possibilidades desses eventos.

Esses primeiros eventos aconteceram em um mundo virtual 2D, em que as pessoas podiam assistir de seus computadores. Nos próximos anos, também veremos shows de realidade virtual ao vivo, que elevarão a experiência a outro nível, possibilitando que os fãs tenham a sensação de estar lá e compartilhem a experiência enquanto participam do evento de maneira remota. Se os gráficos e o áudio espacial forem bons o suficiente, pode parecer quase real, embora a experiência provavelmente seja muito mais visual e fora deste mundo. Até porque, com esses eventos virtuais, sejam 2D ou 3D, é possível alinhar o visual com o ritmo da música, criando uma sensação a mais. Claro que, assim como nos eventos físicos, itens para compra na forma de skins, moda digital ou wearables para o avatar podem ser vendidos como NFTs durante o evento, aumentando as oportunidades de geração de receita para os artistas e as pessoas responsáveis pelo evento.

Em alguns anos, poderemos ter um show personalizado de nosso artista preferido diretamente em nossa sala de estar graças aos óculos de RA por meio de uma projeção holográfica. Combinado à IA, o artista poderá se dirigir a nós e poderemos, inclusive, bater um papo, personalizando ainda mais a experiência. As possibilidades são infinitas.

Claro que não são só os cantores famosos que podem se beneficiar das oportunidades no metaverso. Qualquer um pode criar um gêmeo digital e apresentar sua performance exclusiva no metaverso — um comediante de stand-up, um empresário famoso ministrando uma palestra ou um autor famoso lançando seu livro. Posso imaginar que, em cinco a dez anos, receberemos óculos de RA no teatro local, dando um significado completamente novo ao teatro, mesclando atores físicos com criaturas digitais mágicas, para proporcionar uma experiência inédita. O metaverso revolucionará completamente a mídia, a cultura e o entretenimento e possibilitará uma ampla variedade de experiências inacreditáveis, diferente de tudo o que já vimos. A magia se tornará real!

Além de oferecer experiências virtuais que podem gerar muito dinheiro para artistas (famosos) e proprietários de plataformas, os NFTs viabilizarão que os artistas aumentem suas oportunidades de receita. Uma pesquisa da Ivory Academy mostrou que 80% das pessoas que fazem músicas ganham menos de US$275 por ano, enquanto as maiores gravadoras faturam US$12 milhões por dia.[158] Graças aos NFTs, agora os artistas musicais podem interagir diretamente com os fãs e aumentar sua receita.

Esteja Onde Você Quiser

A indústria musical entrou de cabeça na onda NFT em 2021, e muitos artistas famosos foram os primeiros a explorar essas opções. Cantores como Grimes, Kings of Leon e Eminem, para citar alguns, cunharam músicas e capas de álbuns como NFTs para arrecadar dinheiro diretamente dos fãs. Eminem chegou a ganhar US$1,7 milhão pela primeira coleção de músicas NFT, enquanto Grimes vendeu um NFT de arte digital.[159] Felizmente, os NFTs não são apenas para cantores famosos. Artistas em ascensão podem se beneficiar deles e de criptomoedas para arrecadar fundos, gravar álbuns e, assim, aumentar sua comunidade. Os NFTs são uma ótima nova fonte de renda para substituir a receita mínima que a maioria dos artistas gera em plataformas de streaming.

A plataforma Royal.io, por exemplo, possibilita que músicos vendam direitos fracionados para os fãs. Quando o artista ganha, os fãs também ganham, um conceito chamado *Listen to Earn* [Escute para Ganhar, em tradução livre]. A cada NFT, além de uma pequena participação em royalties, o cantor pode adicionar brindes especiais que fortalecem ainda mais seu vínculo com os fãs. Assim como o artista, com os NFTs, você está no controle e pode construir experiências envolventes para aumentar ainda mais a base de fãs. Um artista pode usar NFTs para vender um ativo ou mais e vendê-los para os fãs, construindo uma relação econômica direta com eles em vez de precisar de um intermediário. Ele consegue ver quem tem um desses NFTs e enviar outro — um brinde ou wearable digital — como recompensa por seu apoio como fã. Pode ser a edição limitada de uma camiseta que o fã pode usar dentro de mundos virtuais e que dá acesso a um encontro com o artista nos bastidores. Os NFTs fortalecem os criadores de conteúdo, ajudando-os a depender menos de intermediários e a criar uma conexão mais forte com os fãs. Os próximos artistas poderão usar plataformas como a Royal.io para compartilhar seus royalties com os fãs número 1 e usar esses fundos para aumentar ainda mais seu engajamento.

O mesmo se aplica a filmes, em que você pode criar ingressos NFT antes que um filme seja feito. Isso ajudaria a dar o pontapé inicial em uma produção e daria ao proprietário uma participação em seu sucesso. Afinal, se o filme for um sucesso, os ingressos de cinema NFT se tornarão itens de colecionador, como no mundo real.

As startups GrooveUp e Portal levam isso a outro nível e permitem que os artistas, inclusive, recompensem os fãs por transmitir suas músicas com tokens ou NFTs, administrados automaticamente por meio de contratos inteligentes. O modelo de negócios *Stream-to-Earn* é outra tentativa de quebrar o poder das grandes gravadoras.

Com shows virtuais e NFTs para interagir diretamente com os fãs, as oportunidades de ganhar dinheiro passarão das gravadoras aos artistas e as plataformas virtuais. Assim, o artista passará a ter mais controle sobre si, *se* quiser ir além e conectar-se diretamente com os fãs sem o intermédio das gravadoras. Ainda não se sabe se o metaverso e os NFTs podem reverter a desigualdade existente, dependendo do poder das gravadoras, mas, pelo menos, proporcionam aos artistas que estão por vir uma nova maneira de se conectar com os fãs e reduzir a dependência das gravadoras para alcançarem o sucesso. Claro que criar esse relacionamento direto com os fãs se aplica a qualquer marca, e as empresas que querem se envolver no metaverso devem pensar em como querem evoluir no relacionamento com os clientes. As marcas precisam recompensar os consumidores por comparecer, comprar, compartilhar ou exibir seu produto e/ou serviço no metaverso. Ainda é cedo e não foi testado na prática, mas as marcas e as startups devem testar, a fim de descobrir o que funciona e o que não funciona.

Educação no Metaverso

Quando presto consultoria a empresas e faço minhas palestras, sempre digo às pessoas que vivemos em tempos exponenciais e que o mundo está mudando mais rápido do que nunca. Embora eu acredite piamente nisso, esse não é o caso do setor da educação. Nos últimos cem anos, o mundo pode ter mudado drasticamente, porém a maneira como ensinamos nossos filhos permanece exatamente a mesma de cem anos atrás: um grande grupo de crianças em uma sala de aula, sentadas de frente para um quadro, ouvindo um professor explicar algo, passar uma tarefa ou discutir com os alunos. Para piorar a situação, a pandemia forçou crianças do mundo inteiro a estudar em casa, sentadas horas em frente ao Zoom ou ao Teams, sendo educadas pelos pais. Se o cansaço que o uso desses aplicativos gera é uma realidade para os profissionais, imagine para as crianças, com sua capacidade limitada de atenção. O aprendizado online durante a pandemia foi um desafio para crianças, pais e professores.[160]

Eu diria que a tarefa mais importante que temos como sociedade é ensinar crianças; afinal, elas serão os inovadores do amanhã. O fato de não termos inovado os métodos de ensino nos últimos cem anos, mesmo com todas as tecnologias disponíveis, é espantoso para mim. Apegamo-nos ao velho paradigma de ensinar às crianças matérias tradicionais de maneira tradicional, e a maioria dessas matérias se tornará inútil na próxima década. Precisamos ensinar nossos filhos a pesquisar e a adquirir habilidades analíticas para que saibam como formar uma opinião e serem autodidatas e adaptáveis, a lidar com mudanças rápidas e usar e aplicar a tecnologia (de maneira responsável), ensinando-lhes programação, robótica e ética. Acima de tudo, precisamos adotar a tecnologia mais recente, desde treinamento de IA até experiências virtuais e aumentadas, a fim de prepará-los para um mundo que parecerá diferente quando terminarem a escola.

Além disso, pesquisas mostraram que métodos de ensino passivos são ineficazes na transferência de conhecimento. O método menos eficaz é uma aula. As taxas de retenção de longo prazo do conhecimento compartilhado em uma aula típica em que o professor fica em frente à classe e as aulas representam 5%, enquanto a leitura de um tópico melhora um pouco as taxas de retenção para 10%.[161] No entanto, os métodos de ensino participativos, com discussões em grupo, elevam drasticamente as taxas de retenção de memória para 50%, e as taxas de aprendizagem para 75%. Ouvir e ler podem ser úteis em alguns casos, mas o melhor seria aprender fazendo, e é aí que RA e RV entram em jogo; afinal, a prática leva à perfeição.

Imagine um professor de história ministrando aulas em RV combinadas com uma discussão em grupo depois que a turma vivenciou a Roma Antiga por meio da realidade virtual. Isso possibilitaria que os alunos entrassem em um ambiente virtual, interagissem com o professor e os colegas, pausassem ou reproduzissem uma cena ou sessão e notassem coisas novas toda vez que visitassem ou reproduzissem uma cena. Isso permitiria que experimentassem um novo ambiente em um lugar seguro e controlado e explorassem o conhecimento de uma perspectiva diferente enquanto estivessem totalmente engajados. Poderíamos lhes ensinar o mundo da mecânica quântica de maneira literal, ao entrar no mundo microscópico ou mostrar os efeitos das mudanças climáticas em qualquer ambiente. O potencial é infinito e, provavelmente, resultaria em um ambiente de aprendizado divertido, com as melhores classificações de todos os tempos para o professor e para a escola. Além do mais, professores conhecidos por todos poderão ensinar milhões de crianças simultaneamente em um ambiente imersivo, desde que o maior número possível de crianças tenha um hardware necessário para essa experiência. Uma ideia é organizar o equivalente ao projeto One Laptop per Child [Um Laptop por Criança, em tradução livre], que tentou criar um laptop de US$100 para crianças em países em desenvolvimento e, depois, um headset de RV/RA, oferecendo às crianças de todo o mundo uma oportunidade igual de aprender em um ambiente imersivo, que, obviamente, exigiria uma solução para a questão da conexão com a internet em locais remotos.

Com a realidade virtual, será mais fácil manter as crianças e os alunos engajados e atentos, sem aquele medo de eles se ausentarem, como em uma aula pelo Zoom, pelo Teams ou mesmo em uma aula presencial. Claro que não seria saudável que passassem mais de uma a duas horas por dia interagindo na realidade virtual, embora precisemos de mais pesquisas para entender como a realidade virtual afeta o cérebro delas. Os nativos do metaverso estarão conectados de uma maneira diferente, o que não é algo ruim.

Se a RV e a RA podem melhorar significativamente a educação das crianças, também têm o potencial de revolucionar o treinamento corporativo ou o aprendizado baseado em habilidades (como consertar sua máquina de lavar por meio da realidade aumentada).[162] Gêmeos digitais, ou réplicas de fábricas, podem ser usados para treinar (novos) funcionários em um ambiente de trabalho seguro, até eles dominarem as habilidades para sair no mundo real e trabalhar com as ferramentas (avançadas). Jeremy Bailenson, diretor fundador do Laboratório Virtual de Interação Humana de Stanford (VHIL) e fundador da empresa de treinamento em RV Strivr, chamou a educação e o treinamento de caso de uso de "home run". A empresa trabalhou com o Walmart no treinamento de funcionários por meio de experiências imersivas, resultando em um aumento de 30% na satisfação e em um aumento de 15% nas taxas de retenção de conhecimento.[163]

Trabalhadores de todo o mundo terão a oportunidade de aprender novas habilidades e operar máquinas complexas sem correr o risco de sair machucados ou de danificar a máquina física. A RV oferecerá novas maneiras de aprender uma nova habilidade com mais rapidez e eficiência — desde a integração de funcionários até o aprendizado de processos de segurança e proteção, à preparação para eventos raros e inesperados e à melhoria das interações entre os clientes.[164]

Nos próximos anos, seria ideal que a educação fosse atualizada para século XXI no mundo inteiro. O uso de novos conceitos como o *Play-to-Learn* por meio de experiências imersivas ou de e-sports para treinar habilidades em equipe, trabalho colaborativo, coordenação motora ou desenvolver estratégias pode revolucionar a forma como nossos filhos e funcionários aprendem. Indo mais além, poderíamos separar os currículos e permitir que os alunos criem o próprio currículo com base em diversos recursos, desde que os cursos verificados estejam conectados a NFTs. Colete NFTs suficientes e receba um diploma, um certificado de blockchain. As escolas e universidades precisam adotar as tecnologias descritas neste livro para dar às crianças a educação que as prepare para uma sociedade futura, que será radicalmente diferente. Não fazer isso seria uma oportunidade perdida tanto para elas quanto para a sociedade.

Poder para os Criadores

Independentemente do mundo virtual em que você entrará, o conteúdo criado pelo usuário desempenhará um papel cada vez mais importante no metaverso. Se isso envolve projetar e desenvolver jogos, músicas imersivas, mídia volumétrica, ambientes educacionais ou mundos virtuais, arte e avatares que animarão a próxima versão da internet, o metaverso será uma economia criadora e o UGC será tudo. Graças aos avanços tecnológicos na criação de experiências imersivas e aumentadas, o metaverso nos catapultará para a era da imaginação, e os NFTs e as criptomoedas possibilitarão que os criadores de conteúdo ganhem a vida (substancialmente), assunto que veremos no Capítulo 7.

Dentro do metaverso, o conteúdo criado pelo usuário provavelmente será visual e audível, talvez até tátil em algum momento. As pessoas criarão experiências narrativas, mas é impossível dizer o que podemos esperar daqui a cinco ou dez anos. No início da web móvel, as pessoas também não tinham ideia do incrível potencial de uma economia de aplicativos. Os primeiros aplicativos eram ridículos e inúteis. Mas esse é um processo normal. Estávamos só tentando descobrir

Entre no Metaverso

o que era possível e o que esse novo ecossistema significava. O mesmo vale para internet imersiva. Nos próximos anos, entenderemos melhor o que é possível por meio da RV e da RA, e os criadores de conteúdo poderão aproveitar ao máximo esses novos recursos, resultando em experiências incríveis.

Para isso, eles precisarão encontrar todo esse conteúdo imersivo e aprimorado. Muito provavelmente, haverá algum tipo de sistema de portal dentro de uma plataforma que pode ser acessado facilmente. Mais desafiador ainda será conectar milhões de plataformas entre si, para que os usuários possam se teletransportar diretamente do Sandbox para o Fortnite e o NeosVR, por exemplo, junto com os amigos. Para isso, precisaremos de algum tipo de modelo de hub que nos direcione de uma plataforma a outra naturalmente, de maneira descentralizada e open source, a fim de evitar que qualquer entidade centralizada controle quem pode atravessar de um local para outro. Se bem feito, pode ser possível que a experiência do usuário seja perfeita, semelhante a navegar de um site para outro.

O metaverso abrirá oportunidades significativas para artistas e criadores de conteúdo, mas também será um lugar para as marcas se envolverem com clientes, fãs e futuros clientes. No entanto, temos que evitar que se torne uma distopia publicitária, na qual, de modo semelhante à web atual, os anúncios nos perseguem ao passar de um mundo virtual para outro (a menos, é claro, que você queira isso e tenha consentido). O assunto do capítulo seguinte é como as marcas devem entrar no metaverso.

Capítulo 5

Criatividade Ilimitada para as Marcas

Além do Brilho

"A tecnologia é uma isca brilhante. No entanto, há uma rara ocasião em que o público pode se envolver em um nível além do brilho — se ele tiver um vínculo sentimental com o produto."

Don Draper, *Mad Men*

Essa fala de Don Draper na série televisiva provavelmente é uma das mais conhecidas e ainda é verdadeira. No mundo atual, graças ao tsunami de dados, ficou mais fácil do que nunca segmentar o nicho que você quer alcançar. Gaste dinheiro suficiente em anúncios hiperdirecionados e personalizados e terá a garantia de ver seu anúncio circulando. Isso, no entanto, não significa necessariamente sucesso. Na internet, o tempo de atenção das pessoas é de apenas alguns segundos, e a armadilha de rolagem infinita garante que esquecerão o anúncio novamente no momento em que algo novo aparecer na tela. A qualidade da maioria da publicidade online é (abaixo da) média, ou seja, no momento em que surge algo que cria um vínculo emocional com as pessoas, algo realmente substancial, isso se destaca e causa impacto.[165]

Na época de *Mad Men*, década de 1960, a era do marketing de massa estava apenas começando. Graças ao rádio e à televisão, era possível alcançar grandes grupos de pessoas com a mensagem de uma única empresa. Isso também significava que a mensagem deveria ser boa porque não era possível ajustá-la por grupo-alvo. Tinha que ser uma oferta concisa e clara que repercutisse para o público-alvo. Ao longo dos anos, esse tipo de marketing funcionou bem para as marcas; por isso, quando a internet chegou, a princípio elas relutaram em desenvolver uma presença online. Isso parece impensável hoje, mas, no início, muitas marcas não viam a necessidade de fazer um site. E, quando veio o e-commerce, elas relutaram em abrir uma loja online. Mesmo no início da pandemia, havia muitas marcas que ainda não tinham investido pesado em um canal online e tiveram problemas quando as lojas físicas tiveram que fechar as portas devido aos lockdowns em todo o mundo. As empresas que não atualizaram sua cadeia de suprimentos para a era digital antes do início dessa pandemia enfrentaram muito mais dificuldades em se ajustar ao novo normal do que as empresas com cadeia de suprimentos e canal de e-commerce otimizados digitalmente.

O mesmo vale para o início da era das mídias sociais e da internet móvel. Novamente, as marcas precisaram ser convencidas de que era uma boa ideia desenvolver um aplicativo móvel, criar uma presença nas mídias sociais e construir uma comunidade no Twitter, Facebook, YouTube ou, mais recentemente, no TikTok. Foram muitas as vezes em que elas relutaram em abraçar as novas oportunidades. Ao mesmo tempo, os poucos pioneiros e inovadores que abraçaram a nova realidade tiveram sucesso em longo prazo, embora tenham cometido erros ao explorar novas possibilidades. Em comparação, muitas empresas que não conseguiram inovar ou abraçar a nova realidade desapareceram. Agora que entramos em uma nova era de conexão com os consumidores — o metaverso —, as marcas devem evitar cometer os mesmos erros outra vez. A internet imersiva oferece uma oportunidade de interagir com os clientes de maneira autêntica e única, por meio de experiências para criar novos vínculos sentimentais com os produtos. Uma marca que parece ter aprendido com o erro é a Warner Music Group. No início de 2022, a marca anunciou um parque temático focado em eventos no Sandbox, adotando esse novo paradigma desde o início, abordagem consideravelmente diferente de duas décadas atrás, quando a Warner lutou muito contra o aumento do compartilhamento de arquivos e do Napster.[166]

Outra marca que parece ter aprendido com os erros anteriores é a JPMorgan Chase. Em 2017, o CEO da JPMorgan, Jamie Dimon, chamou o bitcoin de fraude[167] e, em 2022, abriu um lounge na Decentraland que inclui um tigre vagando no lobby para capitalizar o que diz ser uma oportunidade de trilhões de dólares.[168]

Embora, ao se tratar do metaverso, ainda que seja cedo, as marcas que decidirem entrar nesse mundo imersivo hoje serão as pioneiras do amanhã. Esse novo mundo virtual e aumentado requer uma abordagem diferente ao se conectar com clientes (futuros), portanto a prática leva à perfeição. As empresas que começarem cedo terão uma vantagem sobre a maioria das que chegarão atrasadas. As regras do marketing estão mudando, e a era do marketing e da publicidade agressivos e nada autênticos acabou. A geração Z e a geração Alpha, principalmente, não aceitam mais anúncios os perseguindo pela web fazendo "greenwashing" para fingir que você se preocupa com o meio ambiente, ou anúncios hiperdirecionados e intrusivos que sugerem que você conhece o cliente melhor do que ele mesmo.

Estamos prestes a deixar a era do marketing para trás, e uma porta se abre para uma nova forma de fazer marketing. Os consumidores estão se acostumando com a realidade de fazer compras online e socializar por meio das mídias sociais, mas também estão usando filtros RA, videogames e conteúdo imersivo, interativo e em tempo real. Nesse mundo "figital", os consumidores jogam online juntos, vagam pelo mundo virtual para estar com amigos, participam de eventos digitais, visitam novos locais virtuais e interagem com marcas para comprar bens e serviços (digitais). Esse novo mundo virtual e aumentado, combinado com o fato de que a média de atenção humana atualmente é de apenas oito segundos,[169] exige que as marcas redefinam a forma como interagem e vendem seus produtos aos consumidores. As empresas precisam redefinir seus esforços de marketing e oferecer aos clientes (futuros) uma experiência digital única e autêntica, em que a cocriação e até a copropriedade sejam a regra. A chave para o sucesso é marketing voltado à comunidade.

Com o desenvolvimento de um ecossistema imersivo, as empresas terão novos meios de aumentar a fidelidade à marca e se envolver com os (futuros) clientes de maneiras inesperadas, emocionantes e divertidas. Nos próximos anos, o metaverso se tornará componente importante para as estratégias de marca bem-sucedidas, e as empresas que se recusarem a entrar na onda do metaverso sairão perdendo. Embora a internet imersiva possa ser percebida mais como um canal para se conectar com os clientes, o modelo de negócios tradicional não é o caminho a seguir.

O Poder de uma Comunidade Imersiva

No metaverso, duas coisas vão separar as marcas "cool" das nem tão legais assim: a criatividade e a autenticidade. Isso sempre aconteceu, mas se tornará mais importante do que nunca, porque, no metaverso, tudo será possível. Embora as primeiras iniciativas das marcas no metaverso incluíssem a tradução de produtos e experiências do mundo real para o mundo virtual, imitar o mundo real no mundo virtual será um erro. No início de 2022, a Samsung lançou a loja virtual da marca 837X na Decentraland, que era praticamente uma cópia digital de sua loja física 837, em Nova York. Ainda que a loja conceito da Samsung seja uma experiência em si, apenas replicá-la no metaverso é perder a oportunidade de expandir a experiência do cliente por meio da internet imersiva. As marcas devem focar a criação de experiências altamente visuais, experimentais e envolventes, como nunca vimos no mundo real, para exceder em muito as expectativas de marketing do mundo físico e aproveitar as possibilidades digitais ilimitadas. Transforme seu negócio em uma experiência que se conecta com as emoções dos clientes. Isso representa uma oportunidade fantástica para as marcas se reinventarem e construírem uma nova narrativa, colaborando e interagindo diretamente com os clientes, em vez de apenas vender para eles.[170] Envolveria criar e fortalecer cuidadosamente uma comunidade, oferecendo entretenimento personalizado e valor que estimulasse a autoexpressão digital por nativos do metaverso e reconhecesse a necessidade de uma conexão autêntica e única.

A marca global de cerveja Stella Artois fez exatamente isso durante a pandemia. Quando os eventos de corridas de cavalos, como o Kentucky Derby, foram cancelados, as corridas de cavalos virtuais ganharam a atenção do mundo

Criatividade Ilimitada para as Marcas

inteiro. Embora já existam há algum tempo, a ascensão dos NFTs possibilitou que usuários realmente tivessem propriedade e criassem cavalos virtuais para fazê-los competir uns contra os outros em corridas virtuais, valendo dinheiro real. A plataforma ZED RUN viabiliza essas corridas e teve um crescimento de 1000% desde o início da pandemia.[171] Semelhante às marcas que patrocinam corridas físicas, a Stella Artois decidiu participar e patrocinar corridas de cavalos digitais, porque era "um ajuste natural que refletia a parceria de Stella Artois com corridas de cavalos premium", explicou Lindsey McInerney, responsável pela campanha quando trabalhava na AB InBev.[172] A marca fez parceria com a plataforma e desenvolveu uma cavalaria digital, incluindo skins temáticas, e uma pista de corrida 3D, oferecendo uma experiência única aos usuários e posicionando a marca de cerveja como inovadora e líder de pensamento nesse ambiente.

O metaverso representa uma camada digital inteira no topo do mundo atual e, como tal, será mais disruptivo para as marcas do que as mídias sociais ou a internet móvel jamais foram. Essas camadas virtuais ou aumentadas oferecem inúmeras oportunidades às marcas de se conectarem com os consumidores e proporcionarem uma experiência inédita que pode fidelizar o cliente. Embora a necessidade de interoperabilidade aumente ainda mais essas oportunidades, até alcançarmos esse importante degrau, os mundos virtual e aumentado atuais já oferecem às marcas excelentes maneiras de desenvolver interações significativas e bidirecionais com clientes (potenciais). Uma das marcas mais empolgantes a entrar no metaverso é a Walt Disney. Em dezembro de 2021, a empresa registrou uma patente para um "simulador de mundo virtual", a fim de inserir seus parques temáticos no metaverso. Segundo a patente, os usuários seriam capazes de se mover em "experiências virtuais 3D individualizadas altamente imersivas, sem exigir que usassem um dispositivo de visualização de RA".[173] A Walt Disney sempre esteve à frente do grupo quando se trata de transformação digital, começando por seu dispositivo de pulso MagicBand+, lançado em 2013[174], então podemos esperar muita magia digital da marca do Mickey Mouse.

Antes que as marcas mergulhem nessa aventura, é importante ter uma ideia muito clara do que elas querem *ser* no mundo digital. Isso exige compreensão profunda do DNA da empresa, do público-alvo, das expectativas dos clientes e do ponto em que os clientes (futuros) se encaixam nesse mundo virtual, afinal o metaverso é bem mais do que desenvolver um site (estático), um aplicativo ou interagir em mídia social. Se bem feito, o metaverso possibilitará que as empresas criem fidelidade profunda e duradoura que impacta diretamente e contribui de maneira positiva para a reputação e os resultados de uma marca. Se feito de forma errada, pode causar danos significativos à marca.

No Capítulo 3, falei sobre como a Gucci criou uma experiência interativa exclusiva na plataforma Roblox, criando itens de luxo digitais para serem vendidos por um valor maior do que os itens físicos. Embora tenha sido uma ótima exploração da Gucci no metaverso, não foi perfeita, porque não incorporou os principais jogadores da plataforma: as crianças e os pré-adolescentes. Acontece que 54% dos usuários do Roblox têm menos de 12 anos,[175] e enquanto as crianças, sem dúvida, adorariam usar Gucci virtual, pagar centenas ou até milhares de dólares por um item digital está fora do alcance de 99,99% das crianças ativas no jogo, e provavelmente de seus pais também. Para piorar a situação, alinhado ao conceito de gerar escassez para produtos de luxo, a maioria desses itens lançados no jogo ficou disponível por um período limitado de tempo.

Alguns foram descartados quando as crianças que jogavam Roblox, o principal público-alvo, estavam na cama, perdendo parte da diversão. Enquanto os adultos ficaram superempolgados com os produtos digitais vendidos por milhares de dólares, os futuros clientes da Gucci — as crianças que realmente jogavam o jogo — ficaram frustrados e se sentiram excluídos. A história da Gucci foi excelente para relações públicas, mas pode não ter resultado em uma forte conexão com os futuros clientes. É fundamental considerar os jogadores reais de um mundo virtual, principalmente se você quiser que tenham uma experiência de marca positiva. Equívocos à parte, os benefícios da internet imersiva para as marcas são inúmeros.

Novos Pontos de Contato Infinitos

Há uma grande variedade de mundos virtuais e aumentados aparecendo em todo o metaverso. Na década seguinte, isso provavelmente explodirá, à medida que a tecnologia para construir esses ambientes se tornar mais acessível. Consequentemente, haverá uma variedade de comunidades grandes e pequenas que podem ser direcionadas de maneiras ímpares, em vez de apenas algumas plataformas importantes, como a web 2.0, oferece atualmente. Cada um desses novos pontos de contato oferecerá oportunidades exclusivas de engajamento da marca ou posicionamento de produtos, incluindo lançar o carro mais recente em um mundo virtual para os usuários testarem, desenvolver moda digital e oferecer um modo divertido de apresentar um dos pontos de venda exclusivos da marca (PVE). Embora seja uma imensa oportunidade para as marcas, também pode resultar em fragmentação, pois pode ser custoso alcançar os clientes.

A ativação da marca *Keeping Fortnite Fresh*, da rede de restaurantes Wendy, em 2018, é um exemplo perfeito disso. Nesse ano, o Fortnite introduziu um novo evento chamado Food Fight, possibilitando que os jogadores representassem seu restaurante digital favorito. As equipes do restaurante digital Durr Burger (Team Burger) e do Pizza Pit (Team Pizza) tiveram que combater entre si, sendo declarada vencedora a última pessoa que permanecesse em pé. A rede Wendy decidiu se juntar ao jogo para transformar sua publicidade em entretenimento para o público.[176] A rede descobriu que os hambúrgueres do Durr Burger eram armazenados em freezers, o que vai contra sua política de nunca usar carne congelada. A empresa viu uma oportunidade de fazer propaganda de sua "carne fresca, nunca congelada".

A rede de fast-food entrou na Twitch, criou um personagem que lembrava o mascote da marca, inseriu-o no Fortnite e, em vez de matar outros jogadores, começou a destruir todos os freezers no modo Food Fight do jogo. Sua missão foi transmitida ao vivo no Twitch, convidando centenas de milhares de jogadores para assistir e se juntar a eles no extermínio dos freezers. Ao longo de nove horas de streaming, mais de 1,5 milhão de minutos foram assistidos pela Twitch (o equivalente a quase três anos assistindo à Twitch sem parar) e houve um aumento de 119% nas menções à marca nas mídias sociais, com todos aprendendo sobre o PVE da rede Wendy. Esse extermínio de freezers foi uma campanha de marketing de guerrilha bem-sucedida da marca, que resultou em diversos prêmios, incluindo oito Cannes Lions — o Oscar do mundo da publicidade.[177]

Insights Contínuos e em Tempo Real

As primeiras campanhas de marketing do metaverso, incluindo diversas marcas de luxo, como Gucci, Balenciaga ou Dolce & Gabbana, são excelentes exemplos de aumento da experiência da marca. No entanto, a moda digital também pode ser usada para entender melhor o que os clientes gostam ou não gostam antes de lançar uma nova linha de produtos. Ao analisar cuidadosamente quais opções e combinações são selecionadas pelos usuários de jogos como Fortnite ou Roblox, casas de moda, marcas de luxo e não luxuosas podem aprender facilmente o que atrai mais qual grupo de clientes (com base em quem está vestindo o quê, à medida que soltam itens digitais gratuitos em um jogo) e ajustar as ofertas físicas de acordo com isso.

Por outro lado, demonstrações imersivas de produtos digitais, ou customizações de produtos, em que os consumidores podem experimentar e desenvolver um produto antes de comprá-lo, podem ser minas de ouro para as marcas. Mesmo que decidam não comprar o produto, será uma ótima oportunidade para interagir com os (futuros) clientes e obter informações valiosas sobre o que consideram importante. As demonstrações de produtos online e as configurações de produtos não são nenhuma novidade, elas existem há anos na web. No entanto, uma versão imersiva em 3D melhoraria significativamente a experiência da marca e daria insights a mais do que as pesquisas tradicionais.

O aplicativo Place, da IKEA, lançado em 2017, é um exemplo líder de uso da RA para oferecer uma experiência única aos clientes e, sem dúvida, gerar um fluxo de dados adicionais do usuário para a IKEA. Foi um dos primeiros exemplos de aplicativo de compras móvel que aproveitou ao máximo o ARKit, a estrutura de realidade aumentada da Apple, possibilitando que os usuários experimentassem móveis de forma digital para entender melhor como o sofá ou a mesa nova ficaria em sua casa. Vincular essas interações digitais com o cliente diretamente à inteligência de negócios da organização ofereceria insights valiosos e em tempo real sobre quem está interessado no quê, quando, onde e por quê.

Com a quantidade de dados gerados no metaverso, de dez a cem vezes em comparação com a web atual, não entrar nele como marca seria como dirigir com os olhos vendados.

Maior Sustentabilidade

Como vimos no Capítulo 3, graças à RV e à RA, o processo de tomada de decisão durante as compras online pode se tornar mais divertido, envolvente e, por vezes, mais sustentável, reduzindo o número de devoluções com experiências do tipo "experimente antes de comprar". No final de 2021, a empresa de RA Snap trabalhou com a Tommy Jeans na criação de uma prova virtual para suas roupas. Usando os óculos de RA da Snap, os clientes puderam experimentar a jaqueta puffer masculina ou feminina da Tommy Jeans e alterar suas cores para ver qual ficava melhor. Por meio de um clique, conseguiram comprar o produto que experimentaram virtualmente em casa.[178]

Claro que o metaverso oferece mais oportunidades para reduzir as emissões de CO_2 de uma empresa, especialmente quando se trata de deslocamentos ou colaboração. Abordaremos esse assunto no capítulo seguinte.

Considerações do Mundo Virtual

Embora mundos virtuais ofereçam inúmeras possibilidades para impressionar o cliente, determinar o ponto de partida é uma decisão importante. O processo de decisão sobre onde construir sua experiência de marca virtual ou aumentada é muito parecido com o processo de abrir uma experiência de marca ou loja no mundo físico.

Sempre que decide abrir uma loja física nova, uma empresa precisa considerar algumas métricas. Isso inclui demografia e segurança do bairro, tráfego de pedestres, localização dos concorrentes, acessibilidade, custo do negócio, regras e restrições etc. Até certo ponto, estas são as mesmas métricas necessárias para selecionar o mundo virtual em que você quer iniciar uma experiência de marca virtual:

- ▲ Quantas pessoas usam a plataforma.
- ▲ Nível de popularidade da plataforma.
- ▲ Quanto tempo as pessoas permanecem na plataforma.
- ▲ Com que frequência voltam.
- ▲ Quais são os dados demográficos dos usuários.
- ▲ Que atividade está acontecendo na plataforma.
- ▲ Se existem fraudes acontecendo.
- ▲ Quais são as regras e as restrições da plataforma.
- ▲ Quanto custa montar sua loja virtual.

Nesta fase inicial do metaverso, as empresas devem experimentar diferentes plataformas, pois cada uma opera de maneira diferente, tendo diferentes usuários, regras e expectativas de marca. Quanto mais a marca explora esses mundos digitais, mais rápido entendem como o metaverso funciona para elas e quais experiências digitais funcionam melhor para os clientes (futuros).

A Era do Marketing de Experiência

Para as organizações que querem se aventurar no metaverso, a fim de se conectarem com os consumidores, aconselha-se envolver criadores, artistas e influencers que já entendem bem como os aplicativos de realidade virtual ou aumentada funcionam. Quanto mais cedo envolver a comunidade melhor, porque isso ajuda as marcas a evitar erros (caros) como os da Gucci. Isso também significa que, se você é novo no metaverso e quer entrar em uma nova comunidade, faça questão de ter humildade como marca, mesmo que seja uma empresa multinacional. Segundo Justin Hochberg, fundador do Virtual Brand Group, as marcas tendem a entrar em uma comunidade criativa e querer transformá-la no Super Bowl. Em vez disso, elas podem se beneficiar mais ao se tornarem parte dela sem a bombardearem com mensagens publicitárias, principalmente no metaverso.

Como a construção desse ambiente virtual ainda está em andamento, mesmo que você entre com as melhores intenções, isso pode envolver alguns riscos. Por exemplo, quando o McDonald's elaborou um conjunto de dez NFTs para comemorar o aniversário de criação de seu McRib, no final de 2021, a rede logo descobriu que cunhar NFTs é muito diferente de fazer hambúrgueres. Os NFTs McRib foram descritos pelo McDonald's como "versões digitais do sanduíche favorito dos admiradores".[179] Infelizmente, algum tempo após o anúncio, um insulto racial foi descoberto em uma transação inicial vinculada ao endereço Ethereum associado à coleção oficial do NFT McRib.[180] Agora esse insulto ligado à marca McDonald's está no blockchain por tempo indefinido. A empresa afirmou que não tem ideia de como isso aconteceu, mas o que era para ser uma experiência divertida se tornou um problema. Independentemente de ser um insider ou alguém sem nenhuma relação com a marca, o metaverso não está isento de riscos para esse tipo de situação. Assim, é importante compreender bem o que está compartilhando. Claro que, de início, isso significa envolver pessoas que

Criatividade Ilimitada para as Marcas

estão nesse ambiente há anos, que entendem como ele está constante evolução — pessoas que são capazes de guiar a empresa nessa nova e empolgante oportunidade. Significa também se associar a mundos virtuais novos e aos já existentes, em vez de criar o próprio ecossistema, pelo menos por enquanto.

As marcas que entram no metaverso têm a oportunidade de demonstrar liderança, engajar-se na inovação e explorar novas comunidades e novos canais, principalmente se apresentarem um comportamento autêntico e alinharem sua experiência imersiva com a comunidade que pretendem alcançar. As gerações Z e Alpha são as criadoras e estão prontas para participar e gerar conteúdo com você; então, como marca, você deve criar essas oportunidades. A varejista de moda norte-americana Forever 21 fez isso. Desenvolveu uma experiência de marca exclusiva para a comunidade na plataforma Roblox, lançada no final de 2021, que permitiu aos usuários da Roblox operar a própria loja Forever 21. Ao criar uma experiência de marca exclusiva e oferecer valor à comunidade Roblox, a varejista atraiu uma grande cobertura na mídia tradicional ao mesmo tempo em que proporcionou a integração entre os espaços físico e digital. De acordo com Justin Hochberg, CEO do Virtual Brand Group, que arquitetou a estratégia e a experiência do metaverso para a Forever 21 por meio da aventura no metaverso, a marca trabalhou ativamente com criadores, designers e influenciadores da Roblox. Isso lhes deu uma plataforma para mostrar e vender os próprios designs. Dentro da loja Forever 21 na Roblox, eles desenvolveram uma seção chamada Collab 21, na qual, todos os meses, os usuários da Roblox conseguem mostrar os próprios designs da marca Forever 21, que outros usuários da mesma plataforma podem comprar. Eles também desenvolveram um jogo do tipo Tycoon, possibilitando aos jogadores projetar e operar a própria loja Forever 21.

Ao contrário da maioria das marcas que exploram esses mundos virtuais atualmente, a Forever 21 planeja permanecer no jogo em longo prazo. Para criar uma interação contínua com a base de usuários, a varejista anunciou o *Forever 21 Day*, lançando novas experiências de marca, como um evento ao vivo no dia 21 de cada mês, com a queda limitada de NFT ou a colaboração com uma marca ou uma celebridade diferente. Além disso, uma das principais características da campanha, que Justin chama de *Infinite Marketing Loop*, é o lançamento de novas coleções da marca simultaneamente nos mundos físico e digital, permitindo que os usuários combinem suas vestimentas no mundo real com a vestimenta de seu avatar, viabilizando a fusão entre a marca física e a digital, criando uma experiência gamificada contínua que conecta os dois mundos.

Essa colaboração contínua com a Roblox valeu a pena para a varejista, resultando em um sentimento positivo de 92%, um engajamento social 20 vezes maior em comparação com outras marcas lançadas na mesma época e 2,5 vezes mais exposição na mídia em 30 dias do que todos os outros esforços feitos pela Forever 21 em 90 dias. Além do mais, o item número 1 da Forever 21, criado pela comunidade, na Roblox vendeu quase 1 milhão de unidades, e a Forever 21 o produzirá como um item físico com custo zero de pesquisa e desenvolvimento.[181]

A experiência da Forever 21 na plataforma Roblox mostra como o marketing mudou com o surgimento do metaverso. A internet imersiva requer uma perspectiva diferente ao atingir o público-alvo. As marcas precisariam repensar a criação de conteúdo, a forma como as pessoas conseguem interagir com ele, além de sua capacidade e os serviços que esse conteúdo oferece. Da promoção da criatividade artística à construção da comunidade, podemos esperar uma ampla variedade de inovações de marketing à medida que passamos do marketing de mídia social para o marketing do metaverso, e que as marcas aprendem novos meios de engajar e informar os consumidores, como a organização de eventos digitais, o lançamento de uma série de NFTs e de produtos digitais, a construção de uma experiência de marca multiplataforma ou, ainda, uma combinação de tudo isso.

Ao lançar uma marca, é recomendável começar por pequenos experimentos. Em 2021, por exemplo, a Taco Bell, rede de fast-food norte-americana, ganhou dezenas de milhares de dólares ao lançar uma série de NFTs.[182] Embora os lucros fossem modestos para a marca já bastante conhecida e os GIFs de um taco não oferecerem nenhum serviço, isso mostrou que, se um restaurante de fast-food consegue vender NFTs de tacos flutuantes e ganhar dinheiro com eles, outras empresas podem criar campanhas NFT exclusivas para oferecer uma experiência de marca a seus usuários.

A Coca-Cola deu um passo adiante e, em julho de 2021, lançou uma coleção NFT que arrecadou US$575 mil em 72 horas em um leilão online. A empresa contou com o poder da marca e a grande comunidade global de entusiastas da Coca-Cola para impulsionar sua coleção e arrecadar dinheiro para caridade. No Dia Internacional da Amizade, a Coca-Cola leiloou quatro NFTs multissensoriais inspirados na amizade por meio do mercado OpenSea. Os itens foram lei-

Criatividade Ilimitada para as Marcas

loados como uma caixa de recompensa, brincadeira com o recurso de videogame bastante popular que envolve caixas misteriosas lacradas. O ganhador não só se tornou o proprietário desses quatro NFTs, como também recebeu uma geladeira física abastecida com garrafas de Coca-Cola e outras surpresas — um ótimo exemplo de um NFT que oferece mais do que apenas uma imagem digital e tem uma utilidade real. O leilão NFT resultou em um intenso burburinho na comunidade de criptomoedas e retratou a Coca-Cola como uma marca inovadora que sabe muito bem onde seus clientes estão posicionados.[183]

Quanto mais uma organização vivencia o marketing do metaverso, melhor a marca entenderá o que funciona bem para ela e para sua comunidade. Qual é a melhor maneira de experimentar o marketing do metaverso senão durante a fashion week no metaverso? A fashion week foi realizada de 23 a 27 de março de 2022 na Decentraland, com desfiles digitais, compras, festas e palestras no mundo virtual. Ao longo dos quatro dias, mais de cinquenta marcas de luxo e digitais entraram no metaverso para uma experiência única.

A Selfridges, rede de varejo do Reino Unido com lojas de departamentos de luxo, exibiu doze vestidos NFT exclusivos de Paco Rabanne, inspirados no pioneiro do movimento Op Art, Victor Vasarely. A exposição imitou uma exposição física que acontecia nessa mesma época em Selfridges, Londres. A casa de moda de luxo Dolce & Gabbana desfilou roupas projetadas especialmente para o metaverso, apresentadas por avatares parecidos com gatos. Muitas outras marcas também venderam itens de moda (digitais) para os visitantes da semana de moda. Marcas como Tommy Hilfiger e Hugo (a marca geração Z da Hugo Boss) fizeram parceria com a startup Boson Protocol da web 3.0 para permitir que os usuários comprassem produtos físicos como NFTs durante a semana.[184] Isso permitiu que eles vestissem o avatar com Tommy Hilfiger ou Hugo Boss enquanto recebiam o item físico em casa, criando uma excelente combinação de itens físico e virtual, convergindo em uma experiência figital. Não foram só as marcas de moda que aderiram ao evento; a marca de beleza Estée Lauder também participou, distribuindo 10 mil wearables digitais como NFTs, produzidos com base em seu famoso Night Repair Serum, deixando os avatares com uma aura luminosa e um brilho dourado.[185]

Como aconteceu na Decentraland, o evento foi baseado em blockchain, garantindo a interoperabilidade dos NFTs que os usuários compraram. As avaliações dos participantes, no entanto, indicaram que os gráficos estavam abaixo da média e houve muitas falhas em comparação com outros desfiles de moda digitais, em virtude de a Decentraland ser baseada em blockchain e ter restrições nos recursos de design 3D.[186] Apesar dessas falhas, mais de 100 mil participantes exclusivos participaram da semana de moda digital e viram uma grande variedade de marcas experimentando o marketing metaverso e NFTs de modos totalmente diferentes. Se feito da maneira correta, os NFTs podem ser uma ferramenta de marketing fantástica; as marcas que aderiram à semana de moda do metaverso aprenderam lições valiosas sobre como se conectar com a geração Z e a geração Alpha no metaverso.

O marketing do metaverso tem tudo a ver com oferecer uma experiência que gira em torno de uma narrativa. Contar uma história sempre foi o foco das marcas e como elas se conectas com os consumidores. Em um ambiente digital imersivo, a narrativa em torno de um ativo digital é tão importante quanto o próprio ativo. Devido às possibilidades quase infinitas no mundo digital, as marcas têm a oportunidade de criar conteúdo exclusivo e envolvente, deixando as pessoas felizes. Citando Don Draper mais uma vez: "A publicidade é baseada em uma coisa: felicidade." É isso que mantém as pessoas engajadas e desejando pertencer a uma marca ou a uma comunidade. É sobre as ideias por trás da marca, que determinam o sucesso e o impacto na reputação e nos resultados dela.

Criatividade, Comunidade e Cocriação

Embora seja um excelente canal para se conectar com os clientes e vender produtos, o metaverso não deve ser usado como uma distopia publicitária, em que as marcas estão por toda parte e tudo se transforma em commodities. As empresas precisam pensar muito no que fazer e como se conectar com os clientes para não afastá-los. Para marcas grandes como McDonald's, Nike, Gucci ou Coca-Cola, é mais fácil conseguir isso, porque elas já têm uma comunidade. As marcas novas e menores primeiro devem focar construir e expandir uma comunidade antes de se aventurar no metaverso (a menos que seja uma marca nativa do metaverso, é claro). Elas devem evitar, principalmente, anunciar que estão aderindo ao metaverso. Afinal, se copiarmos as práticas publicitárias da web 2.0 para o metaverso, a próxima versão da internet certamente se tornará um pesadelo publicitário. A quantidade de dados disponíveis aumentará exponencialmente, permitindo

Criatividade Ilimitada para as Marcas

anúncios ainda mais personalizados e intrusivos que o seguem aonde quer que você vá — seja em RV ou usando RA —, quando for fazer compras no mundo físico. Desde outdoors surgindo bem na sua frente se você olhar por mais de dois a três segundos, comerciais interrompendo constantemente o filme volumétrico a que você está assistindo em RV, até a publicidade imersiva persuasiva na qual personagens humanos com IA se aproximam de você a todo momento com um anúncio enquanto você está tocando a vida,[187] um metaverso otimizado para publicidade não é algo que devemos querer ou aceitar. Claro, haverá publicidade no metaverso, mas esta precisa estar alinhada com a experiência. Se outdoors interativos aparecerem no meio do jogo Fortnite, por exemplo, eles distrairão os jogadores, deixando-os irritados. Por outro lado, experiências de marca ou campanhas divertidas de batalhas, como aquela da rede de restaurantes Wendy, podem ser mais bem-sucedidas. Os bloqueadores de anúncios também existirão no metaverso, assim como existem na web atual, mas precisam avançar muito para conseguir bloquear todas as mensagens patrocinadas. A melhor abordagem seria recompensar os usuários por sua atenção, oferecendo uma experiência única, em vez de empurrar mensagens da marca bem na nossa cara (virtual).

Um case interessante sobre como as marcas podem promover sua mensagem é a parceria entre o Bored Ape Yacht Club (BAYC) e a Adidas. O BAYC é uma coleção de 10 mil NFTs Bored Ape, sendo que cada um funciona como um cartão de membro do Yacht Club, que dá acesso a benefícios exclusivos. O BAYC fez um enorme sucesso e o Ape mais caro, o Bored Ape #8817, foi vendido por US$3,4 milhões em outubro de 2021.[188] Um dos motivos pelos quais esses JPEGs são tão caros é que vêm com um serviço (outros são a novidade dos NFTs, seus proprietários famosos etc.). O mais importante é que, ao contrário da maioria dos NFTs, eles dão ao proprietário os direitos autorais para monetizar o Bored Ape. No Capítulo 7, veremos que poucos NFTs vêm com direitos autorais e, muitas vezes, os proprietários compram nada mais do que um token que direciona para o local em que o JPEG está armazenado. O resultado disso é que muitos proprietários do Bored Ape já começaram a monetizá-lo, incluindo a banda Bored Ape Yacht Club, criada por Celine Joshua e Jimmy McNeils em colaboração com a Universal Music Group. A banda, chamada KINGSHIP, é formada por quatro Bored Apes; eles lançarão músicas novas, produtos que podem ser adquiridos pelos fãs, produtos voltados para a comunidade da NFT e outras experiências para criar engajamento entre artista e fã.[189] Na mesma época, a Adidas também comprou um Bored Ape, dando início a uma parceria com algumas das personalidades mais conhecidas do mundo NFT. O Bored Ape da Adidas estava vestido com roupas da marca, para posicioná-la na vanguarda da criatividade.[190] A Adidas disponibilizou essas roupas digitais como NFTs, oferecendo aos proprietários seu equivalente físico para combinar com itens digitais. Além disso, anunciou uma sede digital no Sandbox, bem como uma parceria com a Coinbase, onde provavelmente também venderá suas roupas esportivas digitais como NFTs.[191] Sua campanha se chama *Into the Metaverse*, e, ao combinar uma variedade de pontos de contato, a Adidas atraiu muita atenção da mídia e posicionou-se como uma marca líder de pensamento e inovadora.

A Adidas não foi a única grande marca esportiva que entrou no metaverso. A Nike também abraçou o metaverso completamente. A empresa começou desenvolvendo uma experiência digital totalmente imersiva conectada a uma oferta física. De 4 a 11 de fevereiro de 2021, os clientes que visitaram a Casa de Inovação da Nike em Nova York puderam explorar uma criação virtual do Smith Rock State Park, em Oregon. A experiência foi limitada às quatro paredes da empresa, com o uso de geofencing, mas possibilitou que os visitantes tivessem uma experiência de RA ao usar seus telefones.[192] As atividades dentro do espaço foram feitas da maneira mais interativa e divertida possível, para intrigar os clientes, contar e entregar uma história de maneira digital, por meio do uso da RA e da leitura de código QR. No final do mesmo ano, a Nike trouxe elevou isso a outro nível ao abrir sua sede virtual na Roblox, chamada NIKELAND. Essa experiência virtual permite que os fãs da marca se conectem entre si, criem e compartilhem experiências, além de competir no mundo virtual. Inspirada na sede real da Nike e com base em experiência anterior, a empresa desenvolveu um mundo que é uma mistura dos mundos físico e digital. Os usuários são incentivados a correr no mundo real, e a atividade física é traduzida em movimentos específicos no jogo Roblox.[193] Os usuários também conseguem comprar produtos digitais da Nike para o avatar Roblox, principalmente após a compra do fabricante de tênis virtual RTFKT pela Nike, no final de 2021.

Os exemplos apresentados neste capítulo mostram que abraçar o metaverso desde o início e colaborar com a comunidade do metaverso valeu a pena para as marcas, pelo menos no quesito "atenção da mídia". O futuro do marketing é criar um enredo que abranja as diversas comunidades e os mundos virtuais, transformando-os em uma narrativa única. O metaverso está relacionado à criatividade, à comunidade e à cocriação, sendo que a cocriação pode ajudar as marcas a promover maior fidelidade e engajamento ao envolver os clientes no processo de criação de produtos, como aquele realizado pela Forever 21 e habilitado pelo Fabricant Studio. As gerações Z e Alpha esperam que as marcas se tornem parte de sua comunidade sem assumir o controle sobre elas ou inundá-las com anúncios unidirecionais. É uma abordagem que envolve diversas camadas e que exige das organizações um tipo de pensamento fora da caixa ao abordar os consumidores.

No metaverso, todas as marcas devem reconsiderar suas atividades de marketing ou arriscar seguir o caminho do gramofone. Elas devem aproveitar a oportunidade para deixar de pagar para exibir anúncios e, em vez disso, investir o dinheiro na construção de um relacionamento com sua comunidade: para cocriar, engajar e estabelecer experiências de marca únicas que ofereçam serviços e estendam a experiência física para o mundo digital e vice-versa. Será um esforço colaborativo entre marcas e clientes, e as marcas que incluírem seus clientes no processo criativo vencerão.[194]

Capítulo 6

Conectividade Empresarial Exponencial

Um Mundo em Mudança

Embora a pandemia tenha despertado medo, raiva, desespero e tristeza no mundo, também mudou drasticamente a forma como trabalhamos. Assim que começaram os lockdowns, setores inteiros migraram para o trabalho remoto praticamente da noite para o dia e, para surpresa de muitos, sem grandes problemas, mantendo a economia global funcionando após o choque inicial.

Para muitos, trabalhar em casa se tornou o novo normal. Reuniões e eventos passaram do mundo físico para o digital. De repente, funcionários tiveram que ser integrados via Zoom ou Teams, investimentos precisaram ser feitos sem nenhum contato com seus investidores pessoalmente e assembleias gerais anuais precisaram ser transferidas para a esfera digital. Ainda que para muitos millennials e baby boomers esta fosse uma experiência completamente nova, conectar-se ao mundo virtual já era prática comum para a geração Z e a Alpha. Elas cresceram no mundo digital; estão socializando, interagindo, negociando, jogando, festejando, flertando, trabalhando, experimentando, apresentando e colaborando em mundos virtuais fechados, como Roblox, Minecraft ou Fortnite. Nos próximos anos, essas gerações farão parte da força de trabalho, principalmente a geração Z, e esperam uma maneira diferente de trabalhar; eles não estarão dispostos a aceitar um trabalho em que tenham que ficar dentro de um cubículo em período comercial.

Em maio de 2021, em meio à pandemia, Anthony Klotz cunhou o termo "a grande demissão"[195], também chamada de *big quit*. Com base em sua pesquisa, o professor associado de administração da Texas A&M University percebeu que a pandemia fez com que as pessoas refletissem sobre a vida. Mais pessoas começaram a valorizar o tempo em família ao experimentar os benefícios do trabalho remoto, com a redução do tempo de deslocamento e a capacidade de focar em projetos voltados para suas paixões. Os millennials passaram a pensar mais como a geração Z e a sentir necessidade de um ambiente de trabalho mais digital, que lhes permita ter controle total sobre a própria vida.[195]

Esse despertar em meio a uma pandemia resultará em mais pessoas decidindo seguir suas paixões. Aquelas que se demitiram dos empregos atuais e estão buscando um novo não exigem mais que ele seja na cidade onde moram. Isso é bom para elas, porque, de repente, o mundo se torna sua ostra. No entanto, o mesmo se aplica às empresas que adotam o trabalho remoto, porque, para elas, se abre um pool de talentos muito maior e global. Os empregadores têm acesso a mais funcionários de qualquer lugar do mundo e podem, inclusive, optar por substituir algumas funções pela IA ou pela robótica cada vez melhores, dependendo do trabalho. As empresas que desejam continuar a atrair pessoas talentosas, no entanto, precisarão mudar sua cultura e suas práticas de trabalho.

Uma vez que não se restringem só ao que está disponível na vizinhança geográfica, os funcionários podem se tornar mais seletivos e adotar o estilo de vida nômade digital, principalmente quando as criptomoedas se tornarem a regra, daqui a alguns anos. Eles poderão ser pagos em criptomoedas em qualquer lugar do mundo e de maneira instantânea. Um nômade digital que recebe um salário, por exemplo, dos Estados Unidos ou do Reino Unido, mas mora em um país em desenvolvimento vale muito mais para aquele país do que dezenas de turistas que vêm visitar por somente alguns dias, gastam uma quantia limitada de dinheiro, voltam para casa e, por vezes, ainda causa os problemas que os turistas geralmente causam. O trabalho remoto tem muitos benefícios, mas o que impede as

Conectividade Empresarial Exponencial

pessoas de optar por esse estilo de vida é o medo de perder amigos e familiares. Mas isso está prestes a mudar na década seguinte.

À medida que o metaverso entra em ação, as tecnologias de trabalho remoto se tornam mais avançadas e intuitivas, fazendo da colaboração e da socialização com amigos e familiares na estrada digital algo muito mais confortável do que usar as versões atuais do Zoom ou do Teams. E à medida que as tecnologias ficarem melhores, o *trabalho de qualquer lugar* substituirá o trabalho em casa (o modelo híbrido), primeiro para aqueles que trabalham com ensino e treinamento, que já se acostumaram com esse novo cenário, e depois também para a equipe operacional, à medida que os gêmeos digitais e as ferramentas de RV e RA se desenvolvam o suficiente para operar perfeitamente uma usina de hidrogênio ou, até mesmo, uma fábrica inteira no conforto de uma ilha tropical. Mas antes que possamos nos acomodar naquela confortável cadeira de praia para assistir ao pôr do sol enquanto trabalhamos, as organizações precisam mudar sua mentalidade e cultura e abandonar o modelo *trabalhe daqui*.

Se quiserem permanecer relevantes para a força de trabalho futura, todas as organizações, mesmo aquelas que preferem permanecer presas ao velho paradigma, não terão escolha a não ser mudar. Estamos no início de uma mudança sísmica global em relação ao trabalho, em que a big quit pode se tornar um catalisador para um mundo em que as pessoas estão mais qualificadas, podem decidir ganhar dinheiro jogando em vez de trabalhar e podem, ainda, fazê-lo de qualquer lugar, no momento em que quiserem. Pieter Levels, empreendedor serial e um famoso nômade digital, prevê que, em 2035, haverá 1 bilhão de nômades digitais, graças a melhorias significativas nas tecnologias, incluindo 6G e viagens supersônicas.[196] Embora já possa existir 1 bilhão de nômades digitais, certamente veremos um aumento nos próximos anos.

Assim que as viagens voltarem a ser tão perfeitas quanto costumavam ser, pós-pandemia, o *trabalho de qualquer lugar* mudará a maneira como viajamos, vivemos e trabalhamos. Além disso, quando o metaverso tiver uma equipe operacional, as ferramentas de colaboração digital farão com que o trabalho remoto seja tão simples quanto o trabalho no escritório. Os headsets RV avançados e os óculos de RA serão usados em reuniões híbridas, nas quais os colegas que fazem a chamada usando a realidade virtual aparecerão como projeções holográficas nos óculos de RA daqueles que se encontram pessoalmente na reunião. Ao mesmo tempo, usando uma versão futura da tecnologia True View da Intel, descrita no Capítulo 4, os colegas que se encontrarem pessoalmente serão copiados para a realidade virtual como avatares hiper-realistas, incluindo movimentos e expressões faciais, viabilizando a colaboração híbrida que imita as reuniões físicas do passado. Bem-vindo ao metaverso empresarial e ao futuro do trabalho.

O Futuro do Trabalho Imersivo

Tecnicamente, o termo *metaverso corporativo* não é correto. Afinal, existe apenas um metaverso. Por falta de uma palavra melhor, optei por usar esse termo para indicar a diferença entre o metaverso usado pelos consumidores para diversão, jogos, compras e entretenimento *versus* o metaverso usado pelas organizações para possibilitar o trabalho e a colaboração no tempo e no espaço.

Embora todo o entretenimento no metaverso nos encha de endorfina e mais dopamina do que as mídias sociais, para o bem ou para o mal, a versão corporativa pode tornar o trabalho mais divertido e, principalmente, mais eficiente. De fato, do ponto de vista corporativo, já estamos vivendo na versão 0.1 do metaverso, com o Zoom e o Teams meio que mesclando os mundos físico e digital e com ferramentas colaborativas, como Slack ou Miro, permitindo a colaboração digital. Podemos incluir novos fenômenos, como a fadiga causada pelo uso do Zoom, um tipo de cansaço ocasionado pelas muitas horas em frente a monitores, da carga de trabalho cognitiva, da mobilidade física restrita e da autoavaliação ao se ver constantemente em uma tela em tempo real.[197] No entanto, são apenas janelas para a realidade um do outro, e não uma convergência completa dos mundos físico e digital. Não existe uma experiência imersiva, embora tanto o Zoom quanto a Microsoft tenham anunciado esse tipo de experiência virtual. Quando se trata da maioria das ferramentas disponíveis atualmente, todas são um pouco planas (2D) em vez de imersivas (3D).

Se as organizações forem obrigadas a adotar o metaverso conforme sua disponibilização online, funcionários qualificados serão a norma. Chegamos a um ponto de inflexão, em que o funcionário qualificado se torna a norma e se beneficia de uma ampla variedade de tecnologias, incluindo as imersivas, como RV ou RA, além das incríveis tecnologias de inteligência artificial, robótica ou gêmeos digitais. Uma força de trabalho aumentada é uma mistura entre trabalhadores humanos e tecnologia, com ambos colaborando perfeitamente em busca de um resultado melhor.[198] Esse será o futuro do trabalho, mais eficaz e eficiente; ou seja, menos funcionários podem fazer a mesma quantidade de trabalho, o que aconteceu durante a pandemia. É uma narrativa que apareceu após quase todas as crises. Quando a crise passa e os negócios voltam ao normal, a produção econômica geralmente se recupera, mas as pessoas demitidas não são recontratadas.[199] Ou seja, as empresas encontram outras maneiras de restaurar a produção e, cada vez mais, dependem de tecnologia em vez de humanos, o que hoje está ainda mais acelerado devido à big quit.

Uma mão de obra aumentada é uma coisa; substituir toda a força de trabalho é outra. Nos próximos anos, veremos uma explosão de robôs trabalhando em fábricas, no varejo, na agricultura, em empresas de viagens e setores voltados para serviços. No início de 2022, John Deere, a fabricante de equipamentos agrícolas, anunciou o primeiro trator totalmente autônomo do mundo para uso em larga escala, prometendo agricultura automática, com um sistema de configuração, e mudando a maneira como cultivamos as colheitas.[200] Há anos, a automação e a robótica mudaram uma variedade de setores, incluindo manufatura, processamento, energia e mineração, por exemplo, mas essa crise será um catalisador de mais automação, visto que os lockdowns forçaram as empresas a encontrar maneiras diferentes de manter os negócios funcionando.

Poucos meses após a pandemia, as empresas na China, por exemplo, já estavam procurando maneiras de retomar a produção com robôs em vez de funcionários.[201] Robôs não adoecem, trabalham 24 horas e não exigem distanciamento social. À medida que a transformação digital é levada ao extremo, veremos cada vez mais fábricas totalmente automatizadas, com sistemas que não necessitam de luz — as chamadas de fábricas escuras —, porque os humanos não farão mais parte do processo de fabricação. O custo de construção será alto, porém, uma vez que estejam funcionando, trarão retornos financeiros exponenciais devido à ausência de funcionários humanos custosos.[202] Para o pleno funcionamento de uma fábrica escura, basta um gêmeo digital avançado — ou seja, essas fábricas também fazem parte do metaverso, pelo menos a parte fechada e segura delas.

Embora as fábricas escuras façam parte do futuro do trabalho, o metaverso oferece mais oportunidades ao colaborar entre humanos (e IA), incluindo brainstorming, reuniões, design e cocriação, que, em um futuro próximo, incluirão principalmente reuniões em realidade virtual com avatares de desenho animado sem pernas. Apesar de algumas empresas terem migrado para a forma híbrida de trabalho remoto após a pandemia (por exemplo, três dias no escritório e dois em casa), quando as tecnologias se tornarem poderosas o suficiente para permitir experiências digitais hiper-realistas, híbridas, haverá mais profissionais de treinamento interessado em trabalhar de qualquer lugar em tempo integral.

Uma empresa que já migrou para a realidade virtual é a agência de marketing australiana In Marketing We Trust. A empresa totalmente remota tem funcionários que vivem em catorze países diferentes. Em 2021, quando a pandemia os obrigou a cancelar a reunião anual pela segunda vez consecutiva, eles decidiram presentear todos os funcionários com um headset RV e organizar a conferência em realidade virtual. Segundo Paul Hewett, fundador da empresa, as conferências têm três objetivos: criar uma experiência de aprendizado, proporcionar às pessoas uma experiência cultural e entreter, tudo com o objetivo de se conhecer e trabalhar melhor. Eles replicaram os três objetivos em realidade virtual. Para aprender uns com os outros, usaram a plataforma Horizon Worlds, do Facebook, para as reuniões e apresentações, e acessaram a Rec Room, para relaxar e jogar em RV. Ao todo, eles passaram três dias inteiros juntos em uma realidade virtual, o que se transformou em uma experiência cultural única. Todos os funcionários tinham o próprio avatar, e, por meio de áudio espacial, as atividades funcionaram tão bem quanto normalmente aconteceriam no mundo físico. De acordo com Paul, foi uma experiência imersiva e envolvente, sem o tédio das reuniões online pelo Zoom.

Uma das coisas que aprendi com essa conferência virtual de três dias foi a capacidade que os humanos têm de se sentirem conectados mesmo como um avatar na realidade virtual. A única coisa de que sentiram falta foi o momento das refeições. Embora tenham pedido jantar e bebidas para todos, compartilhar uma refeição é melhor física do que virtualmente, pelo menos até agora, que a tecnologia não é tão avançada e ainda não envolve restaurantes holográficos, conforme descrito na história fictícia do início deste livro. O evento em si foi um sucesso tão grande que agora eles também realizam as reuniões estratégicas na realidade virtual.

Apesar de o metaverso ainda estar em construção, empresas como a agência de marketing de Paul mostram o potencial que essas tecnologias imersivas apresentam às organizações ao colaborar e se conectar, independentemente de onde os funcionários residam. Segundo um relatório de 2018 da Capgemini, oito em cada dez empresas que implementam RA/RV indicaram que os benefícios operacionais do uso dessas tecnologias excedem suas expectativas. Os primeiros adeptos mostraram, em média, um aumento de 57% na eficiência, de 55% na segurança, de 52% na produtividade e uma redução de 47% na complexidade.[203] Isso foi alguns anos antes da pandemia e, desde então, as tecnologias se desenvolveram muito. Por exemplo, agora é possível criar um brainstorming bastante elaborado por meio da realidade virtual. A NeosVR construiu uma ferramenta de mapeamento mental de realidade virtual em que os usuários estão, de fato, dentro do mapa mental que estão criando. O mapa mental tradicional já é capaz de melhorar o aprendizado e a retenção em até 15%.[204] Imagine então estar dentro do mapa mental real e poder adicionar todos os tipos de elementos, como vídeos, arquivos de áudio, fotos e apresentações, e expandir o mapa mental virtual. É uma forma completamente nova de trabalhar e colaborar quando se opera em um espaço 3D digital e colaborativo. Essas ferramentas imersivas permitem brainstorming e resolver problemas de modo mais inteligente, embora apresentem uma curva de aprendizado bastante inclinada para usar um quadro branco no Horizon Workrooms ou no Glue. É uma nova habilidade que precisamos aprender, mas, uma vez dominada, é muito mais intuitiva do que usar uma placa Miro 2D, por exemplo, principalmente quando os colegas estão geograficamente distantes.

Um mapa mental imersivo pode funcionar bem em sessões de brainstorming, porém o espaço infinito disponível na realidade virtual apresenta uma grande vantagem em geral. Com a tendência cada vez maior do trabalho remoto, grandes empresas em todo o mundo estão fechando ou reduzindo os escritórios caros nas melhores localidades, o que pode ter um impacto direto na subsistência dos bairros comerciais centrais das maiores cidades do mundo. Uma vez que os headsets RV e os óculos de RA estão cada vez melhores em capacidade e conforto, em um futuro não muito distante, os funcionários poderão ativar um local de trabalho virtual ou se teletransportar para um escritório virtual. As pessoas conseguirão ficar juntas enquanto estão separadas e, caso você precise se concentrar por um tempo, o simples clique de um botão ativará um campo *Não perturbe*, impedindo qualquer interrupção, mesmo estando presente no ambiente.

No escritório virtual do futuro, em vez de um notebook ou uma mesa física com duas telas, os funcionários poderão ter um número ilimitado de monitores ou quadros brancos enquanto trabalham em um ambiente virtual ilimitado. Antes do final desta década, os headsets RV terão uma resolução muito melhor do que hoje, serão mais fáceis de usar e não tão cansativos. Não precisaremos mais de notebooks, pois simplesmente iniciaremos a estação de trabalho em RV ou RA para começar a trabalhar de qualquer lugar. No início, parecerá estranho ver alguém olhando para o nada, tocando o ar, em um teclado invisível, para organizar seu trabalho. Por outro lado, nos acostumamos a ver as pessoas rolando a tela em seus smartphones, muitas vezes na companhia de outras pessoas, então tenho certeza de que não demorará muito para que os cafés estejam cheios de pessoas fazendo exatamente isso.

No metaverso, os funcionários podem estar em qualquer lugar e digital ou fisicamente no mesmo escritório, em salas de reuniões, conferências ou, até mesmo, no bebedouro, envolvidos em alguma fofoca de escritório. O futuro do trabalho é imersivo e, como o metaverso é permanente, o escritório digital estará logo ali e será parecido com o escritório físico. Basta acessar e começar a trabalhar. A contratação de funcionários também mudará drasticamente, assim como a oferta de trabalho disponível.

O Mercado de Trabalho no Metaverso

Quando os atuais criadores do Roblox e do Minecraft entrarem na universidade ou no mercado de trabalho do futuro, terão uma mentalidade e um conjunto de habilidades diferentes dos millennials, que fizeram parte da transição do analógico para o digital. Eles não só esperam trabalhar a qualquer hora e em qualquer lugar, mas, em virtude de todos os anos explorando, jogando e criando novos mundos digitais juntos, muitos terão fortes habilidades colaborativas, criativas e de resolução de problemas. Felizmente para eles, a forma como trabalhamos mudará à medida que a convergência de tecnologias permitirá que os humanos foquem aquilo em que são bons: resolver problemas juntos de maneiras criativas, enquanto a IA focará as tarefas mundanas e repetitivas. Os nativos do metaverso, que cresceram em meio a mundos virtuais e experiências aumentadas, estão plenamente conscientes do potencial da internet imersiva e querem ser tratados como tal, incluindo flexibilidade de local e maneiras de realizar o trabalho.

Então, ao contratar talentos da geração Z, por que não conhecê-los nos mundos virtuais com os quais eles estão familiarizados? Isso é exatamente o que a Samsung e a Hyundai estão fazendo. No verão de 2021, a Hyundai organizou uma feira de empregos em uma plataforma chamada Gather Town, um videogame de visão panorâmica que também funciona como plataforma de webconferência. Eles também organizaram a introdução de novos funcionários no Zepeto, um mundo virtual acessível por meio de dispositivos móveis, com cerca de 150 milhões de usuários e predominantemente ativo na Ásia. Projetado para desenvolver intimidade mútua e unir novos funcionários, o programa de indução foi bem recebido pelos novos funcionários que tiveram que iniciar o primeiro emprego de maneira remota devido à pandemia.[205] A Samsung Electronics reuniu potenciais candidatos ao emprego e gerentes de recursos humanos na plataforma Gather Town, para que seus avatares se encontrassem e aprendessem como é trabalhar para a empresa.[206]

Feiras de emprego virtuais e programas de indução não são as únicas atividades de RH no metaverso. Contratar futuros funcionários nas plataformas que você usará ativamente pode ser muito benéfico. O diretor de arte Richard Chen, cujo projeto de arte Space Bugs de 3 mil NFTs esgotou em seis horas em novembro de 2021, encontrou seus 25 gerentes de comunidade em plataformas como Discord, Telegram e Clubhouse.[207] Contratar por meio de plataformas virtuais também pode ser muito mais inclusivo. Afinal, no metaverso, você pode ser quem quiser com seu avatar, fazendo com que o pessoal do RH seja menos tendencioso e não o julgue por sua origem, religião, raça ou vestimenta.

Os funcionários contratados também exigem treinamento e, conforme discutido no Capítulo 4, os treinamentos são um dos principais aplicativos de realidade virtual. Os treinamentos de realidade virtual são uma solução eficaz, seja ensinando aos novos funcionários os padrões e os requisitos de segurança, expondo-os a situações perigosas ou estressantes virtualmente ou explicando o funcionamento de equipamentos complexos. Mas isso não é novidade, as companhias aéreas já usam simuladores de voo há anos; no entanto, como os preços dos headsets estão caindo, isso agora se tornou acessível a todas as empresas. Um exemplo é a cadeia de fast-food KFC, que usa realidade virtual, uma escape room RV, para ensinar aos novos funcionários os conceitos básicos de como fritar frango em dez minutos, reduzindo em 50% o tempo de domínio da tarefa e proporcionando uma experiência divertida.[208] Além desses casos de uso mais simples, o treinamento em realidade virtual também pode ser usado para ajudar os funcionários a aprender manusear equipamentos sensíveis ou durante operações delicadas. Por meio de um feedback tátil, dados de movimento e aderência adequados podem ser incorporados em treinamentos de RV ou RA bastante precisos, para ajudar os cirurgiões a se aprimorarem em sua atividade.[209]

No curto prazo, o metaverso corporativo oferece às empresas novas maneiras de atrair, contratar e treinar funcionários; no longo prazo, a convergência dos mundos físico e digital resultará em muitos novos empregos. Semelhante à forma como a internet e as mídias sociais resultaram em novas oportunidades de trabalho, muitas que não prevíamos no início da internet, o metaverso criará uma infinidade de novos empregos. Eis alguns exemplos:

- ▲ Agentes de viagens virtuais ou guias turísticos digitais podem ajudá-lo a encontrar e explorar mundos virtuais exclusivos ou gêmeos digitais de cidades do mundo real que você pode explorar.

- ▲ Assistentes de compras virtuais que ajudam a encontrar as melhores roupas para você e seu avatar em um mundo virtual 2D ou 3D.

- ▲ Agentes de atendimento ao cliente digital para ajudá-lo a encontrar tudo o que precisa no metaverso. Eles podem até ajudar com o acesso a eventos virtuais.

- ▲ Designers de moda de avatar criando os mais recentes itens de moda digital dinâmicos para seu avatar.

- ▲ Agentes de segurança do metaverso para impedir que as pessoas se comportem mal, assunto que exploraremos no Capítulo 8.

Conectividade Empresarial Exponencial

- ▲ Arquitetos virtuais 3D para desenvolver edifícios para os vários mundos virtuais ou para ajudá-lo a projetar e construir sua casa no mundo físico.
- ▲ Engenheiros de áudio espacial para garantir que os grandes eventos interativos ao vivo ofereçam uma experiência de áudio única.
- ▲ Narradores e jornalistas imersivos do metaverso, reportando tudo de dentro dele.
- ▲ Animadores virtuais 3D, semelhantes aos famosos personagens da Disney, mas exclusivamente no mundo virtual.

Esses são apenas alguns dos trabalhos mais óbvios que podemos esperar no metaverso, além de muitos outros que ainda não conseguimos prever, como aconteceu em diversos momentos de transformação. Muitos desses empregos existirão somente na esfera virtual, viabilizando que as pessoas trabalhem de maneira remota e se desloquem para o trabalho ao colocar seus headsets. Embora haja diversos benefícios, isso também coloca os funcionários em desvantagem em relação à organização de sindicatos; ser considerado um funcionário em vez de um freelancer será outro desafio, semelhante ao que aconteceu com motoristas de Uber e entregadores de comida, principalmente se você trabalha para uma empresa transfronteiriça que existe só no metaverso e tem uma empresa de fachada como sede administrativa em um país no qual as regras não são tão rigorosas.

Como Começar

Ainda que demore anos até que um ambiente de trabalho totalmente imersivo, integrado e digital seja possível, não começar a explorar as oportunidades de um ambiente de trabalho híbrido hoje pode ter efeitos prejudiciais no longo prazo. A maioria das grandes marcas já está explorando o metaverso e, sem dúvida, cometendo erros; ou seja, recomenda-se começar a entender como o metaverso corporativo pode beneficiar seus negócios.

As organizações que querem explorar o metaverso devem começar com pequenos experimentos, como realizar uma feira de empregos virtual, recriar sua sede para as pessoas explorarem virtualmente ou reuniões e eventos em realidade virtual por meio do Horizon Worlds, do Teams, do AltspaceVR ou de qualquer uma das outras plataformas virtuais disponíveis. Isso possibilitará que as organizações aprendam depressa o que funciona e o que não funciona para elas. No final, o metaverso exigirá uma mudança de cultura, adotando o uso de tecnologias imersivas, viabilizando que qualquer pessoa trabalhe de qualquer lugar e quando quiser. O metaverso oferece uma oportunidade única de flexibilizar mais o trabalho, torná-lo inclusivo e acessível a pessoas do mundo inteiro, o que geralmente resulta em maior satisfação no trabalho e maior produção, porém levará tempo e exigirá um esforço significativo dos funcionários envolvidos.

Nos próximos anos, quando as ferramentas digitais se tornarem mais imersivas e aproveitarem ao máximo os recursos da próxima geração de headsets RV e óculos de RA, analisaremos as ferramentas colaborativas 2D e os mundos virtuais que temos disponíveis hoje e os consideraremos primitivos, da mesma forma como, atualmente, rimos dos primeiros sites da década de 1990 ou dos primeiros aplicativos de 2008.

Gêmeos Digitais

Apesar de o anúncio de Zuckerberg sobre o redirecionamento da empresa colocar o metaverso no centro das atenções do público em geral, fez também com que as indústrias ficassem cautelosas ao falar sobre o metaverso, já que não querem ser associadas ao Facebook. No entanto, o metaverso não é só uma plataforma para se conectar com consumidores, jogar, fazer negócios e colaborar. Trata-se de simular o mundo físico dentro do mundo digital, que pode ser experimentado por meio de RV ou RA, para otimizar o mundo físico. De fato, os gêmeos digitais podem ser considerados um dos blocos de construção do metaverso, aumentando o mundo físico e tornando-o acessível por meio da esfera digital.

A IBM descreve um gêmeo digital como "uma representação virtual de um objeto ou sistema que abrange seu ciclo de vida, é atualizado a partir de dados em tempo real e usa simulação, aprendizado de máquina e raciocínio para ajudar na tomada de decisões".[210] Os gêmeos digitais nos permitem recriar o mundo físico e na esfera digital, inclusive os detalhes mais microscópicos. Com a ajuda de sensores avançados, da IA e da tecnologia de comunicação, essas réplicas imitarão objetos físicos em um ambiente digital, como pessoas, dispositivos, objetos, sistemas e até mesmo lugares. Por meio de sensores que transmitem dados vin-

Conectividade Empresarial Exponencial

culados à funcionalidade e ao ambiente, o modelo virtual retrata com precisão o objeto ou sistema real para sua contraparte digital em tempo real.[211] Qualquer alteração no objeto ou no sistema físico levará a uma alteração na representação digital e vice-versa.[212] Esses dados darão espaço a todos os tipos de novos processos e serviços, como manutenção antecipada, que utiliza a análise de dados para prever quando uma máquina está prestes a quebrar e deve ser consertada antes que pare de funcionar.

Se o mundo físico pode ser considerado a camada 0 do metaverso, os gêmeos digitais são a camada 1 — alguns a considerariam a Internet das Coisas (Industrial). Todos os protocolos executados fazem parte da camada 2. Acima dela, pode haver outras camadas de aplicações, tanto no mundo virtual 2D (como aplicativos móveis) e na realidade virtual como usando a realidade aumentada, que interagem com qualquer uma dessas camadas, que podem ser consideradas como camada 3. Isso pode parecer estranho (por que colocar gêmeos digitais na camada anterior à dos protocolos e aplicativos?), mas os aplicativos são habilitados pelos sensores de gêmeos digitais que coletam dados brutos, e, para termos interação universal com eles, precisaríamos de padrões e protocolos abertos. Os dados (brutos) se movem entre essas camadas, sendo analisados pelas aplicações e enviados de volta para o gêmeo digital, a fim de obter informações adicionais. Combinando, isso agregaria valor a ambos os mundos físico e digital (veja a Imagem 6.1). São os dados que fazem com que os gêmeos digitais sejam dinâmicos. Quanto mais protocolos, como padrões globais, mais valor as aplicações podem oferecer à economia global. Por exemplo, uma cidade pode ser inteligente ao usar gêmeos digitais, garantir que os dados deles sejam facilmente acessíveis por meio de padrões universais; assim, qualquer pessoa é capaz de criar aplicativos que agregam valor às cidades, às empresas e aos habitantes.

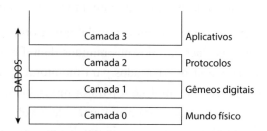

Imagem 6.1: Quatro camadas do metaverso

Todas as aplicações na camada 3 que entregam valor podem ser percebidas como lentes, sendo que cada uma oferece ao usuário uma perspectiva ou uma experiência diferente da realidade. Pode ser uma lente de entretenimento, oferecendo ao usuário arte digital vinculada a determinado local físico; pode ser um aplicativo de monitoramento de uma fazenda solar que permite ao usuário negociar sua energia usando criptografia; pode ser, ainda, uma lente de comunicação, para que os usuários ingressem em uma reunião híbrida usando RV. Pode ser uma lente de manutenção antecipada de motores a jato de um avião ou uma lente elétrica para as autoridades municipais gerenciarem a cidade inteligente. Podem existir inúmeras aplicações e habilidades, assim como lentes. Algumas estarão acessíveis a todos, algumas somente após o pagamento e outras só por meio das credenciais corretas, sendo todas protegidas por meio do blockchain.

Quando se trata da camada 1, existem diferentes níveis de complexidade para gêmeos digitais, cada um com um aumento no número de dados gerados e na entrega de insights. A variante mais simples de um gêmeo digital é a representação digital de um único objeto, como um wearable conectado, um robô simples ou uma máquina em uma fábrica. Esses gêmeos digitais de produtos podem ser usados para projetar novos produtos, analisando o desempenho de um produto e habilitando a prototipagem digital. Os gêmeos digitais de produção que simulam um processo estão em uma camada acima; um exemplo é um processo de fabricação, que consiste em diversos gêmeos digitais de produtos. Os gêmeos digitais de desempenho mais complexos capturam dados de um sistema de objetos, como um avião, ou — um pouco mais avançados — uma fábrica (escura) inteira.[213] A camada seguinte compreende sistemas inteiros de outros sistemas, como cadeias de suprimentos globais ou gêmeos digitais em escala municipal. O mais complexo deles é o gêmeo digital da Terra, desenvolvido pela Agência Espacial Europeia (ESA), que visa construir uma réplica digital dinâmica de nosso planeta.

Em primeiro lugar, os gêmeos digitais possibilitam a otimização de processos por meio de sistemas sincronizados nos mundos digital e real. Os diversos aplicativos da camada 3 podem ser usados para monitorar e analisar um processo ou um sistema, executar simulações para otimizar sua contraparte física ou colaborar com diversas pessoas para prototipar e desenvolver novos produtos físicos. Um exemplo simples seria o gêmeo digital de um carro autônomo. Todas

Conectividade Empresarial Exponencial

as montadoras usam simulações para otimizar o desenvolvimento de carros autônomos mesmo antes da produção. Esses carros digitais já rodaram bilhões de quilômetros e podem, inclusive, colaborar remotamente usando a realidade virtual para otimizar o design do carro, como a Volvo faz.

A Volvo usa a realidade mista para projetar, prototipar e, até mesmo, testar seus carros. Desde 2018, a empresa usa protótipos de headsets de realidade mista de ponta desenvolvidos pela Varjo, fabricante finlandesa de headsets avançados de realidade mista, para pesquisar projetos de carros futuros antes mesmo de eles serem fabricados. O headset de realidade mista permite que os engenheiros conduzam o carro real em estradas reais, enquanto elementos virtuais fotorrealistas são adicionados ao interior do carro. Isso permite que os projetistas repliquem seus projetos em dias, em vez de semanas.[214] A Volvo também utiliza realidade mista para testar projetos totalmente novos de carros futuros antes de serem fabricados, substituindo a necessidade de modelagem em argila cara. De acordo com Christian Braun, vice-presidente de design de arte visual da Volvo, a realidade mista é "o futuro da criatividade", pois possibilita que o fabricante de automóveis adicione ou altere rapidamente elementos de design, revise todos os detalhes e materiais do carro em diferentes condições de iluminação e encontre possíveis erros superficiais com antecedência no processo de design.[215]

A Tesla deu um passo além e criou um gêmeo digital de cada carro que vende. Os sensores no carro monitoram constantemente seu desempenho em tempo real, e esses dados são enviados de volta para o gêmeo digital do carro na fábrica, que os analisa e determina se está funcionando conforme o planejado ou se será necessário fazer uma manutenção em breve.[216]

Não importa quão simples ou complexos sejam os gêmeos digitais, cada um oferece valor e benefícios aos usuários. O valor e o nível de colaboração possível dependem do nível de visualização do gêmeo digital: podem ser simples — análises descritivas, preditivas ou prescritivas — que dão ao usuário insights sobre o status do gêmeo digital e possibilitam alterar os instrumentos para ajustar seu comportamento. As visualizações mais simples consistem em insights analíticos 2D, como gráficos, que podem fornecer informações valiosas sobre o desempenho passado ou futuro do gêmeo digital. No entanto, além de discutir o que isso significa e alterar algumas das variáveis, não é possível muita interação com os gráficos.

A visualização pode ser ainda uma representação visual 2D mais avançada do objeto ou do sistema digital, como ferramentas de AutoCAD usadas por arquitetos e engenheiros. Essas representações 2D avançadas permitem que os usuários visualizem o gêmeo digital de diferentes ângulos e colaborem remotamente a fim de melhorar ou desenvolver ainda mais o gêmeo digital ou sua correlação física. Essas representações visuais em 2D permitiram que os engenheiros do arranha-céu mais alto de Sydney, medindo 271,3 metros de altura e avaliado em US$1,6 bilhão, completassem o edifício da mesa de sua cozinha em meio à pandemia.[217]

A representação visual mais avançada é uma réplica digital 3D detalhada que pode ser explorada ou com a qual é possível interagir dentro da realidade virtual ou por meio da realidade aumentada. As representações digitais 3D possibilitam que os usuários explorem o gêmeo digital de diferentes perspectivas, aprofundem-se em seu funcionamento interno, absorvam insights em tempo real de seus sensores ao coletar dados, façam alterações que refletem em tempo real no mundo físico ou colaborem com outras pessoas para projetar e criar um protótipo digital de um futuro objeto físico, como um carro, ou ainda corrigir um problema físico remotamente. Em geral, quanto mais avançada a representação visual, mais valor pode ser alcançado. O estúdio de design holandês UNStudio usou o motor de jogo Unreal Engine, da Epic, para construir uma maquete virtual do novo parque nacional de futebol sul-coreano. As renderizações imersivas e realistas do parque permitiram que os arquitetos holandeses e a Associação Sul-coreana de Futebol, mesmo geograficamente distantes, colaborassem no projeto por meio de qualquer dispositivo, entrando nos edifícios e obtendo uma boa compreensão de como o parque seria antes mesmo de ser construído.[218]

Embora os gêmeos digitais possam ser usados para fábricas ou projetos, também podem melhorar a colaboração entre equipes dispersas. Em março de 2022, a International Security Alliance — grupo de trabalho internacional dos Ministérios do Interior para aprimorar a cooperação, o compartilhamento de conhecimento e as parcerias em questões de segurança global — organizou o ISALEX 2.0. Organizado pela Dubai World Expo, foi o primeiro exercício de aplicação da lei no metaverso.[219] O evento aconteceu em RV, e o objetivo era evitar um ataque terrorista no país fictício de Brinia. Havia testemunhas que seriam entrevistadas, e foi possível acompanhar o canal de mídia social Brinia (eles usaram a plataforma descentralizada Mastodon, ferramenta de mídia social gratuita e open source). As dez organizações policiais foram apresentadas a cenas de crimes digitais e a evidências físicas, garantindo uma experiência figital.

O exercício foi um sucesso. Segundo o major Hamad Khatir, diretor do Departamento de Operações Internacionais do Ministério do Interior dos Emirados Árabes Unidos, a dinâmica na realidade virtual foi muito melhor do que no Zoom. Além disso, atuar em RV removeu quaisquer barreiras e hierarquias, pois os avatares dos participantes estavam todos vestidos em uniformes-padrão, sem nenhuma classificação. Esse ambiente informal ajudou a quebrar o gelo mais rapidamente e resultou em uma colaboração bem-sucedida, apesar de o exercício ser realizado em muitas culturas e envolver membros da equipe de diversos níveis.

Nos próximos anos, o metaverso pode impactar e muito a aplicação da lei. Segundo o major Hamad Khatir, haverá a possibilidade de os investigadores de todo o mundo capturem, em dados volumétricos, cenas de crimes ou acidentes imediatamente após terem ocorrido — criando um gêmeo digital, por assim dizer, e possibilitando que equipes dispersas tenham acesso, por meio de uma realidade virtual, à cena do crime muito tempo depois de ser limpa. Isso pode melhorar muito a capacidade das equipes e ajudar a evitar futuros ataques (terroristas).[220]

Um dos principais benefícios do uso de realidade virtual, aumentada ou mista em combinação com gêmeos digitais são os benefícios de sustentabilidade. Conforme vimos com o ISALEX 2.0, os agentes da lei de todo o mundo colaboraram sem problemas. Além do mais, designers e engenheiros não precisam mais viajar pelo mundo para consertar uma máquina ou colaborar em um projeto da versão futura de um produto. As barreiras linguísticas entre designers e engenheiros costumavam exigir que a equipe viajasse pelo mundo para explicar algo em detalhes; agora eles podem entrar na realidade virtual e explicar visualmente o que precisa ser feito. E outra, os designers e engenheiros não precisam mais elaborar diversas maquetes e protótipos, pois podem ser criados e analisados virtualmente.

O passo seguinte após construir a réplica digital de uma fábrica seria desenvolver um gêmeo digital de toda uma cadeia de suprimentos. As cadeias de suprimentos globais são processos complexos. Diferentes empresas, com objetivos distintos, estão trabalhando juntas para alcançar um objetivo comum: trazer algo de A para B. Para que uma cadeia de suprimentos funcione, os parceiros precisam confiar uns nos outros. Para isso, existem múltiplas conferências e balanços, extensos documentos e diferentes tipos de planilhas, formando uma teia de processos burocráticos. Conhecendo a quantidade de papelada necessária para enviar um produto da fazenda até o prato, é incrível que tenhamos conseguido desenvolver cadeias de suprimentos globais e mantê-las em funcionamento — até a pandemia. As cadeias de suprimentos em todo o mundo pararam quando a complexa rede de empresas que interagem entre si foi interrompida por lockdowns. O resultado foi a explosão dos preços de transporte, sendo que uma escassez global de chips de IA causou mais estragos em todo o mundo. Os gêmeos digitais, combinados com a tecnologia blockchain, gerarão cadeias de suprimentos mais resilientes e eficientes, criando um entendimento compartilhado do sistema de sistemas, viabilizando que partes diferentes monitorem, analisem e otimizem a cadeia de suprimentos de forma assíncrona. O blockchain pode se tornar o padrão-ouro para cadeias de suprimentos, permitindo o compartilhamento seguro de dados de gêmeos digitais proprietários entre todas as partes interessadas em determinada cadeia de suprimentos e usando contratos inteligentes para substituir processos burocráticos em papel.[221]

Ainda há diversos processos dentro das cadeias de suprimentos que são feitos em papel, por isso é comum se dizer que o envio das flores sai mais caro do que as próprias flores, o que atrasa muito o processo. Claro que, quando se enviam flores para qualquer lugar do mundo, o comprador quer a garantia de que chegarão ainda frescas; se não chegarem, ele espera receber seu dinheiro de volta. Isso pode ser resolvido por meio de um gêmeo digital de produto simples dos contêineres, instalando sensores dentro deles para monitorar constantemente a temperatura e a umidade e armazenando esses dados no blockchain, a fim de garantir que o vendedor não consiga adulterar os dados. Se o comprador e o vendedor fizessem um contrato inteligente, que levaria em consideração os dados dos sensores, o comprador receberia automaticamente um desconto se a temperatura e/ou umidade saísse dos limites pré-acordados.

Outro sistema que se beneficia da convergência de tecnologias é a cidade. Cidades inteligentes em todo o mundo estão explorando como podem se bene-

Conectividade Empresarial Exponencial

ficiar do metaverso para oferecer aos cidadãos uma experiência de vida mais agradável. Governos locais em cidades como Seul, Singapura ou Xangai estão se apressando para otimizar suas cidades por meio do uso de tecnologias digitais e dados em tempo real como parte do movimento de cidades inteligentes.[222] Uma cidade inteligente usa dados de sensores instalados para automatizar e otimizar os muitos processos dentro dela, a fim de torná-la mais habitável. Integrar os diversos gêmeos digitais de uma cidade e disponibilizar publicamente os dados em tempo real gerados por meio desses gêmeos permitiria que o mercado criasse infinitas aplicações, ou lentes, para oferecer às autoridades municipais, às empresas e aos consumidores maneiras únicas de interagir com a cidade.

À medida que esses gêmeos digitais hiper-realistas e precisos em escala municipal ganham vida, possibilitarão que os usuários explorem locais do mundo real e fictícios de maneiras nunca antes possíveis. Imagine usar seu avatar e explorar uma versão digital perfeita de Nova York, Paris ou da Lua do conforto de sua casa. Indo mais além, os usuários podem, inclusive, se mover pela versão do mundo real da cidade, controlando um drone na esfera digital que sobrevoa o mundo real e usando o gêmeo digital da área como um mapa. Imagine controlar um drone no clone digital de Paris que está sobrevoando a Paris do mundo real.

Um dos gêmeos digitais mais complexos é a réplica digital do planeta Terra construída pela ESA. Como vimos, a empresa planeja replicar o mundo físico, detalhadamente, em seu gêmeo digital; isso nos permitiria aplicar a IA e aprender, prever, otimizar e proteger a Terra, compreendendo as consequências da atividade humana na atualidade e no futuro.[223] O gêmeo digital da Terra ajudará a visualizar, monitorar e prever atividades econômicas, sociais e industriais e seu impacto nos ecossistemas biológicos do planeta. Graças à plataforma de simulação e modelagem baseada em nuvem, open source e fácil de usar denominada Destination Earth, os pesquisadores poderão simular os diferentes sistemas interconectados com o comportamento humano, a fim de desenvolver planos para um futuro sustentável do planeta.

Seja por meio do desenvolvimento de gêmeos digitais em escala industrial, em escala municipal ou mesmo planetária, é aí que entra a plataforma Omniverse, da NVIDIA. Ela permite que todas as partes interessadas agreguem valor e interajam com os feeds de dados ao vivo dos gêmeos digitais fabricados. A plataforma de colaboração e simulação de ponta a ponta permite que as organizações tragam, de fontes físicas e virtuais, dados em tempo real com fidelidade total para transformar processos de design complexos e permitir a colaboração imersiva entre humanos ou agentes de IA em tempo real. Segundo Richard Kerris, vice-presidente da plataforma Omniverse, sistemas virtuais complexos podem resultar em economias de custos significativas. "Você pode treinar um número infinito de robôs virtuais dentro do mundo virtual de uma cidade digital. No momento em que o conhecimento for transferido para o robô físico operando em uma cidade física, ele será mais de mil vezes mais inteligente e capaz de navegar no complexo mundo físico. Você pode usá-lo para treinar humanos digitais conduzidos por IA ou carros autônomos digitais a fim de descobrir qual é a melhor maneira de se locomover em uma cidade, ajustando constantemente o layout do mundo virtual para otimizá-lo ou entender melhor o impacto, por exemplo, da mudança climática na habitabilidade das cidades antes de construir a infraestrutura no mundo físico."[224]

O objetivo da ESA é lançar a réplica digital completa dos sistemas terrestres até 2030[225]; até lá, todos os outros gêmeos digitais de fábricas, cadeias de suprimentos e cidades podem ser integrados à réplica digital da Terra, a fim de desenvolver um futuro mais sustentável.

O Papel dos Governos

Claro que governos e organizações internacionais estão envolvidos na criação e no gerenciamento de gêmeos digitais, porém desempenham um papel adicional no metaverso, que exige que os gestores públicos incrementem seu jogo quando se trata de tecnologias digitais.

Os funcionários públicos de diversos países ao redor do mundo têm dificuldade em acompanhar o ritmo acelerado da inovação na esfera digital. Geralmente, eles não compreendem as novas tecnologias (digitais), resultando em regulamentações e leis que demoram muito para torná-las relevantes para o espaço digital e que, muitas vezes, sufocam a inovação em vez de permitir seu desenvolvimento. Quando as novas leis finalmente são anunciadas, o mercado já mudou. É provável que isso não seja diferente com o metaverso, e os legisladores não entendem muito bem seu potencial ou não entendem como as tecnologias emergentes estão convergindo para a próxima versão da internet. Esse problema será amplificado no metaverso, à medida que os limites geográficos se tornarem mais irrelevantes, dificultando o desenvolvimento e a aplicação das regulamentações necessárias para criar um metaverso seguro e inclusivo. Isso é um problema porque requer uma regulamentação para evitar muitos dos perigos à espreita na escuridão, conforme veremos no Capítulo 8.

Além disso, os governos provavelmente precisarão lidar com um ambiente competitivo, incerto e em rápida mudança, em que as empresas são atraídas pela eficiência e pela redução de custos. Atraí-las requer uma atitude diferente e um bom entendimento da aplicação de tecnologias digitais para tornar um governo mais atrativo para as organizações. Com a próxima alíquota mínima global de imposto corporativo de 15%, os governos que aplicarem a tecnologia mais recente para oferecer serviços inovadores para empresas que operam em todo o mundo, como a Estônia com seu programa de residência eletrônica, terão vantagem competitiva no valor de bilhões de dólares, especialmente se uma empresa nativa do metaverso puder ser estabelecida em qualquer lugar globalmente para ser operacional somente no metaverso. Onde seu negócio será registrado? Provavelmente, será no país que oferece maiores benefícios, seja do ponto de vista tributário ou de carga administrativa. Isso já está acontecendo. Em 2021, Wyoming, nos EUA, aprovou uma legislação que permite a existência de DAOs. Portanto, nos próximos anos, veremos governos competindo pelas melhores empresas com base em benefícios fiscais e ganhos de eficiência que podem ser alcançados ao lançar e gerenciar uma empresa nativa do metaverso.

Outra coisa que pode acontecer quando o metaverso se tornar realidade é que, quanto mais entrarmos no metaverso e mais mundos virtuais verdadeiramente imersivos se tornarem a norma, mais eles representarão uma ameaça aos governos e ao conceito de Estados-nação.[226] Se o *trabalho de qualquer lugar* se tornar a regra e você puder ganhar dinheiro em criptografia e residir onde quiser, a lealdade a um só país pode diminuir. No longo prazo, isso mudará a forma como nos identificamos e, em algum momento no futuro, poderemos nos identificar mais com um mundo virtual específico do que com um Estado-nação físico. Já foram lançados governos unicamente digitais, como Asgardia, embora nenhum país os tenha reconhecido. Afinal, por que os reconheceriam? Eles podem ser considerados mais como uma comunidade online (nicho), que representará um pontinho na imensidão que é o metaverso.

Se for esse o caso e as pessoas puderem viver em qualquer lugar, estar constantemente em movimento enquanto ganham dinheiro em criptomoedas e se identificar mais com um mundo virtual do que com uma localidade físico, como isso afetará a tributação e o que fará com o PIB em o mundo real *versus* o PIB no metaverso? E mais: se as pessoas se mudarem para partes do mundo cujo custo de vida é mais baixo, como países em desenvolvimento, poderíamos esperar uma redistribuição da riqueza em todo o mundo. Supondo que haverá 1 bilhão de nômades digitais até 2035 e que o metaverso se torne uma realidade, nesse caso, ele mudará a forma como nos organizamos como humanidade e sociedade, impactando diretamente o papel do Estado-nação e do governo nacional.

Até chegarmos a esse estágio, que está a pelo menos quinze ou vinte anos de distância, surge a questão: qual deverá ser o papel dos governos? Como eles regularão o metaverso e os mundos virtuais que chamarão o metaverso de lar? Por exemplo, se o metaverso for construído em cima de uma réplica digital do mundo físico, os governos mundiais também seriam responsáveis por desenvolver o equivalente a praças e parques públicos acessíveis e inclusivos a todos na esfera digital, sem permitir atividades comerciais neles, na tentativa de atrair o consumidor? Se todos os mundos virtuais no metaverso são controlados por entidades comerciais ou comunidades descentralizadas (de nicho), como isso impactaria a sociedade e excluiria algumas pessoas? Entidades centralizadas podem decidir limitar a liberdade de expressão, enquanto as descentralizadas enfrentarão desafios para impedir que conteúdos nocivos, como desinformação, sejam publicados. Como isso afetaria nosso direito de ter e de controlar nossos dados ou o direito de se posicionar contra certas políticas ou ações de líderes dos mundos virtuais? E como os governos podem impor algo ou abusar disso? Ainda há muitas questões a serem respondidas, e a pesquisa acadêmica pode contribuir para a obtenção das respostas.

Os governos garantirão os direitos humanos no metaverso ou apenas no mundo físico? Como isso funcionaria? Para muitos, a realidade virtual também faz parte da realidade, de acordo com o filósofo David Chalmers em seu novo livro *Reality+*[227] [Além da Realidade, em tradução livre]. Os avatares deveriam ter direitos fundamentais semelhantes aos das pessoas? Como os governos imporiam isso, ou valeria apenas ao mundo físico? Uma coisa está clara: o metaverso é muito mais do que a próxima versão da internet. Poderia muito bem resultar em uma reordenação completa da sociedade global, afastando os Estados-nação para um estilo de vida mais nômade e digital, mudando o conceito tradicional de sociedade, o que leva à questão do que significa ser um humano real vivendo no metaverso.

Capítulo 7

A Economia do Criador

A Economia Vibrante do Metaverso

A descentralização desempenhará um papel específico e fundamental no metaverso: viabilizar a existência de uma prova segura de propriedade combinada com uma proveniência imutável. Pela primeira vez na história, sem dúvida, conseguimos provar que alguém tem determinado ativo digital, incluindo o histórico dele, graças aos NFTs, que introduzem direitos de propriedade digital verificáveis em um mundo de abundância. Isso abrirá espaço para a economia vibrante do metaverso.

De modo semelhante ao mundo real, os direitos de propriedade são essenciais para que uma economia cresça, pois, uma vez que é possível provar a posse de um ativo, também se torna possível monetizá-lo. A prova digital de propriedade protege os direitos do proprietário, garante o cumprimento automático de todas as partes de um contrato por meio do uso de contratos inteligentes, permite a transferência instantânea e correta do ativo e evita fraudes, porque os registros são verificáveis, imutáveis e rastreáveis. De acordo com o economista peruano Hernando de Soto, conhecido por seu trabalho sobre economia informal e fundador do Instituto para a Liberdade e a Democracia: "Com títulos, ações e leis de propriedade, as pessoas poderiam olhar seus ativos além do que são, mas para o que poderiam ser — de casas originalmente usadas para abrigo a coisas como segurança de crédito, para iniciar ou expandir um negócio."[228] O mesmo vale para registro de ativos digitais. Uma obra de arte digital, uma casa virtual ou uma música poderiam servir como um seguro para melhorar sua situação financeira.

Com um mundo digital quase infinito, a oportunidade para a humanidade alavancar ativos digitais e gerar valor para si e para a sociedade é enorme — tanto para indivíduos quanto para organizações. Imagine uma Disneylândia virtual em comparação à Disneylândia física. Além de o parque físico ter permanecido fechado durante o lockdown pela pandemia, é possível receber um número limitado de pessoas. Ou seja: a quantidade de dinheiro que se consegue ganhar por dia com a venda de ingressos, mercadorias, alimentos e bebidas é finita. A Disneylândia virtual pode permanecer aberta todos os dias, o dia inteiro, e receber mais pessoas do que o parque físico, com maiores oportunidades de receita por meio da venda de mercadorias digitais e físicas, de ingressos e, durante uma pausa para o almoço, apresentar as últimas novidades na experiência virtual do parque do Harry Potter. O metaverso transformará o sonho em realidade para Walt Disney; por isso, é certo a magia da Disney entrará na internet imersiva.

Embora as marcas tenham uma excelente oportunidade de se conectarem com os consumidores e oferecer uma experiência (social), a mudança mais significativa acontece para o criador de conteúdo individual. A economia do criador digital é um mercado de aproximadamente US$14 bilhões, formado por mais de 50 milhões de criadores,[229] dos quais cerca de 46,5 milhões se consideram amadores.[230] Ainda que existam cerca de 2 milhões de criadores profissionais com uma renda de seis dígitos, a maioria não pode esperar para fazer dinheiro, o que se deve em parte à alta porcentagem que as plataformas centralizadas recebem. Mesmo a Roblox, que pode ser percebida como uma plataforma pré-metaverso fechada, compartilha apenas 25% da receita com seus criadores.[231]

Em um metaverso aberto, as coisas serão diferentes, e os criadores de conteúdo não precisarão perder de 25% a 75% de suas receitas. O conteúdo gerado pelo usuário definirá o metaverso e será de propriedade e controle do criador, que poderá monetizá-lo de novas maneiras. O UGC tornará o metaverso vivo,

A Economia do Criador

porque sua evolução e transformação dependem da entrada de pessoas e organizações. Podemos esperar todos os tipos de conteúdo gerado pelo usuário, como mundos virtuais exclusivos, shows digitais imersivos e experiências aumentadas que enriquecerão o mundo físico. Os criativos poderão criar experiências únicas e multidimensionais no mundo digital e físico, alimentadas por ferramentas capazes de transformar qualquer pessoa em um arquiteto ou um artista. Mais importante ainda, uma mudança está acontecendo em direção a plataformas descentralizadas que cobram uma taxa mínima do criador de conteúdo. No início de 2022, por exemplo, a empresa de Web 3.0 Aave lançou o Lens Protocol e a empresa Earth DAO lançou o Social.network.[232] Ambos visam capacitar os criadores de conteúdo, que podem monetizar ativos digitais e NFTs sem pagar as exorbitantes taxas da web 2.0.

Quanto mais o metaverso aberto capacita o criador de conteúdo, mais valor pode ser criado e experimentado em conjunto. Até o Fortnite entende isso, embora tenha adotado uma abordagem de plataforma fechada. Se a criatividade no Fortnite é alguma indicação do que podemos esperar em um metaverso aberto e interoperável, estamos no início de um passeio emocionante! À medida que mais criadores se juntam ao metaverso e as ferramentas para criar conteúdo 3D são aprimoradas, veremos uma explosão de criatividade e comunidades únicas. Seja aberto, porém centralizado, ou totalmente descentralizado, os usuários podem colaborar, criar e celebrar conteúdo exclusivo dentro dessas comunidades. Mecanismos de governança democrática criarão (micro)economias sociais justas e inclusivas por meio de contratos inteligentes, principalmente em DAOs.

Dentro dessas comunidades e no metaverso aberto em geral, as criptomoedas podem ser vistas como facilitadoras da atividade econômica e do valor social, por menor que este seja. Embora haja uma preocupação por parte dos órgãos de regulamentação e dos legisladores de que as criptomoedas possam prejudicar o sistema financeiro devido à alta volatilidade e instabilidade (incluindo questões sobre o suporte da stablecoin Tether), representa um indício de um novo sistema tentando encontrar seu lugar no mundo atual. Por mais que os regulamentos ajudem a criptomoeda a encontrar seu lugar de direito na sociedade, isso não deve impedir que suas características únicas (como a programabilidade e a proveniência) se concretizem e tenham um impacto positivo na sociedade. Parte das regulamentações também é motivada pelo medo do comércio ilícito, que não pode ser controlado por reguladores. Enquanto os criminosos desfrutam do comércio sem fronteiras fora do sistema financeiro, o comércio de criptomoedas é tudo, menos anônimo.

Na verdade, graças à proveniência, está cada vez mais difícil lavar criptoativos. O resultado é que a porcentagem de negócios ilícitos na comunidade global de criptomoedas diminuiu de 0,62% em 2020, um valor já baixo, para 0,15% em 2021.[233] Com um volume total de transações de US$15,8 trilhões em 2021, isso equivale a US$23,7 bilhões em uso ilegal, o que não é nada comparado às atividades ilegais de US$2 trilhões envolvendo o dólar norte-americano.[234] Além disso, a prisão de Ilya Lichtenstein e Heather Morgan no início de 2022, por roubar e tentar lavar US$4,5 bilhões em criptomoedas, mostra que ficou mais difícil para os criminosos fugir e cobrir os rastros. O casal roubou 120 mil bitcoins da exchange de criptomoedas Bitfinex em 2016, e embora tenha conseguido retirar alguns dos fundos, no final, o Departamento de Justiça dos EUA e o IRS Criminal Investigations conseguiram localizá-lo, apesar de eles usarem diversas técnicas conhecidas por sua obscuridade e anonimato.[235]

O outro motivo pelo qual os reguladores desaprovam as criptomoedas é seu consumo excessivo de energia. O consumo de energia dos blockchains existentes, como Bitcoin ou Ethereum, é insustentável, principalmente em tempos de mudanças climáticas. Mesmo que a mineração seja feita com energia renovável, é um desperdício, porque os cálculos em si não contribuem com nenhum valor além de verificar as transações. Em 2022, o blockchain do Bitcoin consumiu aproximadamente 200 TWh de energia, o que equivale ao consumo de energia da Tailândia.[236] Além disso, o economista Alex de Vries estima que o poder computacional do hardware usado para mineração dobre a cada 1,5 ano, tornando as máquinas mais antigas obsoletas e contribuindo para o acúmulo de lixo eletrônico, mais do que muitos países de médio porte.[237, 238] Embora o problema do consumo de energia seja real para blockchains de *prova de trabalho*, é um problema significativamente menor para blockchains de *prova de participação*,

A Economia do Criador

que não exigem a resolução de problemas complicados e que se tornarão a regra nos próximos anos.*

A criptomoeda possibilita que quaisquer comunidades digitais, grandes ou pequenas, se reúnam e usem uma moeda comum para trocar valor sem problemas. Cada uma (nicho) poderia criar a própria criptomoeda e um sistema econômico paralelo independente das instituições financeiras tradicionais, sem as altas taxas de transação atualmente associadas à moeda fiduciária (as taxas de transação de cartão de crédito são de cerca de 3%, e as taxas do PayPal são de cerca de 6%, especialmente se você levar em consideração as taxas de câmbio). Além disso, a moeda fiduciária não permite microtransações inferiores a um centavo, o que não é um problema para a criptomoeda que, claramente apresenta alguns desafios com altos custos de transação, ainda mais o Ethereum, porém existem novos blockchains sendo desenvolvidos, com taxas de transação insignificantes ou mesmo sem taxas.

Já no início de 2022, havia mais de 17 mil criptomoedas,[239] e isso provavelmente explodirá nos próximos anos, com o metaverso se tornando o lar de milhões de comunidades. A maioria dessas criptomoedas existirá apenas em comunidades muito pequenas e terá um impacto limitado na economia real. Você poderá negociá-las, mas a maioria terá baixos volumes de negociação e ficará de lado do metaverso. Se uma comunidade construiu a economia social perfeita, pode crescer e lentamente tomar conta de outras comunidades. Se a comunidade crescer o suficiente, a criptomoeda se tornará mais líquida e, portanto, mais fácil de negociar, contribuindo ainda mais para o crescimento da comunidade e aumentando o impacto que terá sobre a economia real. Ou seja, as criptomoedas são um catalisador para a inovação, e há inúmeras oportunidades para cons-

---

* A *prova de trabalho* se refere aos mineradores participantes (também chamados de *nós* ou *validadores*) resolvendo problemas matemáticos difíceis de validar em blocos com transações em um blockchain. O nó que publicar a solução primeiro "ganha" e recebe uma recompensa. Quanto mais poder computacional, maiores serão suas chances de publicar a solução por primeiro. O problema matemático funciona como palavras cruzadas; é difícil de resolver, mas, uma vez concluído, você sabe instantaneamente se está correto.

A *prova de participação* tem uma abordagem diferente, e os validadores são selecionados de maneira aleatória. Para se tornar um validador, é necessário apostar em um grande número de tokens, os quais ele perderá se validar malwares. Como nenhum quebra-cabeça complexo precisa ser resolvido, esse mecanismo de consenso é muito mais sustentável.

truir algo novo que é melhor daquilo que já existe, impulsionando lentamente a humanidade.

Por que os Tokens São Importantes

Os tokens são ferramenta vital para criar uma economia metaverso global, contínua e interoperável (digital), permitindo a liquidação instantânea de transações. Embora existam há milhares de anos, apenas recentemente vimos o surgimento de tokens digitais. Um token digital é a representação digital de valor (por exemplo, um ativo) em um blockchain, e os tokens criptográficos nos dão a oportunidade de redesenhar fluxos de valor e sistemas econômicos. Um token bem projetado tem um objetivo claro, e a regra de ouro de seu design é focar a resolução de um jogo simples, um resultado específico. Quanto mais coisas você deseja que um token faça, mais complexidade é adicionada ao sistema e maior é a probabilidade de haver falhas.

Existem quatro tipos de tokens: de moeda, utilitários, de segurança e não fungíveis.

- ▲ Os **tokens de moeda** são os mais conhecidos, simplesmente porque o primeiro token de criptografia de todos os tempos, o Bitcoin, é um token de moeda. O valor do token é determinado por oferta e demanda. Ao contrário do dinheiro fiduciário, que é lastreado em ouro, os tokens de moeda são respaldados somente pela demanda e confiança no mercado.

- ▲ O segundo tipo é o **token utilitário**. É respaldado por algum tipo de ativo digital. Apresenta um caso de uso e não foi desenvolvido como investimento. Um token utilitário, portanto, oferece acesso futuro a um produto ou serviço e pode ser mais comparado a um cartão-presente ou pontos de fidelidade. Um exemplo de token utilitário é o ether (ETH), usado no blockchain Ethereum, possibilitando executar contratos e transações inteligentes. Um token utilitário permite que você faça coisas.

- ▲ Um **token de segurança** permite ao proprietário uma participação (futura) em uma empresa ou outro ativo, como uma pintura, um carro ou um prédio, seja na forma de dividendos, participação nos lucros ou valorização do preço. É a alternativa digital às ações tradicionais. Constitui um contrato de investimento, portanto atrai a atenção da Comissão de Valores Mobiliários.

▲ Os **tokens não fungíveis** podem representar um ativo no blockchain, mas, diferentemente dos tokens utilitários e de moeda, cada NFT é único e não pode ser trocado por outro sem diferença de valor.

Tokens de moeda, utilitários e de segurança são componentes importantes da web 3.0, mas, para o metaverso, os NFTs serão mais úteis. Eles chegaram ao mercado pela primeira vez em 2017, com a ascensão dos CryptoKitties, e decolaram em 2021, quando um pequeno mercado se tornou um mercado de bilhões de dólares praticamente da noite para o dia. Fungibilidade significa permutabilidade, o que significa que determinado ativo pode ser trocado por qualquer outro do mesmo tipo. O dinheiro é fungível; uma nota de um dólar sempre pode ser trocada por outra nota de um dólar, e você ainda teria o mesmo valor em qualquer lugar do mundo, pois são intercambiáveis. A expressão "não fungível" significa que dois ativos não são iguais, têm valores diferentes e, portanto, não podem ser trocados. Cartões de beisebol colecionáveis não são fungíveis. Apesar de serem o mesmo tipo de objeto — um colecionável dentro de determinada categoria —, têm valores diferentes, e um pode custar mais do que o outro. Os imóveis digitais também não são fungíveis. Dois terrenos no mesmo mundo virtual podem ter o mesmo tamanho, mas como têm coordenadas X e Y diferentes, têm valores diferentes, semelhantes a um acre de terra em Manhattan, que é mais caro do que um terreno de um acre em Ohio.

Por meio dos tokens, temos a chance de redesenhar ecossistemas novos e existentes; eles são vitais para desenvolver um metaverso aberto e inclusivo. Os tokens têm alguns recursos exclusivos em comparação aos títulos tradicionais. Os tokens fungíveis são intercambiáveis e podem ser divididos em unidades de token menores, viabilizando micropagamentos de alguns centavos ou menos. O principal benefício dos tokens digitais em relação aos instrumentos financeiros tradicionais é que são programáveis. Ou seja: é possível incorporar regras específicas no token que se aplicam automaticamente. Podem estar relacionadas à liberação de dividendos (quanto mais tempo você mantiver um token, mais dividendos receberá), direito a voto (quanto mais tokens você tiver, mais direitos a voto terá) e outros privilégios. Essas regras podem vir a ser uma maneira eficaz de incentivar a propriedade e garantir a estabilidade de preços.[240]

Os tokens também afetarão completamente a liquidez na economia mundial, porque permitem a propriedade fracionária.* Isso significa que um ativo, seja digital ou físico, pode ser dividido em partes menores a serem vendidas individualmente. Isso possibilita que pequenos investidores em qualquer lugar do mundo invistam em qualquer coisa em troca de alguns centavos. Qualquer pessoa em qualquer lugar do mundo pode se tornar acionista de qualquer coisa que seja tokenizada; por isso, eles democratizarão as finanças. A propriedade fracionada abrirá os ativos ilíquidos do mundo e fará com que imóveis, arte ou carros de luxo se tornem ativos (altamente) líquidos. Por exemplo, quando um investidor imobiliário quer vender um imóvel, geralmente leva alguns meses, muita papelada e advogados caros. Quando o edifício é tokenizado, o investidor pode vender seus tokens em um mercado secundário e, se houver demanda suficiente, a venda pode ser concluída em dias. Isso impactará profundamente a economia mundial e é mais uma razão pela qual os reguladores devem adotar tokens.[241]

Um NFT por si só não é um ativo líquido. Primeiro, precisamos da infraestrutura certa, porque mesmo um NFT permanece ilíquido se você não puder vendê-lo facilmente. Ele só se torna líquido quando conseguimos trocá-lo em um mercado secundário facilmente, como OpenSea, Rarible ou Mintable, e somente se houver demanda suficiente pelo NFT. Afinal, um token não fungível que ninguém quer comprar ainda é ilíquido. Ou seja, para que se torne um ativo líquido, é preciso haver infraestrutura e demanda. Embora a infraestrutura já esteja melhorando, a demanda ainda é relativamente baixa, pois a maioria dos negócios é feita por um grupo muito pequeno de pessoas.[242]

Suponha que você queira monetizar seus NFTs e fracioná-los para serem vendidos individualmente em um mercado secundário. Nesse caso, é importante pensar se eles podem ser considerados um título financeiro. Acabamos de começar a explorar as possibilidades dos NFTs, então o hype atual de JPEGs sendo vendidos por milhões definitivamente não é o fim do jogo. Por exemplo, é possível cunhar NFTs para que o criador receba uma porcentagem dos lucros toda

---

* Embora isso já seja tecnicamente possível, se feito hoje sem tokens de criptografia, é um processo lento que envolve advogados caros.

A Economia do Criador

vez que for vendido em um mercado secundário, talvez por muitos anos. Essa *cláusula de venda* é bastante comum no mundo tradicional, então faz todo sentido que também seja usada no metaverso. O criador pode, inclusive, empacotar diversos desses NFTs com outros e vendê-los ou usá-los como garantia para outros ativos.[243] Isso torna a criação de arte muito mais lucrativa e será um modelo de negócios importante para o metaverso, mas também pode chamar a atenção da Comissão de Valores Mobiliários dos Estados Unidos. Por fim, os tokens criptográficos são totalmente rastreáveis, porque são registrados no blockchain. Sempre será possível rastrear um token ao longo dos anos, para ver quem era seu proprietário e por quanto tempo. Essa proveniência é útil para rastrear criminosos — as criptomoedas são tudo, menos anônimas —, mas também pode fazer com que um wearable digital aumente de valor se for usado durante um evento específico e exclusivo no metaverso. Por exemplo, se o vestido digital de Ariana Grande, exatamente o que ela usou durante a turnê no Fortnite, fosse um NFT, seu valor teria um aumento significativo simplesmente porque o avatar dela o usou durante o show.

Embora os NFTs não precisem ter serviços — os US$69 milhões de Beeple do NFT *Everydays —, The First 5000 Days* não tinha nenhum e era só um JPEG vendido por uma quantia insana de dinheiro —, eles se tornarão mais úteis, portanto mais valiosos, se tiverem serviços. Seria basicamente as vantagens que vêm com o ativo, como acesso a eventos e comunidades (os Budverse Cans e Bored Apes vistos anteriormente), acesso a determinados jogos, recursos aumentados nesses jogos — por exemplo, poder para voar ou andar mais rápido —, ganhar recompensas que são distribuídas entre proprietários e locatários, ou qualquer coisa que você possa inventar que agregue valor ao proprietário do NFT. Quanto mais NFTs entrarem no mercado, mais serviços devem ter, porque precisam se diferenciar uns dos outros se quiserem ter um valor percebido.

Em 2021, o hype em torno dos NFTs era sobre obras de arte digitais escassas e exclusivas e exibi-las na rede social. No início de 2022, o Twitter aderiu a essa tendência ao permitir que os usuários conectassem sua carteira de criptomoedas e colocassem o NFT como foto de perfil. Porém, em longo prazo, não acredito que escassez, exclusividade e exibição sejam os principais impulsionadores dos NFTs. Itens exclusivos no metaverso são bons e serão um aspecto importante de sua economia, mas NFTs exclusivos não são o futuro. Afinal, apenas um pequeno grupo de pessoas consegue comprar uma bolsa Gucci digital que custa US$4 mil e não é nada mais do que alguns pixels no mundo Roblox. A maioria das pessoas não pode arcar com isso. Os NFTs são a prova de propriedade de que você comprou ou recebeu um item digital, não uma prova de exclusividade. Para que o metaverso se transforme em uma economia rica e vibrante, precisamos do equivalente à IKEA para o metaverso, que tem à disposição 1 milhão de itens, como um bom tênis ou uma cama para sua casa virtual, com propriedade em série e certificável. Portanto, você sabe que tem um entre os mil ou os 10 mil itens disponíveis e pode trocá-lo, vendê-lo, alugá-lo, exibi-lo, pedir emprestado, ou seja, monetizá-lo. É assim que os NFTs ganham serviços e transformam-se no combustível do metaverso.

Para os milhões de pessoas que jogam videogame, leem livros ou ouvem música, comprar itens digitais é uma prática diária há anos. No entanto, a compra de uma skin no Fortnite nunca significou ser seu verdadeiro proprietário. Se você jogasse um videogame por anos, investisse uma pequena fortuna e milhares de horas nele e, em algum momento, ficasse entediado com tudo isso, todo esse tempo e dinheiro se tornariam inúteis — uma terrível perda de valor. O mesmo se aplica a muitos, senão a todos, os outros itens digitais que você pode comprar. Por exemplo, a música do Spotify não é realmente sua; você pode passar horas criando listas de reprodução, mas todo esse trabalho simplesmente será perdido se você parar de pagar a mensalidade do aplicativo. Os livros Kindle também não são seus; a Amazon pode excluí-los de seu Kindle sem sua permissão, e você não consegue revendê-los no mercado secundário. Porém, com os NFTs, as pessoas podem, pela primeira vez, ter a propriedade de um ativo digital e monetizá-lo, o que terá um impacto positivo na sociedade global.

Desafios dos NFTs

No início, as pessoas foram atraídas para os NFTs colecionáveis, arte, música, imóveis ou moda porque podem se relacionar com eles. Muito mais do que com o início do Bitcoin. No entanto, uma grande parte dos bilhões em negociação é feita somente por um pequeno grupo de pessoas, e a negociação dos NFTs é tudo menos mainstream. As notícias sobre os NFTs de 1 milhão de dólares são mainstream, mas a negociação real ainda não. Até agora, houve três tipos de pessoas que compraram NFTs:

- ▲ Os especuladores — as pessoas inteligentes, os insiders — que ficam com todo o dinheiro, como vimos no Capítulo 2.
- ▲ Os exibicionistas — aqueles que querem mostrar que são ricos e que podem comprar um Bored Ape.
- ▲ As pessoas que chegaram tarde e estão tentando convencê-lo a comprar o NFT delas porque não querem perder dinheiro.

Isso mudará à medida que o metaverso ganhar vida e os NFTs ganharem utilidade real.

O hype dos NFTs de 2021 é uma corrida do ouro tradicional, mas é diferente do hype da ICO em 2017, que envolveu diversos golpes, por meio dos quais se arrecadou fundos de consumidores motivados pela síndrome FOMO [medo de ficar de fora, em tradução livre]. Quando os NFTs oferecerem serviços reais, a especulação e os preços caríssimos acabarão desaparecendo, basicamente porque os NFTs se tornarão onipresentes. Uma pesquisa em março de 2021 da artista Kimberly Parker e um cientista de dados anônimo revelou que quase 65% dos NFTs vendidos na plataforma OpenSea no mês tinham um preço de venda de US$300 ou menos, e somente 19% foram vendidos por US$700 ou mais.[244] Isso é semelhante ao mundo da arte de US$1,7 trilhão,[245] em que a grande maioria das obras de arte é vendida por preços modestos e somente algumas pinturas são exclusivas e caríssimas.

Um dos grandes resultados do frenesi dos NFTs é que, pela primeira vez, os artistas digitais podem ser pagos por seu trabalho e sua contribuição para a sociedade. No entanto, isso não significa que os NFTs não apresentam desafios. Na verdade, existem muitos e, se você estiver interessado em começar a cunhar ou negociar NFTs, é importante estar ciente deles. Atualmente, os NFTs parecem resolver a propriedade digital, mas a maioria deles não leva em conta direitos autorais, propriedade legal verdadeira, pirataria, roubo ou outros problemas humanos, e os golpes são comuns nos primeiros dias. Vamos falar sobre esses problemas.

Primeiro, os NFTs são uma prova de que você tem algo que está hospedado em algum lugar, mas isso não significa que o ativo subjacente seja genuinamente seu. Eles mostram que você realizou uma transação para determinado ativo digital, portanto é um recibo verificável que indica que você comprou um ativo, como uma obra de arte digital. O ideal seria que esses ativos fossem armazenados em um sistema de compartilhamento de arquivos descentralizado, como IPFS, FileCoin ou Storj, mas que também pudessem ser armazenados em um servidor central, como AWS, porque geralmente é muito caro armazenar um JPEG, GIF, vídeo ou um MP3 grande em um servidor descentralizado. Em vez disso, geralmente o que está no blockchain é apenas o endereço da web do local em que a obra de arte está armazenada. Se o item estiver hospedado em um local centralizado, a empresa que executa esse servidor pode excluí-lo, mesmo que você tenha pagado milhões de dólares por ele. Se isso acontecer, tudo o que você tem é um NFT sem utilidade nenhuma.

O token é basicamente um contrato inteligente que aponta a localização do endereço da web no blockchain (o servidor que armazena o ativo), que é armazenado em uma carteira digital. Como o endereço web está no blockchain, isso não pode ser alterado, mas alguém consegue remover o ativo do servidor, fazendo com que seu endereço web imutável e caro mostre a mensagem "Erro 404 página não encontrada". A menos que seu trabalho caro como artista seja de fato armazenado em um sistema descentralizado, você pode ter um recibo de determinado ativo, mas certamente não o tem, e o proprietário do servidor em que está armazenado é quem o controla e consegue excluí-lo, se desejar.[246] Portanto, seria sensato usar um mercado amplamente conhecido, como o OpenSea, mas mesmo isso não é garantia de nada.

Enquanto o OpenSea usa o IPFS, por ser uma troca centralizada, eles também controlam as chaves, semelhante a qualquer troca de criptografia centralizada. Se o OpenSea decidir remover ou congelar o ativo digital devido a uma violação de direitos autorais, ou algo assim, o NFT perde o valor, o que já aconteceu mais de uma vez.[247] No final de 2021, por exemplo, o OpenSea interveio a fim de bloquear a venda de NFTs roubados e caros (supostamente no valor de US$2,2 milhões) do colecionador Todd Kramer, famoso dono de galeria de arte. Por meio de um ataque de phishing, os NFTs foram roubados de sua carteira quente — uma carteira conectada à internet. Embora possa ser bom para Todd que o ladrão não consiga revender seus NFTs, isso levanta questões importantes sobre a descentralização deles.[248] E outra, se o ladrão conseguisse revender os NFTs roubados, um comprador inocente e inconsciente poderia acabar com um NFT caro, porém inútil.

Se estiver armazenado em um sistema descentralizado, apenas o usuário dono do NFT poderá acessar e controlar o ativo digital. Para piorar a situação, marketplaces centralizados armazenam chaves privadas dos NFTs em um sistema centralizado semelhante à sua criptografia armazenada em uma exchange centralizada. Ou seja, se a exchange for hackeada, você poderá perder seu valioso NFT. Se estiver em uma carteira descentralizada e uma carteira quente conectada à internet, você é responsável por sua segurança. Como Todd Kramer descobriu, se você for hackeado por meio de um golpe de phishing, ainda poderá perder seus NFTs. Para piorar a situação, ainda existem algumas desvantagens na tecnologia blockchain que precisam ser resolvidas. Os NFTs são armazenados em um blockchain, que pode ser Ethereum, Solana, EOS ou qualquer uma das outras dezenas de blockchains com permissão para NFTs. Eles são mantidos seguros por mineradores ou participações descentralizadas, os administradores, e quanto mais administradores, mais seguro é o blockchain, porque dificulta o chamado ataque 51% — ataque em que um grupo de mineradores detém mais de 50% da taxa de hash da rede e, por controlar a maioria, pode reverter transações que foram concluídas enquanto o grupo estava no controle. Isso significa que podem gastar tokens duplos, que faz parte da promessa que os blockchains visam evitar. Blockchains que sofrem ataque 51% provavelmente não existirão por muito tempo e, se você tiver NFTs armazenados em um deles, eles podem se tornar completamente inúteis. A maioria dos NFTs reside no Ethereum, que é amplamente adotado e descentralizado, devido ao tempo de existência. No entanto, isso tem um custo; as taxas de gás do Ethereum — o preço que precisa ser pago para registrar uma transação — passaram do teto, o que torna a rede propensa à desigualdade. Existem outras cadeias usadas para NFTs que serão mais baratas, mas podem ser mais centralizadas e apresentar um nível de segurança mais fraco. Tudo isso indica que, para que os NFTs alcancem a adoção em massa, os custos de transação precisam cair; o ideal seria que fossem zero, ou próximo disso, enquanto a descentralização precisa aumentar para manter os NFTs seguros.[249]

Caso dê azar — compre um NFT caro e tenha chance de ter a carteira hackeada; a segurança do blockchain que armazena o NFT possa ser violada; ou o banco de dados centralizado que armazena sua arte verdadeira seja hackeado, e o criminoso possa excluir o ativo verdadeiro —, você ainda tem o NFT que mostra um endereço web de um servidor, mas como não há nada nesse servidor, então você não possui nada. Se isso não acontecer, você ainda tem a responsabilidade de garantir que, quando vender seu Bored Ape, não o faça pelo preço errado, como aconteceu com o proprietário do NFT Max, que acidentalmente vendeu seu Bored Ape por 0,75 ETH (cerca de US$3 mil no momento da venda) em vez de 75 ETH (cerca de US$300 mil). Antes que o proprietário pudesse corrigir o erro, um bot abocanhou o item exclusivo do colecionador enviando a transação com 8 ETH (cerca de US$34 mil no momento da compra) de taxas de gás para garantir que fosse processado instantaneamente.[250] Esses erros se chamam *erros de dedos gordos* e já aconteceram antes. Embora seja irritante para o proprietário original, também mostra um problema maior que vem causando diversos debates ao redor do mundo nos últimos anos: a neutralidade da rede. O objetivo da neutralidade da rede sempre foi proporcionar acesso igualitário à internet e fazer com que os provedores de serviços de internet (ISPs) tratem todas as comunicações da rede de maneira igual. No entanto, as taxas de gás impossibilitaram isso no mundo do blockchain, o que pode representar uma ameaça ao futuro, aumentando ainda mais a divisão digital e a desigualdade.

Isso não é tudo; também há muitos golpes e violações de direitos autorais — que alguns chamam de zoação ou de arte em si — de colecionáveis da NFT famosos e caros, como o Bored Ape Yacht Club. Um exemplo é o Phunky Ape Yacht Club (ou PAYC), que simplesmente virou para a esquerda os Bored Apes que estão virados para a direita e os revendeu, faturando cerca de US$1,8 milhão com isso. Desde então, o PAYC foi banido de mercados centralizados, como OpenSea, Rarible e Mintable, o que mostra, novamente, o poder que esses mercados centralizados têm ao criar uma experiência de negociação perfeita para as massas.[251] Outro exemplo é a *MetaBirkins*, coleção de bolsas NFT que imitam a gigante francesa de artigos de couro Hermès. Embora seu criador, Mason Rothschild, tenha vendido os ativos digitais por US$42 mil em dezembro de 2021, ele foi processado pela Hermès por violação de marca registrada e uso diluído da marca Birkin. A OpenSea removeu rapidamente as MetaBirkins das bolsas de sua plataforma online, mas os NFTs permaneceram disponíveis em outras bolsas.[252]

Infelizmente, semelhante ao boom da ICO em 2017, há diversas pessoas usando tecnologia indevidamente para atividades criminosas. Houve muitos relatos de golpes, falsificações e "wash trading" (usuários que vendem NFTs a si mesmos diversas vezes para fingir demanda) dentro do ecossistema NFT. Na verdade, havia tantas pessoas criando NFTs de conteúdo, como músicas ou obras de arte que não lhes pertenciam, que o mercado NFT Cent — que fez a venda do primeiro tweet de Jack Dorsey por US$2,9 milhões — interrompeu a maioria das transações em fevereiro de 2022. O cofundador e CEO do Cent, Cameron Hejazi, chamou isso de "problema básico" dos NFTs.[253]

Suponha que você tenha sorte e tudo funcione corretamente. Nesse caso, você ainda não está fora de perigo, porque pode acontecer de o NFT que comprou incluir uma representação de uma obra de arte, mas não incluir sua propriedade intelectual ou seus direitos autorais verdadeiros, impedindo a venda, passando a ser nada mais do que uma bela imagem para ver em sua carteira ou casa virtual, algo que qualquer pessoa também consegue fazer. Isso pode resultar em erros dispendiosos. Por exemplo, um grupo de entusiastas de criptomoedas comprou uma cópia rara do livro *Dune* usando um DAO — o *Spice* DAO — com a intenção de tornar o livro público, criar uma série animada e apoiar projetos derivados dele. Eles pagaram US$3,04 milhões, mas é claro que tudo o que compraram foi a cópia física do livro, e não os direitos autorais e a propriedade intelectual, o que lhes permitiria fazer as coisas que pretendiam fazer.[254] Na verdade, a maioria dos NFTs vendidos em 2021 não veio com nenhum direito autoral ou IP, o que significa que não é possível monetizá-lo, componente essencial para desenvolver uma economia vibrante. A coleção do Bored Ape Yacht Club vem com todos os IPs e direitos autorais, formando uma comunidade vibrante e de preços exorbitantes, embora a maioria dos colecionáveis não seja, e tudo o que você tem é um ponteiro que indica um item armazenado em algum lugar, o que não é uma solução sustentável se pretendemos que os NFTs sejam adotados em massa.

Quando você compra algo, quer saber se tem uso exclusivo do arquivo que o acompanha e como consegue usá-lo. Semelhante ao mundo real: se eu comprar uma bolsa Gucci, posso ter certeza de que é minha e que posso usá-la.

Posso dá-la ou alugá-la temporariamente a alguém, trocá-la por outra coisa ou vendê-la, mas tenho certeza de que ninguém pode simplesmente pegá-la de mim ou destruí-la, pois seria uma atividade criminosa. É necessário que isso também ocorra no mundo virtual. Esta seção serviu para lhe ensinar que é importante fazer a própria pesquisa antes de aderir a algo, como é o caso das criptomoedas. Tudo parece muito deprimente (e é), mas não é o fim do mundo. Afinal, ainda é cedo. À medida que o sistema legal se atualiza, o plágio pode ser evitado e, à medida que o ecossistema blockchain continua a evoluir e se desenvolver, ou seja, oferecendo armazenamento realmente descentralizado dos ativos digitais, com blockchains interoperáveis e taxas de transação mínimas ou nulas (algo que alguns blockchains já oferecem), todos os problemas anteriores provavelmente desaparecerão.

Apesar desses desafios, em sua essência, os NFTs ainda são um sistema melhor do que a abordagem centralizada atual, na qual você nunca tem posse de seus ativos digitais de verdade e uma empresa pode simplesmente excluir anos de seu trabalho e todos os seus ativos com apenas ao clicar um botão. Se superarmos os desafios mencionados, os NFTs definirão a economia do metaverso.

Imóveis Digitais

Além das artes digitais, outro caso muito conhecido de uso de NFTs é o setor imobiliário digital. Em 2021, foram realizados diversos negócios imobiliários digitais de milhões de dólares, como Decentraland, Axie Infinity ou Sandbox, e isso é apenas o começo. Com um suprimento infinito de terreno digital nos vários mundos virtuais, era de se esperar que os preços fossem baixos, mas não é isso que está acontecendo. Ao contrário, os preços estão em alta, e quanto mais o metaverso aparecer nos noticiários, mais eles continuarão aumentando. Além disso, abriu-se uma oportunidade para corretores de imóveis digitais, porque muitas pessoas não têm ideia de como comprar imóveis digitais e ainda temem perder dinheiro com isso. Se é uma coisa boa, ainda não sabemos. Logo também começarão a surgir golpes em que as pessoas fingem ser corretoras e depois desaparecem com o dinheiro ou o terreno digital.

Ao comprar imóveis virtuais, você está comprando um token não fungível. Segundo Jason Cassidy, fundador do Metaverse Group, a empresa que comprou um terreno no Decentraland por 618 mil MANA (aproximadamente US$3,2 milhões no momento da compra), comprar imóveis digitais é como comprar imóveis em Manhattan nos anos 1900, porém não levará 120 anos para o valor deles explodir, bastarão uns cinco a dez anos. Muitas pessoas são otimistas quando se trata de imóveis digitais e sua importância. Enquanto alguns acreditam que o setor imobiliário digital tem tudo a ver com localização, semelhante ao mundo real, e que o ideal é estar em uma área com intenso tráfego de pedestres, vizinhos famosos e uma área de prestígio, o que aumenta o valor de sua propriedade virtual, eu tenho uma visão contrária.

A tendência atual é que os magnatas e as marcas do setor imobiliário digital estejam adquirindo terrenos digitais por milhões de dólares nos diversos mundos virtuais, seja para alugá-los, explorar atividades comerciais, construir uma loja virtual ou uma sede para se conectar com (futuros) consumidores. Embora isso possa ser uma boa ideia, e eu ainda acredito que as marcas devem comprar pequenas quantidades de terra em variados mundos virtuais para fins de aprendizado e familiarização com o metaverso, isso também apresenta desafios. Em 2021, Philip Rosedale, o fundador do Second Life, disse em um tweet: "Quando o terreno virtual é de propriedade total (no blockchain), proprietários maliciosos se extorquem colocando conteúdo ofensivo em pequenas parcelas de um preço alto em localidades populares."[255] Ele viu isso acontecer vinte anos atrás no Second Life e, se aconteceu naquela época, provavelmente acontecerá novamente. Então, você acabou de gastar de US$2 a US$3 milhões em um terreno em Decentraland ou Sandbox, e, antes que perceba, alguém pode comprar um pequeno pedaço de terra perto dele e colocar um outdoor enorme exibindo uma mensagem ofensiva. Por ser descentralizado, não há nada que você possa fazer.

Além do mais, o conceito de escassez artificial, quando se trata de imóveis digitais, não faz sentido para mim. Primeiro, por que você precisa lidar com vizinhos? Embora o terreno possa ser útil em mundos virtuais, para evitar spam ou conteúdo de baixa qualidade,[256] isso também pode ser alcançado ao se fazer staking (bloquear sua criptomoeda em uma carteira descentralizada por um período específico, a qual será liberada no final desse período), em vez de comprar terras artificialmente escassas em um padrão de bloqueio. O setor imobiliário digital é formado por construções hipotéticas. Em geral, não há nada de errado com isso. Temos todos os tipos de construções hipotéticas que funcionam muito bem em nossa sociedade, mas, no metaverso, não existem limitações físicas. Há espaço digital ilimitado e, se você precisar ir a algum lugar, basta se teletransportar para ele.* Por que você iria querer um pedaço finito de terra em um espaço infinito? Nesses mundos virtuais, o layout da grade e a escassez são artificiais. Eu posso entender isso como uma atividade de arrecadação de fundos, mas não há outra razão para uma pessoa querer se limitar a um universo digital em que pode simplesmente se teletransportar de uma experiência para outra, nunca tendo que lidar com vizinhos chatos.

Outro problema com a venda de imóveis digitais por dinheiro é que é muito comum que os jogadores terminem um jogo e migrem para o mundo virtual novinho em folha. Logo, o mundo virtual outrora próspero fica deserto, tirando toda a diversão porque a propriedade virtual não é mais mantida. O mesmo aconteceu no Second Life, em que os usuários anteriores que compraram terrenos virtuais saíram, não mantiveram a propriedade digital (mantendo-a viva e atualizada, algo parecido com manter uma propriedade na vida real ou um site), e novos usuários tiveram que comprar na periferia, longe de onde tudo acontecia. Robert Rice, pioneiro e empresário de RA/RV, me contou que a melhor opção seria alugar terrenos virtuais exigindo que as partes interessadas investissem suas criptomoedas, que são automaticamente devolvidas no final do período de arrendamento, se decidirem não renovar o aluguel. Assim, o proprietário recebe o dinheiro de volta enquanto o terreno fica disponível novamente para novos usuários para construir algo legal nele e manter uma economia virtual próspera.

A plataforma Spatial.io adota uma abordagem completamente diferente. Em vez de comprar terrenos, os criadores podem comprar ambientes virtuais pré-fabricados projetados por artistas ou construir o próprio ambiente virtual. A maioria desses espaços vem com algum tipo de serviço e, uma vez de sua propriedade, você pode usá-los quantas vezes quiser, construindo todos os tipos de ambientes. Por exemplo, você pode comprar uma galeria digital para exibir seus NFTs, criando quantas galerias quiser.[257] Essa abordagem foca mais as recompensas

---

* A plataforma Somnium Space tenta se beneficiar tanto de terrenos escassos quanto de teletransporte, permitindo que os usuários comprem terrenos Somnium, bem como cobrando por centros de teletransporte. Edição limitada do Centro de Teletransporte Espacial Somnium, https://opensea.io/assets/0x595f279de4b5df1e47ca55b65175d8a9a935a0fa/80 [conteúdo em inglês].

aos criadores do que os magnatas do setor imobiliário digital ou as plataformas, o que considero uma abordagem mais sustentável.

Além disso, as plataformas atuais não serão as mesmas do futuro. A próxima versão, mais avançada, com melhores funcionalidades e habilidades, sem dúvida já está sendo desenvolvida; então, a menos que essas plataformas de venda de imóveis digitais tenham capacidade de se reinventar continuamente, o que não é só um desafio técnico, mas também comunitário para as plataformas descentralizadas, para garantir que a maioria está alinhada, um investimento de 1 milhão de dólares pode rapidamente perder seu valor.

Mecanismos Econômicos

De modo semelhante ao setor imobiliário, todos os modelos de negócios existentes no mundo real serão copiados para o metaverso. Isso inclui os dois modelos de negócios mais proeminentes: o modelo orientado a anúncios, em que você é o produto, e o modelo freemium. Embora seja problemático, porque os clientes não têm mais nenhum dos ativos digitais, o modelo freemium pode funcionar no metaverso. O modelo orientado a anúncios, por outro lado, seria mais problemático ainda, uma vez que incentiva as plataformas a mantê-lo o maior tempo possível dentro delas, pois quanto mais tempo você estiver online, mais dados podem ser coletados, mais anúncios podem ser veiculados e mais dinheiro ganham. O resultado é que os mecanismos de recomendação são otimizados para mantê-lo assistindo, lendo ou rolando a tela, com consequências devastadoras para a sociedade. Um metaverso otimizado para o modelo orientado a anúncios seria péssima ideia.

Felizmente, no metaverso podemos esperar grande variedade de novos modelos de negócios, impulsionados pela economia do criador, que podem se tornar alternativa ao modelo orientado a anúncios. Seja uma DAO ou uma empresa centralizada, uma organização otimizada para a economia do criador pode incorporar novos mecanismos econômicos usando criptografia, para garantir uma troca de valor instantânea e contínua, em vez de depender de publicidade. Os criadores de conteúdo poderiam aumentar sua renda porque a organização levaria somente uma porcentagem mínima, ou seja, 5% ou 10%, em vez de 30% (Apple), 45% (Google) ou até 75% (Roblox). No lançamento da Meta, Zuckerberg anunciou que não haverá corte de criadores na plataforma até 2023, mas ninguém sabe o que acontecerá depois que os criadores estiverem vinculados à plataforma.

A incorporação de novos mecanismos de criptografia econômica é complexa e exige compreensão abrangente de como os tokens podem ser usados para incentivar os jogadores, especialmente quando se trata de DAOs. As DAOs são como cooperativas, existem há anos. Na verdade, um dos maiores bancos da Holanda, o Rabobank, é uma cooperativa com quase 2 milhões de membros.[258] No mundo real, a criação de uma cooperativa demanda tempo e dinheiro, devido ao envolvimento de tabeliães e advogados. A configuração de uma DAO pode ser feita de maneira bastante mais rápida com a ajuda de contratos inteligentes. Provavelmente existirão serviços de DAOs descentralizados, em que é possível criar uma DAO instantaneamente, juntar fundos e fazer o que tiver em mente (a maioria será legal, mas é claro que algumas serão ilegais).

Por meio de uma DAO, você consegue ter coletivos *ad hoc* ao coletar suas coisas ou reunir capital de maneira coletiva para comprar, negociar ou construir coisas juntos. Um exemplo foi a Constituição DAO, uma DAO *ad hoc* constituída em novembro de 2021 para comprar uma cópia original da Constituição dos Estados Unidos. Em semanas, arrecadaram US$47 milhões em Ether da comunidade para participar do leilão Sotheby's, mas perderam para um lance do bilionário de Ken Griffin. A DAO falhou em seu objetivo e devolveu os fundos a todos os que contribuíram. Infelizmente, em virtude das altas taxas de gás na rede Ethereum, alguns viram todo seu investimento de entrada sendo usado para pagar valores altos e não receberam nada quando os fundos foram devolvidos. Embora a Constituição DAO tenha falhado em seu objetivo, é um excelente exemplo de como 17 mil pessoas podem se unir como um coletivo na internet e arrecadar milhões de dólares em um curto período. Curiosamente, mais de um terço das pessoas que contribuíram para a DAO eram compradores de cripto iniciantes, mostrando o poder dessa nova forma de atividade.[259]

As DAOs também podem ser usadas por empresas que querem reunir gêmeos digitais díspares e compartilhar dados proprietários usando cofres de dados, aumentando o valor econômico dos dados disponíveis, de modo semelhante ao exemplo de dados de turbinas eólicas compartilhados por empresas de energia. Nesse caso, os membros das DAOs seriam os diversos gêmeos digitais, e nenhum

A Economia do Criador

humano precisaria estar envolvido. Além disso, você pode ter mini-DAOs, que existem em um mundo virtual específico, e não em diversos mundos virtuais. Independentemente dos diferentes tipos de DAOs que existirão, é importante saber que elas ainda estão em fase experimental e pode demorar um pouco até que aconteça a adoção em massa. Algumas serão bem-sucedidas, porém levará tempo até que isso seja possível.

Embora as DAOs recompensem os membros de sua comunidade, plataformas ou marcas descentralizadas e centralizadas podem agregar valor adicional ao recompensar os consumidores de determinado produto ou serviço com vantagens exclusivas. Ao recompensá-los, nos distanciamos de uma sociedade de assinaturas em que os ativos digitais não são de propriedade para, mais uma vez, sermos proprietários dos ativos (digitais) que adquirimos. Graças aos NFTs, estamos no início de uma ampla variedade de novos mecanismos econômicos que podem agregar valor significativo aos usuários e às plataformas, algo que passa de *ler para ganhar, transmitir para ganhar, usar para ganhar, atender para ganhar, jogar para ganhar* para *qualquer coisa para ganhar*. Recompensar os usuários gera fidelidade e ajuda a construir uma comunidade forte, resultando em valor significativo para todas as partes interessadas. Por meio do uso de mecanismos de gamificação, NFTs com serviços e diversos sistemas de recompensa, esses mecanismos podem se tornar o modelo-padrão no metaverso.

O mecanismo econômico mais interessante é o *jogar para ganhar [play-to--earn]*. Em 2021, ele explodiu em popularidade com o jogo Axie Infinity. O modelo é relativamente simples: recompensa os usuários por jogarem e, quanto mais tempo e esforço investirem, maiores são as recompensas, não só para os usuários, como também para os outros jogadores dentro do ecossistema.[260] Dentro do Axie Infinity, isso representa os jogadores recebendo fichas Small Love Potion (SLP) enquanto as criaturas Axie lutam umas contra as outras. Aquelas que vencerem mais batalhas se tornam mais valiosas à medida que entregam mais tokens SLP, que podem ser usados para gerar novas criaturas Axie, ou os jogadores podem trocá-los por ETH usando a exchange descentralizada Uniswap. Embora a engenharia de tokens — prática de usar tokens como base para projetar fluxos de valor e, em última análise, sistemas econômicos[261] — possa ser bastante complicada, o resultado é direto: ganha mais se jogar mais. Isso é exatamente o oposto do que os jogos sempre representaram. Tradicionalmente, se os jogadores gastassem mais tempo e dinheiro em um jogo, esse valor ficaria com a empresa que o criou. O mecanismo *jogar para ganhar* rompe com isso e distribui o valor de volta para os participantes. Mas nem tudo são flores, porque começar a jogar pode ser muito complicado — até o cofundador da Axie Infinity, Jeff Zirlin, reconheceu isso.[262] E mais, há uma pegadinha no início do jogo: os usuários precisam comprar três criaturas Axie, vendidas por cerca de US$100 por pop no início de 2022 e até cerca de US$350 em agosto de 2021.[263] Como a maioria das pessoas pobres que querem jogar não pode pagar tais valores, foi criado o Programa de Bolsas Axie, que oferece aos usuários a possibilidade de emprestar monstros digitais a novos jogadores para eles também se beneficiarem do jogo. Embora isso pareça incrível, os novos jogadores ficam com apenas 70% dos lucros que obtêm ao usar os monstros emprestados e, como estes nunca se tornam sua propriedade, os jogadores nunca se beneficiarão das verdadeiras recompensas do jogo: a venda dos monstros digitais.[264]

O modelo de negócios depende da entrada de novos jogadores para comprar as criaturas Axie de jogadores antigos usando a moeda do jogo, porque o Axie Infinity cobra uma taxa de transação para cada compra. É necessário também um fluxo constante de entrada de novos jogadores para que os antigos extraiam a maior parte do valor gerado.[265] O mecanismo *jogar para ganhar* pararia de funcionar no momento em que a demanda por criaturas Axie caísse.

Apesar dos desafios, o mecanismo recompensa o jogador por ser a parte interessada mais importante. Isso gerou valor social e econômico significativo para as partes interessadas do jogo, conforme vimos no Capítulo 2. Consequentemente, podemos esperar que mais jogos adotem esse mecanismo, sendo um deles a empresa francesa de jogos Ubisoft, que anunciou que está trabalhando nesse mecanismo em jogos blockchain.[266] Se a Microsoft leva a sério a adoção do metaverso, em virtude de ter comprado o estúdio de jogos Activision Blizzard por US$68,7 bilhões no início de 2022, há uma chance de aumentar significativamente o valor de sua compra ao adotar o modelo econômico de compartilhar e retribuir, em vez de se ater ao antigo modelo de extração de valor.

Esse modelo econômico positivo de criação de valor em vez de extração, no qual desenvolvedores de jogos, editores e jogadores podem se beneficiar de uma ótima experiência, mostra o que pode estar por vir no metaverso. Infelizmente, como em qualquer mudança disruptiva, os incumbentes, nesse caso os governos, já estão tentando tirar vantagem e até bloquear esse modelo econômico. As Filipinas estão explorando a ideia de tributar os jogadores e a distribuidora,[267] enquanto, no final de 2021, a Coreia do Sul estava pressionando a Apple e o Google a proibir completamente o mecanismo *jogar para ganhar*. Na Coreia do Sul, o dinheiro ganho nesses jogos seria qualificado como prêmios, limitados legalmente a míseros US$8,50[268] — exemplo de governo míope que ignora os benefícios óbvios que esses jogos podem trazer para a economia e prefere banir a inovação em vez de se adaptar às regras.

O modelo econômico *jogar para ganhar* parece promissor, embora ainda não tenha sido comprovado. Existem desafios, porém, à medida que mais marcas e startups adotarem novos modelos econômicos, eles serão resolvidos. No entanto, ganhar dinheiro fazendo o que ama é imensamente importante e um avanço na economia. Como, em geral, você é bom no que ama, isso pode agregar valor à economia global.

Segundo o modelo *jogar para ganhar*, em longo prazo, o valor dos NFTs não está na escassez de ativos digitais, mas na capacidade de ter, de fato, um ativo digital, provar sua propriedade e levá-lo com você aonde quer que vá dentro do metaverso. Enquanto nas plataformas atuais os usuários têm seus dados extraídos e explorados, e tempo e energia resultam em nada além de valor para o acionista, um metaverso aberto impulsionado por NFTs permite que as pessoas sejam recompensadas pelo tempo gasto, gerando mais valor para a sociedade em geral.

De DeFi para MetaFi

Os criadores podem se beneficiar muito de um metaverso aberto e descentralizado, porém isso exigiria abandonar o sistema financeiro tradicional. Os sistemas de pagamento atuais são muito caros e lentos para permitir o fluxo da atividade econômica que um metaverso aberto permitiria em tempo real. Por isso, a criptografia é crucial para um metaverso aberto, pois possibilitará que os usuários monetizassem seus ativos adotando os mecanismos de *finanças descentralizadas (DeFi)*.

O DeFi tem tudo a ver com a criação de uma alternativa global e descentralizada para todos os serviços financeiros que existem atualmente, incluindo seguros, poupanças, empréstimos etc., peer-to-peer, usando a tecnologia blockchain, portanto sem as instituições financeiras existentes. O objetivo do DeFi é dar acesso a qualquer pessoa às ferramentas financeiras por meio de um smartphone e uma conexão com a internet — levar serviços financeiros para 1,7 bilhão de pessoas que não têm uma conta bancária[269] e catapultá-las para o sistema econômico global.[270] A criptomoeda reduzirá o custo de negociação, e a tokenização oferecerá novas oportunidades de investimento para qualquer pessoa do mundo. Além disso, capacitará as pessoas e as organizações e as tornará menos dependentes das instituições financeiras "grandes demais para falir" que geraram o caos durante a Grande Recessão.[271]

Embora o DeFi possa redefinir o sistema financeiro global, no início de 2022, apenas cerca de 4,3 milhões de usuários estavam interagindo com aplicativos DeFi.[272] Esse número baixo provavelmente pode ser atribuído ao conhecimento técnico necessário para lidar com aplicativos DeFi existentes e aos riscos envolvidos, como nenhuma proteção contra fraudes ou falhas. Com todo o trabalho árduo acontecendo nesse espaço, nos próximos anos, aplicar mecanismos DeFi e monetizar os ativos podem se tornar atividades mais fáceis para criadores e fãs.

Conforme o metaverso aberto adotar esses mecanismos, ficará mais simples monetizar NFTs e ativos (digitais) subjacentes, além de oferecer uma experiência perfeita e acessível às massas, liberando um imenso valor para a sociedade. A Outlier Ventures cunhou o *MetaFi*, ou *Metaverse Finance*, que inclui todos os protocolos, as plataformas e os produtos que permitem a atividade financeira entre tokens não fungíveis e tokens fungíveis (criptomoedas) em benefício do consumidor.[273] Embora atualmente o DeFi funcione somente com tokens fungíveis, nos próximos anos (e é muito cedo para o MetaFi), ficará disponível para NFTs, e será mais fácil e acessível para os consumidores monetizarem seus NFTs.

É possível conseguir realizar a monetização ao permitir a propriedade fracionária dos NFTs (dividindo um token não fungível em muitos outros tokens fungíveis) ou negociando-os, emprestando-os ou tomando emprestado como garantia no mercado aberto. Uma vez que tenhamos alcançado esse tipo de interoperabilidade econômica, será possível aumentar a renda de muitas pessoas dentro do metaverso. Embora a princípio isso esteja disponível somente para os criadores e colecionadores mais experientes em tecnologia, devemos nos esforçar para tornar o MetaFi tão simples e acessível quanto usar um cartão de crédito e permitir que qualquer pessoa coloque seus ativos digitais para funcionar.

A Economia do Criador

Imagine que, daqui a alguns anos, um criador — seja um cantor, um artista 3D, um escritor ou um jogador — tenha criado um conteúdo exclusivo e o enviado a qualquer uma das plataformas descentralizadas disponíveis. O criador decidiu pedir uma pequena taxa em criptomoeda para que as pessoas consumam seu conteúdo. Sempre que um usuário acessar o conteúdo, o criador receberá em sua carteira os fundos pagos, talvez com o desconto de uma pequena taxa para a plataforma que hospeda o conteúdo. É possível permitir que os usuários testem o conteúdo e sejam reembolsados, caso fechem ou saiam da experiência dentro de determinado prazo. Dependendo do histórico de receitas do criador, que são todas transparentes no blockchain, ela pode decidir disponibilizar seu conteúdo e enviá-lo como garantia para um empréstimo para desenvolver seu próximo trabalho. Qualquer interesse dependerá de suas receitas e de seu histórico. Suponha que ele não pague o empréstimo no prazo. Nesse caso, o trabalho será automaticamente transferido para o usuário, a comunidade ou a organização que concedeu o empréstimo, incluindo qualquer IP ou direito autoral, caso tenha sido acordado. Se pagar a tempo, ele pode usar o trabalho seguinte para fazer a mesma operação, aumentando ainda mais seu perfil e sua reputação como criador de conteúdo e continuando a gerar valor (econômico) para a sociedade. É claro que um metaverso interoperável também permitiria aos jogadores transferir ativos para fora da plataforma em que eles foram adquiridos ou comprados, usá-los em outras plataformas, vendê-los no mercado aberto, alugá-los ou pedir emprestado usando os mesmos protocolos MetaFi.

Além disso, os NFTs também podem ser vinculados a ativos do mundo real, por exemplo, sua casa. Eles provarão a propriedade de um contrato que afirma que você é proprietário da casa. Você pode, então, colocar o NFT em um tipo de protocolo DeFi e usá-lo para refinanciar a casa e ter fundos adicionais disponíveis em horas ou até em minutos. Embora esses mecanismos já existam no mundo físico, quase sempre envolvem longos processos e tabeliães ou advogados caros para serem organizados. Porém usar o DeFi para refinanciar a casa ainda envolve riscos, porque as pessoas podem perder ativos em virtude de decisões precipitadas ou imprudentes; também podem ocorrer fraudes, uma vez que os freios e contrapesos que existem para proteger as pessoas são inexistentes em um mundo descentralizado.

Entre no Metaverso

O metaverso pode ser um destino de criação de valor significativo por e para milhões de criativos, artistas e jogadores do mundo, permitindo que todos se tornem microempreendedores, criem, ganhem e monetizem conteúdo, construam uma comunidade e contribuam com valor para o metaverso e a sociedade.

Se o metaverso for construído da maneira correta, ele dará à humanidade a chance de desenvolver novos mundos que são informados por nossos entendimentos mais modernos sobre como construir uma sociedade rica, justa e divertida. Em 2020, o mercado de NFT era de cerca de US$232 milhões e explodiu para US$22 bilhões em 2021.[274] Se o metaverso aberto se tornar realidade, e a interoperabilidade econômica e a monetização de ativos digitais se tornarem atividades comuns, isso poderá se transformar em um mercado de trilhões de dólares antes do final da década, no qual criadores e fãs constroem comunidades sociais, criam experiências únicas e contribuem para a economia do criador.

Capítulo 8

Digitalismo no Metaverso

A Tecnologia é Neutra

A tecnologia é neutra, pode trazer prosperidade à humanidade ou dor e destruição à sociedade. O metaverso não será diferente. Podemos esperar que qualquer um dos crimes cometidos no mundo real também ocorra, e talvez até se intensifique, na internet imersiva. Afinal, os criminosos estão em qualquer lugar que envolve dinheiro, e o metaverso será um mar de inúmeras oportunidades para consumidores, criadores e organizações ganharem dinheiro. Infelizmente, a segurança online é um desafio. Muitas empresas falham em proteger os dados dos clientes, resultando em falências devido a um hackeamento cibernético. Ao mesmo tempo, há exemplos de pessoas que tiram a própria vida por causa de assédio online ou ciberbullying. As atividades digitais criminosas já estão causando estragos no mundo inteiro, porém, uma vez que a sociedade está migrando para uma experiência digital multidimensional, espera-se que o cibercrime aumente para US$10,5 trilhões em 2025.[275] São trilhões, não bilhões, mais do que o PIB da Alemanha, da França e do Reino Unido juntos[276] e mais do que todo o comércio eletrônico global ou o setor imobiliário comercial.[277]

As tecnologias emergentes, como análise de big data e inteligência artificial, combinadas com a coleta de dados graças à Internet das Coisas e às mídias sociais, ajudaram a desenvolver uma sociedade que vive sob a vigilância de empresas privadas ou do Estado. Além disso, muitos dados são coletados por meio de headsets de RA e RV e, em breve, poderemos estar vivendo em um futuro distópico, no qual nossos dados definirão nossa liberdade, para melhor ou para pior. O metaverso possibilita captura e controle ilimitado de dados e identidade, tudo em busca de valor para o acionista. Se depender dos cibercriminosos, ele se transformará em um playground gigante onde será possível ganhar dinheiro.

Quando Zuckerberg anunciou a Meta em outubro de 2021, também anunciou que a privacidade e a segurança deveriam ser incorporadas ao metaverso desde o primeiro dia. Embora esteja 100% correto e a privacidade, a segurança e a ética precisam ser o foco do metaverso, o discurso dele mais parece com um lobo em pele de cordeiro, principalmente desde o testemunho de Frances Haugen no Congresso dos EUA, no qual afirmou que a rede social alimenta a polarização, prejudica as crianças e enfraquece a democracia.[278]

Uma internet imersiva e sempre ativa pode ser uma bênção ou uma maldição. Infelizmente, limitar os perigos exigirá muito trabalho dos órgãos de regulamentação, dos legisladores e das empresas que estão construindo o metaverso. Não é um passe livre, e não devemos esperar que isso resolva o problema. Se esperarmos para construir as medidas de segurança depois que o metaverso estiver totalmente funcionando, será tarde demais. Então, primeiro vamos explorar o que pode dar errado antes de discutirmos as soluções para evitar alguns dos perigos que nos aguardam. Garantir um metaverso seguro e inclusivo exigirá a resolução de problemas técnicos sérios, a aplicação de regulamentos rígidos e a garantia de educação cada vez mais cedo, mas certamente não é impossível.

Os Perigos do Metaverso

Haverá muitos desafios no metaverso, variando entre a coleta ilimitada de dados, impactando nossa privacidade, o abuso e o assédio constantes, a presença de avatares impostores tentando roubar informações confidenciais, as violações de segurança generalizadas, a IA tendenciosa, os bots e os trolls a todo momento, uma sociedade ainda mais polarizada, o aumento da desigualdade e de problemas de saúde física e mental. Se analisarmos o metaverso dessa perspectiva, devemos ser cautelosos sobre como proceder. Infelizmente, isso não acontecerá, porque as startups, as organizações, as pessoas e os criminosos se precipitarão para abocanhar uma fatia do bolo. Como espécie, ficamos muito bons em nos mover rápido e em destruir coisas, no entanto, menos capazes de diminuir o ritmo e pensar antes de agir, ou mesmo de consertar o que está quebrado. Assim como a internet atual causou uma enxurrada de problemas, acontecerá o mesmo com o metaverso ou ele ajudará a resolver alguns dos problemas? Os usuários ficarão viciados em um mundo imersivo, priorizando-o em detrimento a realidade devido aos constantes fluxos de dopamina? É o ópio das massas atualmente viciadas em algo menos exótico? É algo como a gordura e o açúcar, que precisamos usar com moderação ou ter regulamentação e orientação rigorosas para combater os riscos envolvidos? Vamos analisar isso.

A Datificação de Tudo

Datificação é transformar processos e pontos de contato analógicos do cliente em processos e pontos de contato digitais do cliente.[279] No metaverso, isso alcançará novos patamares. A maioria dos headsets atuais é capaz de rastrear mãos, ambientes e, com a ajuda de alguns sensores adicionais, movimentos. Esses pontos de dados são úteis para copiar os movimentos do mundo físico para o digital, mas também coletam grandes quantidades de dados sobre você e os arredores de sua localização: como são suas mãos, as coisas que você tem em casa, as pessoas que moram com você e suas condições físicas que indicam uma possível doença. Embora essas informações sejam privadas, não são tão íntimas quanto os dados que seus olhos transmitem.

A maioria dos headsets atuais também incorpora recursos de rastreamento de olhos e de face, recurso útil porque dará ao avatar uma aparência mais realista se for capaz de imitar suas expressões faciais. Como a maior parte de nossa comunicação é feita de forma não verbal, isso tornará a comunicação no metaverso mais natural e divertida. Os micromovimentos não verbais contam sua história, transmitem seus pensamentos, suas emoções, seu gosto e muito mais.[280] De acordo com a XR Safety Initiative, os dados que podem ser coletados incluem a frequência e a duração de suas piscadelas, de movimentos oculares, estado dos olhos (lacrimejante, seco ou avermelhado), propriedades da pupila, características da íris e atributos faciais. São informações bastante pessoais que podem transmitir traços de personalidade, informações sobre a saúde mental, habilidades e capacidades, o nível de sonolência, processos cognitivos, qualquer possível uso de drogas, a idade, a origem cultural, a saúde física, a origem geográfica, o gênero e a carga de trabalho mental que a pessoa está enfrentando.[281] Tudo isso em um piscar de olhos. Essa informação é obtida por meio da análise dos olhos. Esses dados podem ser vinculados a todo seu histórico de navegação na internet, bem como ao que você está vendo em realidade virtual ou aumentada e por quanto tempo, o que dizem sobre suas emoções, o que o empolga ou o assusta, sua sexualidade e muito mais — até coisas das quais você não tem consciência. Todos esses dados são considerados informações pessoais confidenciais, que muitas vezes requerem consentimento informado do proprietário dos dados, mas a questão é até que ponto qualquer consentimento dado é, de fato, consentimento informado.

A Privacidade É uma Ilusão

Agora suponha que você seja uma grande rede social com alguns bilhões de usuários, com foco intenso no metaverso e dono de um departamento de hardware que fabrica headsets de RV com esses recursos. Todos esses dados são muito valiosos para você. Graças aos dados de milhões de usuários, você poderá desenvolver modelos sofisticados de aprendizado de máquina e vender publicidade cada vez mais hiperpersonalizada. O que poderia dar errado? Keiichi Matsuda explora essa realidade distópica no vídeo *Hyper-Reality* [Hiper-realidade, em tradução livre], oferecendo um vislumbre de um futuro em que a publicidade personalizada dominou o mundo físico e digital.[282]

À medida que o metaverso englobar mais situações cotidianas de nossa vida, a privacidade pode se tornar uma ilusão cada vez maior, especialmente se for em um metaverso fechado controlado pela Big Tech. Além da Big Tech, os governos também controlarão e abusarão de nossos dados se conseguirem colocar as mãos neles. No início de 2022, foi revelado que a polícia alemã abusou de dados do aplicativo alemão de rastreamento de Covid-19 ilegalmente para encontrar testemunhas de um crime. Como acontece com muitos aplicativos de rastreamento usados em todo o mundo, os usuários tiveram que inserir dados pessoais, como números de telefone e endereços de e-mail, que foram vinculados a dados pessoais confidenciais de geolocalização. A polícia teve acesso a esses dados confidenciais e rastreou 21 possíveis testemunhas.[283] Acho que era de se esperar que os aplicativos fossem abusivos, mas o abuso em um dos países mais sensíveis à privacidade é uma surpresa preocupante.

Abuso, Assédio e Conteúdo Ilegal

Conforme vimos no Capítulo 4, o assédio sexual vem acontecendo em mundos virtuais praticamente desde que surgiram pela primeira vez. Infelizmente, algumas pessoas têm a mente distorcida. Todos os problemas da web atual, incluindo assédio, abuso e ciberbullying serão amplificados em um ambiente imersivo, principalmente se os usuários puderem ter anonimato e essas atividades não tiverem consequências. Segundo a organização sem fins lucrativos Center for Countering Digital Hate, um incidente de violação como assédio, agressão ou abuso acontece uma vez a cada sete minutos no jogo em RV VRChat.[284] É só um jogo, e é apenas o início do metaverso. Imagine daqui a cinco anos, quando o metaverso se tornar comum.

Pior ainda é que, com a realidade virtual, o rastreamento e a renderização podem ser feitos de maneira tão eficaz que o cérebro trata isso como uma experiência autêntica. Uma agressão sexual em um jogo de tiro parece muito real para as vítimas do abuso virtual e pode deixá-las traumatizadas.[285] Infelizmente, é difícil rastrear o abusador e provar o ataque, porque os incidentes geralmente não são registrados. Pior ainda quando envolvem crianças, porque os abusadores conseguem atraí-las pelo bate-papo durante o jogo e mostrar conteúdo sexualmente explícito para menores, ou podem falar diretamente com elas quando estão usando os headsets sem supervisão ou monitoramento. Esses bate-papos no jogo também podem ser usados por criminosos ou terroristas para organizar reuniões ou recrutar pessoas. É quase impossível rastrear e banir esse tipo de comportamento. Obviamente, isso viola os termos e condições dos jogos e dos fabricantes de headsets, mas isso não impede as pessoas de fazê-lo, simplesmente porque a chance de ser pego é praticamente zero. Mesmo que você seja denunciado e banido, é muito fácil abrir outra conta.

Por isso, a moderação de conteúdo tem sido um desafio na web 2.0, e o problema ainda não foi resolvido, apesar de muitas empresas gastarem uma quantia exorbitante de dinheiro para tentar solucionar isso, desenvolvendo IA avançada e contratando exércitos de moderadores de conteúdo. Se as plataformas centralizadas não conseguirem resolver esse problema, isso pode piorar quando as plataformas forem descentralizadas, porque possibilitam que o conteúdo permanente seja carregado em realidade virtual ou como realidade aumentada. Voltando ao pôster de recrutamento terrorista do Capítulo 1 e ao insulto racial envolvendo o McDonald's e que agora vive no Ethereum para sempre, se terroristas ou criminosos publicarem conteúdo difamatório, ofensivo ou ilegal em uma plataforma descentralizada, será impossível removê-lo. Como vimos, nas plataformas centralizadas, em que a IA não é uma solução abrangente para esse problema, temos um enorme desafio pela frente.

Avatares Impostores

Se não podemos mais acreditar naquilo que vemos, será que ainda podemos confiar naquilo de que fazemos parte? Nos últimos anos, os deepfakes geraram muita atenção da mídia. Vimos deepfakes bastante realistas de Obama ou da rainha Elizabeth II e, embora tenham sido criados com boas intenções, podem ter consequências na vida real. Os deepfakes têm sido usados para humilhar as pessoas online. Estrelas do TikTok e muitas ex-namoradas estão aparecendo em vídeos pornográficos de deepfake sem consentimento.[286] A tecnologia para criar deepfakes está cada vez melhor, incluindo áudio que soa como a voz da própria pessoa, conforme usado no documentário de Anthony Bourdain.

Embora esses deepfakes sejam criados com imagens de vídeo reais, a criação de vídeos digitais hiper-realistas agora é possível e pode levar a deepfakes hiper-realistas em tempo real. Vimos que a Warner Bros desenvolveu um videogame usando o Unreal Engine 5 para a promoção do novo filme *Matrix Resurrections*, incluindo um Keanu Reeves hiper-realista, criado por meio da ferramenta MetaHuman, do Unreal Engine.

Claro que, se a Warner Bros consegue criar um humano digital de Keanu Reeves, qualquer pessoa com acesso e experiência em MetaHuman pode recriar a pessoa que quiser. Não é improvável que, nos próximos anos, vejamos vídeos com celebridades, políticos ou líderes empresariais que foram recriados digitalmente, contra sua vontade, dizendo ou fazendo coisas que não disseram ou não fizeram. Infelizmente, não para por aí. Uma vez que o metaverso se torne realidade, esses mesmos avatares impostores podem abrir negócios no metaverso, prejudicando diretamente a reputação de determinada pessoa ou empresa e daqueles que interagirem com eles. O problema é que as pessoas tendem a ser ingênuas, e se um avatar se parece e soa como alguém que conhecem, ou pensam que conhecem, elas podem ser facilmente enganadas.

Já vimos vozes geradas por IA convencendo líderes empresariais a transferir dinheiro a fornecedores falsos e pessoas enviando Bitcoin para um endereço falso porque "Elon Musk" estava dando dinheiro grátis no Twitter. Agora imagine que você está em uma reunião de estratégia híbrida e o CEO que aparece como um avatar é, na verdade, um criminoso que se parece com o CEO ou, ainda, um falso membro da família de um político tentando roubar informações confidenciais. Isso pode ter consequências devastadoras. Infelizmente, é só uma questão de tempo até que isso aconteça.

Segurança de Dados

Isso nos leva à segurança de dados. Toda empresa que pode ser hackeada será hackeada e, se você ainda não foi hackeado, basicamente é porque você não é tão importante assim.[287] Não há como as empresas vencerem a batalha contra os hackers, porque essa é a principal atividade deles e, para as organizações, é apenas um negócio paralelo. No metaverso, não é improvável que os hackers usem agentes artificiais (autônomos) para atacar organizações com velocidade e agilidade inacreditáveis, tentando roubar os dados da empresa e dos consumidores. Você pode tentar combater hackers de IA com uma equipe de segurança de IA, e deve fazer isso, mas sempre haverá o problema de que a segurança é preventiva e, por necessidade, também reativa, sempre tentando acompanhar. O mais importante porém, é que sempre haverá falhas humanas que nenhuma segurança de IA consegue combater.

Mas isso não é tudo. Haverá uma ampla variedade de novos hackeamentos que podem gerar danos e destruição em realidade virtual e aumentada. Esses ataques incluem o Ataque do Joystick Humano (controla o movimento de um avatar sem o conhecimento ou o consentimento ou guiar/enganar um usuário até uma sala virtual da qual não consegue sair sem pagar um resgate); o Ataque do Homem na Sala (bisbilhota quartos privados sem que as pessoas saibam); o Ataque do Acompanhante (modifica os limites dentro de uma sala de realidade virtual para que as pessoas esbarrem nas paredes ou tropecem); o Ataque de Sobreposição (exibe imagens ou vídeos indesejados dentro da RV sem a possibilidade de remoção); ou o Ataque de Desorientação (cria confusão ou acende e apaga as luzes para provocar um ataque epiléptico).[288] No metaverso, mesmo que você escreva as regras, elas não o protegem de tudo.

Há, ainda, hackeamentos de NFT, em que os criminosos colocam NFTs grátis em sua carteira, mesmo sem pedir, e depois tentam convencê-lo a vendê-los. Assim que clicar no pop-up, você autoriza o hacker a acessar sua carteira, e todos os seus NFTs desaparecerão diante de seus olhos.[289]

Aumento da Desigualdade

Com a grande quantidade de dados gerados no metaverso, a Big Tech se tornará maior e mais poderosa, especialmente se os custos de troca continuarem altos e o metaverso aberto continuar sendo uma ilusão. Durante a pandemia, os dez homens mais ricos dobraram sua fortuna, enquanto a renda de 99% da humanidade caiu. Os dez bilionários aumentaram sua riqueza a uma taxa de US$15 mil por segundo durante os primeiros dois anos da pandemia.[290] Com a quantidade de dados que existem e que podem serem coletados, abusados e monetizados no metaverso, provavelmente cem vezes mais, não demorará muito para surgir o primeiro trilionário.

Além disso, quase 2,9 bilhões de pessoas nunca acessaram a internet e podem ter dificuldade em recuperar esse atraso se o restante do mundo migrar para o metaverso, aumentando ainda mais a divisão digital que já existe.

Além da desigualdade econômica, o metaverso também poderia "prosperar" na desigualdade física e excluir muitas pessoas com deficiência. Será difícil explorar um mundo virtual ou uma experiência aumentada se você for cego, assim como será um desafio fazer-se ouvir se você for surdo. Além disso, não existem muitos mundos virtuais que atendem a pessoas com deficiência para que levem sua identidade para o metaverso. O metaverso não foi feito para avatares em cadeiras de rodas.

Bots Ruins Controlando a Web

Atualmente, os bots ruins respondem por 20% de todo o tráfego da internet e estão em constante evolução e expansão.[291] Ficou fácil e financeiramente viável contratar um exército de bots para causar danos a um concorrente comercial, um oponente político ou qualquer jogador que jogue pela internet. Os bots e trolls dominam o discurso online (político) com desinformação. Independentemente de ser global ou local, qualquer grande evento contará com bots e trolls aparecendo a todo momento e espalhando desinformação.

Qualquer coisa relacionada ao metaverso não é diferente. Em janeiro de 2022, o OpenSea teve uma breve interrupção e, após isso, as pessoas não conseguiam mais ver seus NFTs em suas carteiras MetaMask. Quando os usuários entraram em contato com o MetaMask no Twitter, os bots imediatamente tentaram redirecioná-los para sites falsos, a fim de roubar seus NFTs.[292] Além disso, os bots estão tentando obter o maior número possível de airdrops NFT para vender com lucro, deixando os usuários honestos com as mãos vazias.

Polarização Aumentada

Além dos bots, os trolls também se tornaram a norma na internet. O único objetivo dos trolls é gerar desentendimento na internet, iniciando discussões ou perturbando as pessoas ao inserir mensagens inflamatórias ou fora do tópico em uma comunidade online. Um troll nas mídias sociais é alguém (ou algo) que deliberadamente diz algo controverso para alimentar as emoções e os pensamentos mais latentes, e inflamar a raiva e a frustração para influenciar questões políticas ou comerciais específicas.[293] Muitas vezes, isso envolve desinformação. Durante a pandemia, houve uma enxurrada de desinformação se espalhando pela internet que a OMS cunhou como *infodemia*.[294] Os exemplos da campanha presidencial de 2020 nos Estados Unidos e da campanha do Brexit de 2016 não exigem maiores explicações. A desinformação é uma ameaça à internet e, como tal, à nossa sociedade. Em 2019, aconteceram campanhas intencionais de desinformação em larga escala em mais de 48 países.[295] Até empresas estão contratando influenciadores virtuais para mudar o comportamento de (futuros) clientes.[296] Parece que o falso se tornou mais poderoso na internet do que a integridade e a verdade, e os cidadãos têm cada vez mais dificuldade em saber em que e em quem confiar online.

Para piorar a situação, bolhas de filtro e mecanismos de recomendação prejudiciais alimentam a polarização. Os algoritmos de recomendação já comandam o mundo e estão restringindo a liberdade das pessoas, embora muitas possam não perceber dessa maneira.[297] Em virtude da coleta de dados irrestrita, a IA saberá melhor do que você mesmo o que você quer e reforçará suas atitudes e crenças, levando os usuários da internet a direções mais extremas. O debate sobre a existência ou não do livre-arbítrio existe há muito tempo, mas com o surgimento de mecanismos de recomendação tão irrestritos e cada vez mais avançados invadindo nossa mente o livre-arbítrio pode desaparecer e ser substituído por uma ilusão, encerrando para sempre esse debate.

Esses algoritmos baseiam suas recomendações em dados coletados e geralmente fornecem apenas recomendações que correspondem ao perfil de um usuário, resultando em um ciclo de feedback que limita a liberdade e o acaso. Eles não servem a pessoa, mas a empresa que os criou, com a intenção de vender mais ou fazer com que os usuários permaneçam mais tempo online para vender mais anúncios. Os mecanismos de recomendação são prejudiciais, mas são onipresentes e, infelizmente, os governos se apoiam cada vez mais nesses algoritmos para tomar decisões.[298]

Uma internet imersiva com avatares sintéticos compartilhando informações erradas e interrompendo discussões com comentários inflamatórios, bem como comunidades de nicho vivendo em suas bolhas de filtro, resultaria em um metaverso bastante distópico e em uma internet muito pior do que a retratada no filme *O Dilema das Redes* ou nos livros *Snow Crash* e *Jogador N° 1*.

IA Tendenciosa

A inteligência artificial será muito importante para manter o metaverso funcionando e acessível, porém, infelizmente, os algoritmos são caixas pretas. Muitas vezes, não sabemos por que um algoritmo alcança determinado resultado. Eles podem fazer ótimas previsões, em uma ampla variedade de tópicos, mas quanto valem essas previsões se não entendermos o raciocínio por trás delas?[299] Graças às redes neurais, será difícil entender por que certas decisões foram tomadas. A maneira como administramos nossa sociedade se tornará cada vez mais obscura, conhecida somente pela elite que detém os dados e a IA.

Além disso, a IA tendenciosa é mais a regra do que a exceção. Muitas vezes, a IA é treinada com base em dados tendenciosos e criada por desenvolvedores condicionados, reforçando ainda mais os estereótipos prejudiciais existentes e colocando em risco as mulheres, as minorias e outros grupos sociais desfavorecidos. Estereótipos de gênero e sexo são comuns entre os chatbots voltados para o público.[300] A IA tendenciosa pode levar a resultados adversos em diversos ambientes, como saúde, educação e práticas de RH. A Amazon abandonou um algoritmo de aprendizado de máquina projetado para atrair talentos após descobrir um preconceito óbvio contra candidatas do sexo feminino.[301] O algoritmo propôs candidatos com base em dados históricos, resultando em uma preferência por candidatos do sexo masculino, já que as contratações anteriores foram predominantemente de homens.

Com a expectativa de que a IA conduza o show, a IA tendenciosa certamente é capaz de acabar com a diversão de muitas pessoas e estender ou piorar as desigualdades de comunidades do metaverso, principalmente se não for possível apelar contra uma decisão orientada por IA.

Problemas de Saúde

Os videogames podem ser um ótimo entretenimento e uma excelente ferramenta educacional, mas também podem causar muitos problemas de saúde física e mental. O excesso de horas em frente a jogos de vídeo pode resultar em sintomas semelhantes aos do vício em drogas[302] e causar sérios problemas cerebrais ou de saúde, inclusive levar à morte. Além disso, as pessoas passam horas nas redes sociais, exibindo vidas "perfeitas"; para muitos, isso gera ansiedade, estresse e depressão.

Se o design atual de jogos e das mídias sociais está destruindo e deteriorando a saúde mental, fazer mais do mesmo de forma amplificada em um ambiente altamente viciante e imersivo causará problemas significativos de saúde física e psicológica. Se as pessoas passarem mais tempo na realidade virtual do que na realidade física, as consequências podem ser devastadoras.

Os perigos e os desafios éticos do metaverso são reais e nada promissores. No entanto, o metaverso ainda não é algo concreto. Temos a chance de corrigir esses problemas antes que eles piorem. Mas como garantir que o metaverso não se torne uma versão ruim da Web 2.0? Como criar um metaverso inclusivo, no qual os usuários tenham controle total sobre seus dados, sua privacidade e identidade e se sintam seguros e bem-vindos?

Verificação, Educação e Regulamentação

Embora não evitemos todos os perigos potenciais e os dilemas éticos discutidos aqui, devemos nos esforçar para mitigar o máximo que pudermos e tentar evitar uma realidade distópica como a retratada nos livros *Jogador Nº 1* e *Snow Crash*. A web 2.0 e as mídias sociais meio que foram acontecendo. Agora, ainda estamos na prancheta.

Ainda podemos tomar decisões conscientes para orientar o metaverso na direção certa e evitar um futuro distópico. No entanto, precisamos agir agora e permanecer vigilantes, e devemos desenvolver padrões que viabilizem um metaverso inclusivo e interoperável. Isso significa que precisamos resolver a questão da identidade e da reputação online, além de educar pais e filhos sobre como se comportar no metaverso. Precisamos de regulamentação agora, não amanhã, quando for tarde demais. Portanto, há muito trabalho a ser feito por desenvolvedores, educadores e órgãos de regulamentação, mas não podemos apenas transferir nossa responsabilidade para os outros. Como cidadãos e consumidores, também temos a obrigação de fazer a coisa certa, ler os termos e as condições, limitar tempo no metaverso, ter bom senso e educação, pensar antes de agir e realizar a cotação usando nossos dados e nossas carteiras.

Os perigos e os desafios éticos do metaverso são muitos, e não tenho todas as respostas sobre como lidar com essas questões. No entanto, com base em minha pesquisa, acredito que existem três pilares importantes que contribuem para manter o metaverso seguro: verificação, formação e regulamentação.

Verificação

A confiança é um bem fundamental que, embora em grande parte intangível, será essencial para o funcionamento de praticamente todas as interações significativas no metaverso. Nossa tendência é pensar em confiança em relação a negócios, bancos, relacionamentos e finanças, porque a necessidade de confiança nessas áreas é clara e inegável. Na verdade, sem confiança, nenhuma transação consegue avançar, e a própria ideia de negociações mais simples se torna implausível. Sem a confiança, a lei se transforma em tirania, e os negócios, em pirataria.[303]

O primeiro pilar é verificar se um usuário é humano e lhe fornecer a confiança de que ele é quem diz ser, ao mesmo tempo em que garante que o comportamento negativo tenha consequências.

A tecnologia blockchain tem o potencial de mudar a natureza da confiança, não apenas nas transações renderizadas digitalmente, mas também na vida cotidiana do metaverso. No entanto, a confiança tem uma vítima: a privacidade. Para confiar uns nos outros, devemos abrir mão de um pouco de nossa privacidade, embora talvez não por muito mais tempo. Tenho pensado muito sobre esse problema na última década. A melhor solução possível é habilitar a *responsabilidade anônima*, que se tornou possível graças ao blockchain e à *prova de conhecimento zero* (ZKP). A ZKP é um método usado em criptografia para provar a propriedade de um conhecimento específico sem revelar seu conteúdo. Garante que os dados possam ser compartilhados sem compartilhar informações pessoais. Uma parte pode provar determinado fato sem revelar essa informação, criando, assim, a confiança necessária para realizar uma transação.

A responsabilidade anônima pode contribuir para evitar que bots, trolls e infratores continuem reinando livremente no metaverso. Embora isso permita que as pessoas continuem anônimas, se quiserem — um direito humano fundamental —, ações prejudiciais começarão a ter consequências semelhantes às do mundo real. Para que os usuários conseguissem começar a construir sua reputação anonimamente, seria necessário um padrão aberto e uma identidade autossoberana para entrar no metaverso. Ao vincular uma identidade verificada de uma fonte confiável — um banco ou uma organização governamental —, usando a ZKP para sua identidade autossoberana, as plataformas poderão confirmar se um usuário é uma pessoa real ou não sem saber quem é a pessoa por trás de uma conta. Se, mais tarde, a reputação do usuário anônimo em determinada plataforma estiver conectada por criptografia à sua identidade autossoberana, podemos começar a construir uma reputação autossoberana.

Sempre que um usuário deseja abrir uma nova conta, a plataforma pode ver quantas reputações estão vinculadas a ele e a pontuação média de sua reputação sem revelar nada sobre o usuário, seus perfis, interesses ou origens. Cabe, então, à plataforma decidir se concede ou não acesso ao usuário e, se for concedido, o nível de acesso e as possibilidades que o usuário recebe. Por exemplo, um usuário pode ter uma pontuação de reputação muito alta a partir de dez contas, o que indicaria que é um usuário confiável, ou ele pode ter uma pontuação de reputação baixa criada a partir de 250 contas, o que poderia indicar que ele usa bots para agir em seu nome. Claro que, a qualquer momento, o usuário poderia criar uma nova identidade autossoberana e começar tudo outra vez; mas como esse novo usuário não teria muitos dados históricos, as plataformas poderiam optar por limitar seu acesso até que prove ser confiável. Curiosamente, usamos a mesma abordagem no mundo real; se você ingressar em uma empresa nova como membro ou funcionário, primeiro precisa provar que é confiável antes de obter mais vantagens, acesso ou responsabilidade. Observe que nenhuma plataforma receberia dados de identificação pessoal a qualquer momento, mas esse comportamento negativo começaria a ter consequências, o que acredito ser essencial se quisermos criar um metaverso seguro.

Óbvio que, se quisermos dar um passo adiante, podemos usar dados biométricos criptograficamente protegidos como *prova adicional de ser humano*, caso a identidade autossoberana de um usuário tenha sido violada. Isso pode ser útil em situações extremamente delicadas, quando um avatar hiper-realista entrar em uma reunião híbrida, mas também deve ser controlado pelo verdadeiro proprietário desse avatar. Afinal, os dados de rastreamento ocular e de captura de movimento podem ser usados para identificar exclusivamente uma pessoa e, se esses dados não corresponderem àqueles com hash arquivados, isso pode indicar uma violação.

A verificação é um desafio técnico e cultural que precisamos superar. Desenvolver um padrão aberto de *responsabilidade anônima* será desafiador, mas garantir que ele possa ser implementado por todos os sites, as redes sociais e as plataformas metaverso é uma jogada diferente, pois exigiria que todos mudassem seus processos e suas plataformas, principalmente porque não se deve excluir o bilhão de pessoas que não têm uma conta bancária ou uma identidade verificada pelo governo e que não poderiam ser verificadas por uma fonte confiável.[304]

Educação

O segundo pilar trata de ensinar aos nativos do metaverso e aos analfabetos do metaverso, atuais e do futuro, a lidar com os perigos e os desafios éticos da internet imersiva. Isso inclui ensinar às crianças uma variedade de linguagens de programação para garantir que se tornem nativas nas linguagens que definirão o futuro. Afinal, se você entender como algo funciona, ficará mais hábil em navegar no mundo (digital), semelhante aos benefícios de saber um segundo ou terceiro idioma ao viajar. Compreender como a tecnologia que controla a sociedade é construída ajudará as crianças a se tornarem menos dependentes da tecnologia, e não apenas aceitar o status quo. Se forem educadas desde cedo, poderão desenvolver novas ideias e dar vida a elas de maneira independente. Isso as ajudará a entender os perigos técnicos inerentes.

Além de ensinar habilidades de programação, também devemos ensinar pais e filhos sobre como se comportar no metaverso. Infelizmente, nem todos os pais ensinam isso aos filhos, simplesmente porque eles mesmos não conhecem ou não entendem as plataformas e suas regras de engajamento. Tenho certeza de que muitos pais têm pouca ideia de como o Roblox, o Minecraft ou o Fortnite funciona e o que pode acontecer nessas plataformas. Portanto, as escolas têm a responsabilidade de ensinar às crianças o que fazer e o que não fazer dentro do metaverso — não apenas dizendo a elas o que fazer ou não, mas usando as ferramentas do próprio metaverso. Conforme vimos no Capítulo 4, aprender na prática aumenta a taxa de retenção da memória em 75%, portanto usar ferramentas de realidade virtual e aumentada para mostrar e falar sobre os perigos do metaverso pode ajudar a formar uma geração mais capaz de lidar com essas tecnologias.

Por fim, precisamos aumentar o foco na privacidade, na segurança e na ética em escolas e universidades. Lembro-me vagamente das aulas de ética na universidade, simplesmente porque não eram muito envolventes e não traziam exemplos com os quais eu pudesse me identificar. Precisamos garantir que nossos filhos obtenham uma compreensão ética profunda do metaverso para garantir que se torne a prática-padrão desse ambiente o mais cedo possível.

Regulamentação

O terceiro pilar necessário para construir a um metaverso seguro e inclusivo é a regulamentação. Mesmo com a internet atual, os formuladores de políticas geralmente não compreendem muito bem as tecnologias mais recentes, e pode levar muito tempo para elaborar regulamentos e fazer com que estes sejam aceitos e implementados. Com isso, quando entram em vigor, a maioria já está desatualizada. Se queremos elaborar regras para o metaverso, precisamos começar hoje e em nível global. Afinal, as fronteiras não importam no metaverso, por isso devemos evitar que criminosos consigam se esconder atrás de uma entidade em um país com regulamentações precárias.

Uma variedade de regras nos vêm à mente quando pensamos no assunto, e precisamos tentar fazer com que entrem em vigor o mais rápido possível. Um primeiro passo pode ser exigir que as organizações criem termos, condições e declarações de privacidade visuais e fáceis de ler, especialmente para as grandes empresas de tecnologia com milhões de usuários. Os termos e as políticas do Facebook que se aplicam aos usuários são mais extensos do que a Constituição dos EUA, e os documentos legais com letras miúdas são mais difíceis de ler e entender. Não devemos aceitar isso, e os reguladores devem exigir que as empresas garantam que qualquer pessoa possa ler e entender seus termos e suas condições, por exemplo, usando infográficos que explicam em termos claros como os dados serão usados e quais direitos você está concedendo a uma plataforma. O ideal seria que isso se aplicasse a todas as empresas ou, pelo menos, a empresas públicas e aquelas com mais de 1 milhão de usuários.

O ônus da responsabilidade pelo uso correto e ético das informações não deve recair sobre as pessoas, garantindo que elas se informem sobre a potencial desonestidade de uma empresa. As organizações é que devem projetar seu ambiente a fim de garantir que esses padrões sejam cumpridos. O desequilíbrio entre poder e informação entre usuários e organizações é grande demais para confiar às empresas termos e condições e políticas de privacidade. Elas podem simplificar esse processo ao garantir os padrões do setor, já que a prática de coleta e uso de dados é bastante semelhante em muitas plataformas. A padronização pode impedir que os usuários tenham que descobrir como seus dados estão sendo (mal) usados. Isso pode ser conduzido pelas organizações-padrão ou pelos reguladores.

Um segundo passo seria criar regulamentações envolvendo as IAs e pensar em uma maneira de evitar IAs tendenciosas, caixas pretas e pesquisas antiéticas. Devemos exigir que as organizações públicas permitam que seus algoritmos sejam analisados por auditores de IA, responsáveis por garantir que esta faça o que se pretende e por impedir que se transforme em caixas pretas que nem a própria organização consegue entender. Esses auditores devem ser responsabilizados por seu trabalho da mesma forma que os contadores podem ser responsabilizados por suas auditorias financeiras. Além disso, as organizações públicas devem ser obrigadas a montar um conselho independente de supervisão de ética em IA que exija que as organizações executem, por meio de um comitê de ética, grandes projetos (pesquisa) no setor, de modo semelhante aos pesquisadores universitários que precisam obter a aprovação de qualquer projeto de pesquisa por um comitê de ética independente. Claro que esses conselhos devem ter o poder de interromper qualquer pesquisa ou projeto, e todos os resultados devem ser publicados em relatórios anuais, a fim de garantir transparência para a sociedade.

Outras recomendações de governança incluem incentivar as empresas a contratar um diretor de confiança e segurança, responsável por impulsionar a segurança do usuário, conforme sugerido por Tiffany Xingyu Wang, presidente e cofundadora do Oasis Consortium, uma vez que "a segurança do usuário é fundamental na construção de comunidades inclusivas e de crescimento sustentável de maneira digital".[305] Outras regras podem envolver a exigência de jogos para implementar medidas, a fim de tentar limitar o número de horas que as crianças passam jogando no metaverso. Por exemplo, elas podem exigir que as plataformas avisem pais e filhos quando passarem muito tempo (conforme determinado por especialistas da área da saúde) no metaverso. As plataformas podem ainda ser obrigadas a implementar medidas de segurança para limitar o abuso online, o bullying e o assédio sexual.

187

Reconheço que esses tipos de regulamentação podem parecer extremos, e muitas pessoas argumentariam que é responsabilidade do mercado fazer isso. Infelizmente, como a web 2.0 nos mostrou, o mercado não assumiu sua responsabilidade em garantir um ambiente online seguro, então talvez seja a hora de envolver os reguladores nessa questão. De acordo com o que Dan Turchin, CEO da PeopleReign, me disse durante um de meus podcasts, "os direitos de dados são os novos direitos civis"; então, se protegermos os direitos básicos de cada cidadão na Constituição, talvez devêssemos fazer o mesmo com os direitos de seus dados.[306] Sempre haverá a responsabilidade do consumidor de ler os termos e as condições, votar usando os dados e parar de usar as plataformas que violam nossos direitos.

Nos próximos dez a quinze anos, desenvolveremos a próxima versão da internet, que será imersiva e mudará a forma como vivemos, trabalhamos e nos divertimos. Isso provavelmente mudará a forma como percebemos o ser humano, por isso precisamos garantir um metaverso seguro e inclusivo e ter um equilíbrio saudável entre o metaverso e a realidade. A verificação, a formação e a regulamentação podem contribuir para isso, mas precisamos começar agora.

Vigilância ou Fortalecimento

Empresas e governos têm uma palavra importante sobre como o metaverso será. Bons governos e boas corporações sustentáveis encontrarão maneiras de garantir que as pessoas estejam seguras, não sofram nenhuma maldade digital ou fisicamente e possam ganhar a vida honestamente dentro do metaverso, o que contribuirá para uma sociedade mais igualitária e rica. Por outro lado, regimes autoritários e um foco contínuo no modelo de acionistas podem resultar em vigilância incorporada ou estatal e um metaverso que entrega a maior parte do valor a uma pequena elite.

Desde o crescimento exponencial da internet e o crescimento explosivo da coleta de dados, uma nova história se desenvolveu lentamente. Eu gosto de chamá-la de *digitalismo*. A história do digitalismo está atrelada à luta e ao controle de dados por empresas e governos na tentativa de coletar o máximo de dados possível, com os cidadãos tentando proteger seus dados e sua privacidade.[307] Onde quer que haja dados, eles podem ser coletados e explorados; no metaverso, haverá brontobytes de dados. O digitalismo prevê um mundo em que os dados são o recurso mais importante na sociedade.

Devido à necessidade cada vez maior de dados, as empresas violam consistente e deliberadamente os direitos, a confiança, a privacidade e a liberdade dos consumidores, porque os governos não conseguem controlá-los. A IA, combinada com a coleta constante de dados habilitada por RA e RV, mostra que estamos caminhando como sonâmbulos em direção a uma sociedade vigilante.

O digitalismo exigirá que os humanos se adaptem, porque as máquinas desempenharão um papel cada vez mais importante na sociedade. O que começará com a colaboração entre homem e máquina e uma força de trabalho aumentada resultará em uma colaboração predominantemente entre máquina e máquina, em todos os níveis da sociedade e, também, no metaverso, limitando o número de empregos disponíveis.

A menos que possamos criar um metaverso aberto, uma sociedade organizada com base no digitalismo resultará em uma pequena elite controlando as ferramentas digitais, enquanto a grande maioria será subserviente a elas. Embora muitos cidadãos experimentem os benefícios dessas ferramentas digitais, se o digitalismo não for bem administrado e regulamentado, esses mesmos cidadãos também se sentirão cada vez mais irrelevantes à medida que sua vida, seu emprego e seu futuro se tornarem incertos.

Governos de todo o mundo e de todas as esferas ideológicas estão começando a reconhecer o poder da digitalização. Dependendo do país, isso resulta em redução de direitos, proteções e liberdade digital ou em cidadãos fortalecidos e livres. Nas próximas décadas, à medida que o metaverso estiver online, veremos uma divisão no mundo em três fluxos de digitalismo, a depender de como os governos e as empresas lidam com os dados e de como os cidadãos podem responder a eles.

- ▲ O **digitalismo de Estado** resultará em vigilância do Estado em um nível sem precedentes. Já podemos ver os primeiros sinais na China, principalmente na província de Xinjiang, onde um panóptico alimentado por IA limita os movimentos dos uigures. Uma sociedade organizada de acordo com a vigilância do governo dá total responsabilidade para o Estado, tirando a privacidade dos cidadãos e limitando ou bloqueando a internet. O Estado sabe tudo sobre seus cidadãos, muito mais do que a Stasi ou a KGB. Qualquer passo em falso, erro ou lapso de lealdade no metaverso é capturado pelo sistema de vigilância em massa e tem consequências imediatas.

▲ O **neodigitalismo** ajudará as empresas a realizar uma forte vigilância, muito além do que temos atualmente. Será caracterizado por um metaverso fechado, um mercado bastante livre, por meio da coleta ilimitada de dados e do forte capitalismo. Dentro de uma sociedade neodigital, a qual podemos ver se desenrolar lentamente nos Estados Unidos, a responsabilidade online é limitada. O Estado tem pouco poder sobre ela, não tem controle sobre a vida digital das pessoas, porque esse poder está inteiramente nas mãos dos titãs da tecnologia. A privacidade de uma pessoa depende do interesse de uma corporação em vender seus dados pessoais com fins lucrativos. Impulsionado pelos libertários, o neodigitalismo resulta em empresas não regulamentadas, decretando uma coleta absurda de dados. O resultado é um pequeno grupo de elites cada vez mais ricas.

▲ O **digitalismo moderno** seria a melhor opção para as pessoas, afinal combina as vantagens das ferramentas digitais com a privacidade estrita, com regulamentos de segurança e um metaverso aberto. O fortalecimento do cidadão lhes dará mais controle sobre seus dados. Nessa proposta, uma identidade autossoberana e um metaverso aberto e interoperável são o foco. Isso possibilita que as pessoas rastreiem e controlem seus dados, definindo a quem desejam expô-los e sob quais termos. A responsabilidade anônima online se tornará a regra, garantindo a privacidade dos cidadãos e incentivando a ética do mundo real na esfera online. O digitalismo moderno provavelmente tem a melhor chance de sucesso na Europa. Por meio de seu Regulamento Geral de Proteção de Dados (GDPR), suas diretrizes éticas de IA, a Lei de Mercados Digitais (DMA) e a Lei de Serviços Digitais (DSA), a UE está oferecendo uma proteção aos seus cidadãos.

O digitalismo será a história do metaverso. Se você mora em um país organizado de acordo com o digitalismo de Estado ou o neodigitalismo, não deve esperar algo parecido. Mas o digitalismo bem feito pode nos ajudar a resolver alguns dos problemas atuais. Afinal, a tecnologia é, em essência, neutra. O que pode ser usado para criar hackers de IA ou notícias falsas também pode ser usado para combatê-los ou construir experiências bonitas e imersivas. O blockchain pode capacitar os cidadãos a possuir os próprios dados e adotar uma identidade autossoberana, a fim de permanecer no controle o tempo todo. Podemos, também, capacitar os cidadãos e lhes dar o controle sobre os mecanismos de recomendação, para que os usuários não sejam puxados para uma toca de coelho toda vez que abrirem o YouTube. Se o digitalismo for restringido, seus efeitos adversos podem ser limitados ou dobrados de maneira positiva. Regulamentar e combater os monopólios da atualidade, desfazê-los e impedi-los de se transformarem nos novos ditadores mundiais será importantíssimo daqui para a frente.

Embora a ascensão do digitalismo seja imparável, como cidadãos, ainda temos a chance de construir um metaverso para nós, os criadores e criativos, não para as corporações ou o Estado. Porém não podemos nos enganar; isso exigirá muito trabalho, dedicação e o envolvimento de todas as partes interessadas, mas o esforço certamente vale a pena!

Capítulo 9

O Futuro do Metaverso

BCI: O Futuro das Experiências Imersivas

O futuro do metaverso pode muito bem não incluir computadores e headsets. Desde que o Neuralink, de Elon Musk, apresentou o macaco Pager controlando um jogo com a mente, as interfaces cérebro-computador (BCIs) tornaram-se o centro das atenções. Usando uma BCI, as pessoas podem fazer com que algo aconteça sem precisar mover um músculo. Essas interfaces são as grandes promessas do metaverso.[308]

As BCIs, também conhecidas como interfaces cérebro-máquina, interfaces mente-máquina ou interfaces de controle neural, já existem há algum tempo. A pesquisa sobre elas teve início na década de 1970, na Universidade da Califórnia, primeiramente voltada para a restauração da visão, da audição e outros danos físicos. Graças à IA e ao aprendizado de máquina, os pesquisadores ficaram muito bons nisso. As BCIs são capazes de detectar alterações minúsculas na energia irradiada pelo cérebro quando você pensa, reconhecendo alguns padrões nele.[309] A ressonância magnética (RM) nos permite entender detalhes específicos de partes do cérebro que se acendem quando pensamos em algo. Isso possibilitou que os cientistas lessem sonhos, pensamentos e reconhecessem sentimentos.[310] No entanto, uma máquina de ressonância magnética não é portátil e é muito cara — uma simples custa US$250 mil —, além de exigir uma equipe de pesquisadores ou médicos para operá-la. Portanto, foi iniciada a corrida para criar interfaces cérebro-computador que sejam baratas, pequenas e que possam ser operadas por qualquer pessoa. Dentro dessa categoria, existem dois tipos de BCI: uma interna, que usa implantes cibernéticos delicados, como os desenvolvidos pela Neuralink; ou dispositivos wearable BCI, como os desenvolvidos pela NextMind ou OpenMind.

A visão do Neuralink é desenvolver interfaces cérebro-máquina de largura de banda ultra-alta para conectar os humanos a computadores, a fim de que sobrevivam à próxima era da IA e explorem o metaverso de maneiras novas. Elon Musk acredita que a única maneira de termos alguma chance após a chegada da IA superinteligente é se fundir com ela; desse pensamento é que vem a declaração da missão do Neuralink: "Se você não pode vencê-los, junte-se a eles."[311]

Desde então, foram feitos progressos incríveis. No verão de 2020, eles realizaram um demonstração e implantaram um Neuralink em três porcos por meio de cirurgia, registrando as atividades cerebrais cotidianas deles, como cheirar e se mover. Um ano depois, apresentaram o macaco Pager atuando em um jogo mental — fazer com que um macaco jogue só por meio dos pensamentos e que seja muito bom nisso é um feito de engenharia incrível.[312]

Eles instalaram um disco de link do tamanho de uma moeda no cérebro do macaco por meio de um robô cirúrgico, conectando milhares de microfios do chip a neurônios específicos, para registrar padrões cerebrais. Depois de muito treino, ele foi capaz de jogar pingue-pongue só ao pensar nessa ação. Se é isso que um macaco consegue alcançar com uma BCI interna, imagine o que os humanos serão capazes fazer quando tiverem o cérebro conectado a computadores ou headsets de RV.

Pode ser que nem todos queiram implantar um pequeno computador no cérebro para se conectar a computadores — embora os ciborgues e os transumanistas deste mundo pensem o contrário. Felizmente, também existem wearables BCIs no mercado que não exigem um robô controlando nosso precioso cérebro. Essas opções menos invasivas para uma interface cérebro-computador usam um

O Futuro do Metaverso

dispositivo externo que registra as ondas cerebrais. Eles existem há muito tempo na forma de tampas de EEG. A eletroencefalografia, ou EEG, provavelmente é a segunda técnica mais conhecida de registro da atividade neural depois do uso de uma máquina de ressonância magnética.[313] Ao usar eletrodos colocados no couro cabeludo, ela consegue registrar a atividade elétrica do cérebro. Embora sejam baratos — você consegue encontrá-los no Alibaba por apenas US$20 —, não são muito confortáveis ou elegantes. Além do mais, seria necessário um software muito desenvolvimento para torná-los úteis.

Novas BCIs wearables estão sendo desenvolvidas e possibilitarão que qualquer pessoa se conecte ao metaverso por meio de ondas cerebrais. A empresa francesa NextMind, por exemplo, desenvolveu um dispositivo plug-and-play portátil que consegue medir a atividade cerebral por meio de sensores de EEG confortáveis e fáceis de usar. De repente, controlar um computador com o cérebro e usá-lo como mouse se tornou uma possibilidade. Segundo Sid Kouider, neurocientista e fundador da NextMind, esse é apenas o começo. Em algumas décadas, wearables BCIs permitirão a transmissão telepática de pensamentos dentro do metaverso.[314] Já é possível controlar o carro com a mente e, pela primeira vez no mundo, uma BCI permitiu que um homem com paralisia voltasse a se comunicar. O Consórcio BrainGate implantou um sensor no cérebro de Nathan Copeland, um homem que fraturou a coluna em um acidente de carro e ficou paralisado do peito para baixo, permitindo que esse paciente escrevesse noventa caracteres por minuto, algo muito mais veloz do que o antigo Nokia.[315] Nos próximos anos, surgirão muitos outros aplicativos como esse.[316]

Conforme vimos anteriormente neste livro, os gêmeos digitais serão um aspecto importante do metaverso, e em 2022 a empresa Neurotwin quer criar um gêmeo digital de nosso cérebro. Assim, seremos capazes de vincular uma BCI e transmitir o metaverso diretamente para o cérebro.[317] Em 2022, a empresa de RA Snap adquiriu a NextMind, aproximando muito essa visão da realidade. Você conseguirá se comunicar com amigos no mundo virtual por meio do pensamento; poderá assistir a um show da Ariana Grande no metaverso e transmitir pensamentos diretamente para seus amigos sem precisar falar nada. E eles conseguirão ver o que você está vendo, ouvir o que você está ouvindo e fazer parte de uma experiência completamente nova. Segundo Gabe Newell, fundador da Valve, as interfaces cérebro-computador representam o futuro dos jogos.[318]

A Valve trabalha com o desenvolvedor da wearable BCI OpenBCI para criar um software de código aberto e ajudar os desenvolvedores de jogos a entender melhor quais respostas estão estimulando o cérebro do jogador. A OpenBCI desenvolveu um headset chamado Galea, projetado especificamente para funcionar junto com o headset de realidade virtual da Valve, o Valve Index.[319]

De acordo com Newell: "Se você é um desenvolvedor de software em 2022 e não tem um desses em seu laboratório de testes, está cometendo um erro bobo."[320] No futuro (próximo), não só os desenvolvedores de jogos usarão BCIs para ajustar seus jogos, como os jogadores também poderão experimentá-los de uma maneira completamente nova. De acordo com Mike Ambinder, psicólogo experimental da Valve, a empresa pretende abandonar o padrão de jogos de dezessete botões e adotar algo mais naturalista.[321] Newell critica nossas habilidades naturais da visão e, em vez disso, prevê um futuro em que as BCIs transmitirão imagens diretamente em nossa mente.[322] Esse caminho mais direto tornaria os jogos mais naturais, transformando o que antes era uma experiência monótona e incolor em algo muito mais rico do que poderíamos imaginar.

As interfaces cérebro-computador nos prometem uma maneira totalmente nova de interagir com computadores, máquinas e uns com os outros. No entanto, com essa nova forma de comunicação, também surge um novo potencial desastre para nossa privacidade. Afinal, hoje nossos pensamentos são um dos últimos domínios genuinamente privados, e as BCIs tendem a mudar isso.

Quanto mais integrarmos as BCIs à nossa vida, mais elas mudarão nosso relacionamento com os computadores. Nas últimas décadas, passamos do ato de digitar para falar; em breve conseguiremos transmitir nossos pensamentos para os computadores, de modo semelhante ao que já acontece com Alexa, Siri ou Echo. Essas tecnologias mudaram a forma como nos relacionamos com os computadores e as marcas (elas decidem o que é bom para nós em vez de escolhermos), e o mesmo acontecerá quando levarmos a telepatia para o metaverso por meio do uso das BCIs.

Será que ainda precisaríamos de computadores físicos, smartphones ou até headsets de RV quando podemos simplesmente enviar nossos pensamentos para o outro lado do mundo? Como a mídia social mudaria se todos, em vez de tuitar, "gritassem" pensamentos em uma versão futura da mídia social? Como podemos impedir que mensagens específicas entrem em nosso cérebro e que determinados pensamentos sejam enviados acidentalmente para nosso chefe?

Explorar as primeiras oportunidades por meio dessa nova tecnologia é, sem dúvida, legal, mas ainda há muitas incógnitas sobre como isso mudará nossa relação com os computadores e as máquinas. Serão necessárias pesquisas fundamentadas para entender qual é a melhor maneira de lidar com as BCIs, sejam invasivas ou não invasivas, porém o impacto delas no metaverso será incrível, possibilitando experiências imersivas como nunca imaginamos.

Um Renascimento da Arte, da Criatividade e da Inovação

Antes que as BCIs mudem de forma radical nossa percepção da realidade, primeiro precisamos ter certeza de que o futuro do metaverso é aquele do qual realmente queremos fazer parte. Como Sir Tim Berners-Lee disse durante o Decentralized Web Summit em 2016:[323] "A web foi projetada para ser descentralizada, a fim de que todos pudessem participar por meio do próprio domínio e do próprio servidor web, mas não funcionou." A web acabou se tornando uma máquina de fazer dinheiro para as corporações e uma plataforma em que acontecem abusos e assédios a todo momento. Uma pesquisa do Pew Research Center de 2021 descobriu que cerca de quatro em cada dez norte-americanos já sofreram assédio online.[324] É um número chocante, considerando os outros problemas citados no capítulo anterior, indica claramente que a internet atual apresenta um problema de projeto.

À medida que interagimos com a próxima versão da internet, temos a oportunidade de começar tudo novamente, para desenvolver algo melhor, construir um metaverso em cujo design e código a confiança, a segurança e a privacidade estejam embutidos. Nós é que moldamos o metaverso e determinamos como ele será. Quer construamos uma web semelhante à atual ou uma diferente, mais aberta e inclusiva, a escolha deve ser nossa! Antes de mergulharmos de cabeça nesse mundo imersivo, precisamos ter certeza de que esses componentes essenciais não se tornem, mais uma vez, uma reflexão tardia, semelhante à web 2.0, mas o padrão do metaverso. Isso exigirá que reguladores e legisladores intensifiquem o jogo e as regras para as organizações, a fim de estabelecer os padrões necessários para um metaverso aberto. Se fizermos isso, conseguiremos criar um universo digital paralelo que amplifica as coisas de que gostamos por meio das tecnologias que desenvolvemos. E, para conseguir isso, precisamos reunir os pensadores, especialistas e criadores da atualidade e promover um rico debate sobre o tipo de metaverso que queremos construir e vivenciar e como faremos isso. Caso contrário, permaneceremos sonâmbulos em um metaverso fechado e controlado pelos Zuckerbergs deste mundo. Como Eminem disse: "Se você tivesse uma chance ou uma oportunidade de aproveitar tudo o que sempre quis em um momento, você a aproveitaria ou a deixaria escapar?"[325]

Estamos assistindo ao alvorecer de uma nova era e temos a oportunidade, uma chance de criar uma nova realidade para a humanidade, de reinventar a sociedade, mudar a internet para melhor, aprender com nossos erros e construir a realidade física dos nossos sonhos. Será que vamos aproveitar essa chance e desenvolver um metaverso aberto e interoperável ou a deixaremos escapar, para acabar em um pesadelo distópico?

Espero que possamos nos unir e construir um universo digital que esteja sempre disponível para interagirmos, consistindo em experiências incríveis que nos permitam explorar nosso "eu" interior, ser quem quisermos, ir aonde quisermos, quando quisermos, enquanto temos controle absoluto sobre nossa identidade, nossos dados e ativos.

Não haverá um momento decisivo no futuro em que diremos *"O metaverso chegou!"*, mas entraremos de maneira gradual na internet imersiva ao longo do tempo e adotaremos uma experiência digital que nos deixará maravilhados, surpreendidos e nos divertirá muito. No entanto, é impossível prever como será o metaverso no final desta década. Até mesmo a visão de Zuckerberg pode estar longe da realidade, já que o metaverso é criado por pessoas e criadores ímpares, especialmente um metaverso aberto e interoperável.

À medida que nos propusemos a construir esse metaverso, é improvável que ele seja projetado e criado pelos millennials ou pela geração X. Em vez disso, será predominantemente desenvolvido pelas gerações Z e Alpha, pois eles são os nativos do metaverso, que cresceram em um mundo cada vez mais digitalizado.

O Futuro do Metaverso

De acordo com Douglas Adams, famoso autor de *O Guia do Mochileiro das Galáxias*, escreveu em seu livro *O Salmão da Dúvida*[326]:

▲ Qualquer coisa que já existia quando você nasceu é normal e comum e apenas uma parte natural do modo como o mundo funciona.

▲ Qualquer coisa inventada entre os 15 e os 35 anos é nova, excitante e revolucionária, e você pode fazer uma carreira nisso.

▲ Qualquer coisa inventada depois dos 35 anos vai contra a ordem natural das coisas.

Imagine o que poderia acontecer daqui a dez anos, quando as tecnologias de ponta do futuro forem adotadas por uma geração de designers e desenvolvedores que brincam com elas há anos e que exploraram os primeiros resquícios do metaverso quando criança.

Veremos experiências verdadeiramente criativas e imersivas que nem sequer conseguimos a imaginar na atualidade,[327] além de uma explosão cambriana de identidade e criatividade, em que todos podem ter múltiplas identidades exibidas por meio de avatares diferentes, desde humanos digitais padrão até criações exclusivas desse mundo. Participaremos de reuniões híbridas em mundos de fantasia hiper-realistas, aprenderemos por meio da prática em RV e experimentaremos uma realidade aumentada com camadas ilimitadas no topo do mundo físico que pode ser explorada como entretenimento ou para fins comerciais. Algumas dessas camadas estarão disponíveis para todos, algumas estarão disponíveis somente após o pagamento em criptomoedas, e outras estarão acessíveis apenas para quem tem as credenciais certas.

À medida que a RA se torna uma parte mais significativa de nossa vida e supera o uso da RV, as pessoas terão perspectivas únicas sobre a realidade — para melhor ou para pior. O metaverso permitirá a gamificação da humanidade, embora devamos ser cautelosos para não acabar em um episódio de *Black Mirror*. Não devemos também nos esquecer de viver a vida no mundo real e físico, em vez de permanecer conectados todos os dias, o dia inteiro, e ter algum tempo longe de distrações digitais, com os amigos e os familiares da vida real.

À medida que a tecnologia avançar, abandonaremos os mundos com números baixos de polígonos e interagiremos com uma vaiedade única de mundos virtuais de alta fidelidade e com número alto de polígonos e experiências aumentadas antes de transmitir o metaverso diretamente em nosso cérebro. Será mais fácil construir mundos mais imersivos, e as coisas mais empolgantes podem acontecer em um ambiente que recompensa a criatividade e a inovação e permite que as pessoas monetizem seu trabalho. À medida que as tecnologias emergentes convergem ainda mais, isso resultará em um renascimento global da arte, da criatividade e da inovação, levando a rupturas que elevarão a humanidade a outro nível de aprimoramento e definirão a era da imaginação.

Estamos apenas começando a entender o que vem a ser o metaverso. O futuro dele será individual, com escolhas e criatividade ilimitadas. Experimentaremos novos níveis de evolução humana à medida que nos integramos à tecnologia, desde implantes BCI a sensores que nos darão novos sentidos além dos que já temos. No metaverso, não há limites para onde podemos ir. Depois dele, provavelmente está a web espacial proativa, com IA personalizada se comunicando diretamente com o cérebro. O limite entre computadores e humanos será tênue, até que integremos definitivamente a vida física e a digital. Bem-vindo ao metaverso, será uma aventura fantástica!

Epílogo

Embora haja muito hype em torno do metaverso, ainda é cedo. Um metaverso realmente interoperável e aberto estará disponível somente daqui a alguns anos, por isso ainda temos algo a dizer sobre como queremos construir a próxima versão da internet. Neste livro, espero que tenha ficado claro que precisamos levar essa oportunidade muito a sério. Construir o metaverso pode ser um momento decisivo para a humanidade. Para refletir sobre isso e ajudar qualquer pessoa a desenvolver os diversos componentes do metaverso, quero finalizar esta obra compartilhando dez diretrizes, ou princípios, do metaverso. Tomei como base todas as entrevistas e sugestões que recebi de quase 250 partes interessadas envolvidas no metaverso, bem como nos dez princípios do Burning Man, e espero que contribuam para a criação de um metaverso destinado a servir a humanidade em vez de uma pequena elite.[328]

- ▲ **Aberto:** Um metaverso aberto pode beneficiar qualquer pessoa, criando ou compartilhando experiências únicas, já que todos podem se mover facilmente entre os diversos mundos, levando consigo os dados, a identidade e as wearables de uma plataforma para outra.
- ▲ **Inclusivo:** Qualquer pessoa deve ter permissão para participar do metaverso e formar uma identidade própria, a que melhor reflete sua identidade no mundo real. No metaverso vale tudo, e ninguém deve ser excluído com base na aparência física ou digital.
- ▲ **Privado:** Sua vida, sua privacidade. No metaverso, qualquer pessoa e qualquer coisa deve ter custódia total sobre seus dados. Seja uma pessoa, uma organização ou um gêmeo digital, os dados permanecem com o criador original, e ninguém deve ter permissão para coletá-los, analisá-los ou abusar deles sem um consentimento explícito.

- ▲ **Transparente:** Sem letras miúdas nos contratos. Qualquer pessoa deve ser capaz de entender as regras de engajamento de qualquer plataforma, mundo virtual ou experiência aumentada em termos fáceis de ler.
- ▲ **Justo:** Sem taxas exorbitantes por parte dos proprietários da plataforma e uma recompensa justa por um trabalho justo. Não há extração de valor, e sim criação de valor. Aqueles que contribuem com a maior parte do valor devem receber a maioria das recompensas, de preferência habilitadas por criptomoedas.
- ▲ **Seguro:** A segurança deve ser parte do DNA do metaverso, estar embutida em seu código — ser assegurada por seu design. Os dados devem ser seguros e criptografados, especialmente quando se trata de dados biométricos confidenciais.
- ▲ **Proteção:** O metaverso deve ser um ambiente protegido, em que ninguém deve ter medo de ser assediado, intimidado ou insultado. As medidas de segurança devem ser incorporadas às plataformas e ativadas por padrão, a fim de oferecer proteção. Os infratores não devem conseguir se safar de suas ações.
- ▲ **Consensual:** Semelhante ao mundo físico, o consentimento deve ser uma prática comum no metaverso. As plataformas devem impedir que qualquer pessoa possa entrar em contato com qualquer outra sem pedir permissão, e o consentimento deve ser incorporado a seu código.
- ▲ **Criativo:** O metaverso prospera por meio da criatividade e dos criadores, e os artistas devem poder se expressar da maneira que quiserem, desde que não prejudiquem os outros. Como as leis da física não se aplicam ao mundo digital, o pensamento inovador deve ser recompensado.
- ▲ **Centrado na comunidade:** O metaverso é social, e a internet imersiva pode ser mais bem aproveitada em conjunto. Desde pequenas comunidades de nicho a comunidades globais que exploram, jogam e trabalham juntas, o metaverso deve ser construído em torno da colaboração criativa.

O ideal é que qualquer pessoa que crie algo para o metaverso verifique até que ponto sua plataforma, seu mundo virtual ou sua experiência aumentada está em conformidade com essas diretrizes. Se conseguirmos criar um metaverso para todos, todos se beneficiarão, e a humanidade prosperará.

Referências

1. Mike Proulx e Jessica Liu, "The Metaverse Won't Fix Facebook", 25 out. 2021, www.forrester.com/blogs/the-metaverse-wont-fix-facebook.
2. Dr Mark van Rijmenam, enquete no LinkedIn, www.linkedin.com/posts/markvanrijmenam_book-metaverse-trust-activity-68697426145 35557121-N7oX, dez. 2021.
3. "Lil Nas X's Roblox concert was attended 33 million times", por Jacob Kastrenakes, The Verge, www.theverge.com/2020/11/16/21570454/lil-nas-x-roblox-concert-33-million-views, 16 nov. 2020, acesso em 27 jan. 2022.
4. "Merch sales from Lil Nas X Roblox gig near 'eight figures'", por Stuart Dredge, *Musically*, https://musically.com/2021/07/06/merch-sales-from-lil-nas-x-roblox-gig-near-eight-figures, 6 jul. 2021, acesso em 27 jan. 2022.
5. Site "Metaverse Festival", https://themetaversefestival.io.
6. "Decentraland announces the Metaverse Festival", por Kristin Houser, Freethink, www.freethink.com/culture/metaverse-festival, 20 out. 2021, acesso em 27 jan. 2022.
7. "The first Metaverse Festival in Decentraland!", Besancia, *Non Fungible*, https://nonfungible.com/blog/first-metaverse-festival-decentraland, 25 out. 2021, acesso em 27 jan. 2022.
8. "A Magazine Is an iPad That Does Not Work", UserExperiencesWorks, *YouTube*, 25 out. 2011, acesso em 10 nov. 2021, www.youtube.com/watch?v=aXV- yaFmQNk.
9. Ernest Cline, *Ready Player One* (Crown Publishing Group, 2011). [Obra disponível em português com o título *Jogador Nº 1*].
10. Keynote Address: "Tim Berners-Lee, Re-decentralizing the web, some strategic questions", https://archive.org/details/DWebSummit2016_Keynote_Tim_Berners_Lee, 6 ago. 2016, acesso em 10 nov. 2021.
11. "Cybercrime To Cost The World $10.5 Trillion Annually By 2025", por Steve Morgan, *Cybercrime Magazine*, https://cybersecurityventures.com/cybercrime-damage-costs-10-trillion-by-2025, 13 nov. 2020, acesso em 24 jan. 2022.
12. Conforme discutido por Matthew Ball no epidódio 1 do podcast "Building the Open Metaverse", https://open.spotify.com/episode/5Vo1a5EPxDWI5quQOSf9wy.
13. "The First Mainframes", *Computer History Museum*, www.computerhistory.org/revolution/mainframe-computers/7/166, acesso em 14 nov. 2021.
14. Shen, PC.; Su, C.; Lin, Y. et al., "Ultralow contact resistance between semimetal and monolayer semiconductors", *Nature* 593, p. 211–217 (2021), https://doi.org/10.1038/s41586-021-03472-9.
15. National Nanotechnology Initiative, www.nano.gov/nanotech-101/what/nano-size, acesso em 14 nov. 2021.

16. Ada Lovelace, "Notas" para "Sketch of the Analytical Engine Invented by Charles Babbage", por L.F. Menabrea, em Scientific Memoirs (London, 1843), v. 3.
17. "BASIC", *Wikipedia*, última modificação em 6 fev. 2022, https://en.wikipedia .org/wiki/BASIC.
18. Cerf, V. G. & Leiner, B. M. (1997), *Brief history of the internet, internet Society*.
19. "The New Yorker cartoon", por Peter Steiner, 1993.
20. Jenna Ross, "The Biggest Companies in the world", *Visual Capitalist*, www.visualcapitalist.com/the-biggest-companies-in-the-world-in-2021, acesso em 14 nov. 2021.
21. Bailenson, J. (2018), "Protecting nonverbal data tracked in virtual reality", JAMA pediatrics, 172(10), p. 905–906.
22. Janus Rose, "Zuckerberg's Meta Endgame Is Monetizing All Human Behavior", *The Verge*, www.vice.com/en/article/88g9vv/zuckerbergs-meta-endgame-is-monetizing-all-human-behavior, acesso em 13 dez. 2021.
23. "Zuckerberg and team consider shutting down Facebook and Instagram in Europe if Meta can not process Europeans' data on US servers", por Michiel Willem, *City A.M.*, www.cityam.com/mark-zuckerberg-and-team-consider-shutting-down-facebook-and-instagram-in-europe-if-meta-can-not-process-europeans-data-on-us-servers, 6 fev. 2022, acesso em 7 fev. 2022.
24. Maddison Connaughton, "Her Instagram Handle Was 'Metaverse.' Last Month, It Vanished." www.nytimes.com/2021/12/13/technology/instagram-handle-metaverse.html, por Maddison Connaughton, *The New York Times*, 13 dez. 2021, acesso em 17 dez. 2021.
25. Nakamoto, S. (2008), "Bitcoin: A peer-to-peer electronic cash system", *Decentralized Business Review*, 21260.
26. Harari, Y. N. (2016), *Homo Deus: A Brief History of Tomorrow*, Random House [Obra disponível em português com o título *Homo Deus: Uma breve história do amanhã*].
27. Morton Heilig, "The Cinema of the Future", *Espacios* 23–24, (1955).
28. Morton Heilig, (1962), US Patent #3,050,870.
29. Bailenson, J. (2018), *Experience on demand: What virtual reality is, how it works, and what it can do*, WW Norton & Company.
30. José Adorno, "Kuo: Apple plans to replace the iPhone with AR in 10 years", *9To5Mac*, https://9to5mac.com/2021/11/25/kuo-apple-plans-to-replace- the-iphone-with-ar-in-10-years, 25 nov. 2021, acesso em 13 dez. 2021
31. "Why is Occlusion in Augmented Reality So Hard?", por Neil Mathew, *Hackernoon*, https://hackernoon.com/why-is-occlusion-in-augmented-reality-so-hard-7bc8041607f9, 28 jan. 2018, acesso em 7 fev. 2022.
32. "Snap Inc. Introduces the Next Generation of Spectacles", *Investor Relations Snap*, 20 maio 2021, https://investor.snap.com/news/news-details/2021/Snap-Inc.-Introduces-the-Next-Generation-of-Spectacles/default.aspx, acesso em 14 dez. 2021.
33. "Kura AR Gallium", por Kura AR, CES Innovation Awards 2022, www.ces.tech/Innovation-Awards/Honorees/2022/Honorees/K/Kura-AR-Gallium.aspx.
34. Post do LinkedIn de ARun Prasath, *LinkedIn*, www.linkedin.com/posts/arunxr_augmentedreality-ar-tourismmarketing-activity-68930465143 95029506-173s, 2 fev. 2022.
35. Lik-Hang Lee, Tristan Braud, Pengyuan Zhou, Lin Wang, Dianlei Xu, Zijun Lin, Abhishek Kumar, Carlos Bermejo, Pan Hui (2021), "All one needs to know about metaverse: A complete survey on technological singularity, virtual ecosystem, and research agenda". *arXiv preprint*, https://arxiv.org/abs/2110.05352; 35a. Clarke, Arthur C. (1968-01-19), "Clarke's Third Law on UFO's", *Science*, 159 (3812), p. 255. doi:10.1126/science.159.3812.255-b. ISSN 0036-8075.
36. "The Age of Imagination", por Charlie Magee, Second International Symposium: National Security & National Competitiveness: Open Source Solutions Proceedings, 1993 Volume I, https://web.archive.org/web/20110727132753/www.oss.net/dynamaster/file_archive/040320/4a32a59dcdc168ece-d6517b5e6041cda/OSS1993-01-21.pdf.

Referências

37. "Internet Statistics 2021: Facts You Need-to-Know", por Artem Minaev, https://firstsiteguide.com/internet-stats, 30 nov. 2021, acesso em 19 dez. 2021.

38. Anúncio de Satya Nadella sobre o Enterprise Metaverse, 2 nov. 2021, www.linkedin.com/feed/update/urn:li:activity:68613885917 30372608.

39. Entrevista com Bayan Towfiq, CEO da Subspace, 16 dez. 2021.

40. Madden NFL 22 & Nike NRC App Super Bowl Challenge! EARN AARON DONALD!, EA, https://answers.ea.com/t5/Madden-NFL-Ultimate-Team/Madden-NFL-22-amp-Nike-NRC-App-Super-Bowl-Challenge-EARN-AARON/m-p/11266356, 7 fev. 2022, acesso em 8 fev. 2022.

41. "De 'verbeterde mens' is onder ons", por Lex Rietman, FD, 17 dez. 2021, https://fd.nl/samenleving/1422461/de-verbeterde-mens-is-onder-ons, acesso em 23 dez. 2021.

42. Mark van Rijmenam, & Philippa Ryan, (2018), *Blockchain: Transforming Your Business and Our World*, Routledge.

43. "The Elephant in the Metaverse", Shannon Low, 3 out. 2021, https://shannonlow.substack.com/p/the-elephant-in-the-metaverse.

44. Entrevista com Neil Trevett, presidente eleito do Khronos Group, 16 dez. 2022.

45. Morini, M., "From 'Blockchain Hype' to a Real Business Case for Financial Markets". Disponível em SSRN 2760184, 2016.

46. Luu, L., et al., "Making smart contracts smarter", 2016, arquivo da Cryptology ePrint, relatório 2016/633, 2016, http://eprint/. iacr. org/2016/633.

47. Pascuale Forte, Diego Romano e Giovanni Schmid, "Beyond Bitcoin-Part I: A critical look at blockchain-based systems", IACR Cryptol. ePrint Arch, 2015; Melanie Swan, *Blockchain: Blueprint for a new economy*, 2015: O'Reilly Media, Inc.

48. Mark van Rijmenam and Philippa Ryan, (2018), *Blockchain: Transforming Your Business and Our World*, Routledge.

49. Andreessen Horowitz, "How to Win the Future: An Agenda for the Third Generation of the Internet", out. 2021, https://a16z.com/wp-content/uploads/2021/10/How-to-Win-the-Future-1.pdf.

50. "The Metaverse: What It Is, Where to Find It, and Who Will Build It", Matthew Ball, 13 jan. 2020, www.matthewball.vc/all/themetaverse, acesso em 23 dez. 2021.

51. *The Spatial Web: How Web 3.0 Will Connect Humans, Machines, and AI to Transform the World*, por Gabriel René e Dan Mapes, 2019, Self-published: Gabriel Rene (27 ago. 2019)

52. "The Metaverse Takes Shape as Several Themes Converge", por Pedro Palandrani, Global X, www.globalxetfs.com/content/files/The-Metaverse-Takes-Shape-as-Several-Themes-Converge.pdf.

53. Mark van Rijmenam & Philippa Ryan, (2018), *Blockchain: Transforming Your Business and Our World*, Routledge.

54. "The 5P's of a Self-Sovereign Identity", por Dr Mark van Rijmenam, TheDigitalSpeaker.com, www.thedigitalspeaker.com/5ps-self-sovereign-identity, 25 set. 2018.

55. "9 Megatrends Shaping the Metaverse", por Jon Radoff, https://medium.com/building-the-metaverse/9-megatrends-shaping-the-metaverse-93b91c159375, 20 maio 2021, acesso em 24 dez. 2021.

56. "Seeing is believing", *PwC*, www.pwc.com/gx/en/industries/technology/publications/economic-impact-of-vr-ar.html, 19 nov. 2019.

57. Gene Munster & Pat Bocchicchio, "The Metaverse Explained Part 3: Economics", https://loupfunds.com/the-metaverse-explained-part-3-economics/, 21 dez. 2018, acesso em 24 dez. 2021.

58. David Grider & Matt Maximo, "The Metaverse, Web 3.0 Virtual Cloud Economies", *Grayscale Research*, https://grayscale.com/wp-content/uploads/2021/11/Grayscale_Metaverse_Report_Nov2021.pdf, nov. 2021.

59. "Mark Zuckerberg's metaverse could fracture the world as we know it — letting people 'reality block' things they disagree with and making polarization even worse", por Katie Canales, *Business Insider*, www.businessinsider.com.au/facebook-meta-metaverse-splinter-reality-more-2021-11, 11 nov.. 2021, acesso em 10 fev. 2022.

Entre no Metaverso

60. Entrevista com Jamie Burke, fundador e CEO da Outlier Ventures, 16 nov. 2021.
61. Jamie Burke, "The Open Metaverse OS", *Outlier Ventures*, https://outlier ventures.io/wp-content/uploads/2021/02/OV-Metaverse-OS-V5.pdf.
62. "Why Axie Infinity Is at the Forefront Towards a Sustainable P2E Economy", por Jungruethai Songthammakul, *Alpha Finance*, https://blog.alphafinance.io/why-axie-infinity-is-at-the-forefront-towards-a-sustainable-p2e-economy, 20 dez. 2021, acesso em 24 dez. 2021.
63. "Axie Infinity facing taxes in the Philippines, Market Business News", por Edward Bishop, https://marketbusinessnews.com/axie-infinity-facing-taxes-in-the-philippines/280528, 4 nov. 2021, acesso em 18 jan. 2022.
64. "Axie Infinity Raising $150M at $3B Valuation: Report", por James Rubin, *CoinDesk*, www.coindesk.com/business/2021/10/04/axie-infinity-to-raise-150m-series-b-at-3b-valuation-report, 5 out. 2021, acesso em 18 jan. 2022.
65. Site da CoinMarketCap: https://coinmarketcap.com, 18 jan. 2022.
66. "Earnings for Axie Infinity players drop below Philippines minimum wage", por Lachlan Keller, *Forkast*, https://forkast.news/headlines/earnings-axie-infinity-below-minimum-wage, 16 nov. 2021, acesso em 12 fev. 2022.
67. Mansoor Iqbal, "Fortnite Usage and Revenue Statistics (2022)", *Business of Apps*, 11 jan. 2022, www.businessofapps.com/data/fortnite-statistics.
68. "Soulbound", por Vitalik Buterin, https://vitalik.ca/general/2022/01/26/soulbound.html, 26 jan. 2022, acesso em 13 fev. 2022.
69. Entrevista com Lindsey McInerney, 29 nov. 2021.
70. Jamie Burke, "The Open Metaverse OS", *Outlier Ventures*, https://outlierventures.io/wp-content/uploads/2021/02/OV-Metaverse-OS-V5.pdf.
71. "Hashrate Distribution", *Blockchain.com*, https://blockchain.info/pools, conforme relatado em 18 jan. 2022.
72. "Bitcoin: Who owns it, who mines it, who's breaking the law", por Betsy Vereckey, MIT Management Sloan School, https://mitsloan.mit.edu/ideas-made-to-matter/bitcoin-who-owns-it-who-mines-it-whos-breaking-law, 14 out. 2021, 18 jan. 2022.
73. "Report Preview: The 2021 NFT Market Explained" [UPDATED 1/13/22], *Chainanlysis*, https://blog.chainalysis.com/reports/nft-market-report-preview-2021, 6 dez. 2021, acesso em 18 jan. 2022.
74. @ryancrucible, *Twitter*, 10 maio 2021 https://twitter.com/RyanCrucible/status/1391851471243726851
75. Entrevista com Neil Trevett, The Khronos Group, 16 dez. 2021.
76. Kellie Patrick, "A Brief History of Avatars", *The Philadelphia Inquirer* (18 mar. 2007): www.inquirer.com/philly/entertainment/20070318_A_Brief_History_of_Avatars.html.
77. "What are some different types of gender identity?", por Veronica Zambon, *Medical News Today*, www.medicalnewstoday.com/articles/types-of-gender-identity, 5 nov. 2020, acesso em 15 jan. 2022.
78. "About NFT Profile Pictures on Twitter", *Twitter*, https://help.twitter.com/en/using-twitter/twitter-blue-fragments-folder/nft.
79. Entrevista com Timmu Tõke, CEO e cofundador de Wolf3D, 19 dez. 2021.
80. VRChat, "Avatar Performance Stats and Rank Blocking", https://medium.com/vrchat/avatar-performance-stats-and-rank-blocking-1ae0feddc775, 12 jun. 2019, acesso em 29 dez. 2021.
81. CA18, "The Matrix Awakens: you have to try this crazy Unreal Engine 5 demo!", *California* 18, https://california18.com/the-matrix-awakens-you-have-to-try-this-crazy-unreal-engine-5-demo/2021062021, 10 dez. 2021, acesso em 29 dez. 2021.
82. "Why 'Uncanny Valley' Human Look-Alikes Put Us on Edge", por Jeremy Hsu, *Scientific American*, www.scientificamerican.com/article/why-uncanny-valley-human-look-alikes-put-us-on-edge, 3 abr. 2012, acesso em 2 jan. 2022.

Referências

83. "Ready Player Me, a metaverse avatar platform, raises $13M in funding", por Rachel Kaser, *VentureBeat*, https://venturebeat.com/2021/12/28/ready-player-me-a-metaverse-avatar-platform-raises-13m-in-funding, 28 dez. 2021, acesso em 29 dez. 2021.

84. Rabindra Ratan, David Beyea, Benjamin J. Li & Luis Graciano Velazquez (2020). "Avatar characteristics induce users' behavioral conformity with small-to-medium effect sizes: A meta-analysis of the proteus effect", *Media Psychology*, 23(5), p. 651–675.

85. Nick Yee & Jeremy Bailenson, (2007). "The proteus effect: The effect of transformed self-representation on behavior", *Human Communication Research*, 33(3), p. 271–290. doi:10.1111/hcre.2007.33.issue-3; Rabindra Ratan, David Beyea, Benjamin J. Li & Luis Graciano Velazquez (2020). "Avatar characteristics induce users' behavioral conformity with small-to-medium effect sizes: A meta-analysis of the proteus effect", *Media Psychology*, 23(5), p. 651–675.

86. "Ready Player Me, a metaverse avatar platform, raises $13M in funding", por Rachel Kaser, *VentureBeat*, https://venturebeat.com/2021/12/28/ready-player-me-a-metaverse-avatar-platform-raises-13m-in-funding, 28 dez. 2021, acesso em 3 jan. 2022.

87. "Kim Kardashian's Met Gala Look Rewrote the Red Carpet's Rules", por Janelle Okwodu, *Vogue*, www.vogue.com/article/kim-kardashian-balenciaga-met-gala-2021-look, 13 set. 2021, acesso em 2 jan. 2022.

88. Pesquisa no Twitter, https://twitter.com/search?q=kim%20kardashian%20unlocked%20character&src=typed_query&f=top.

89. Epic's high-fashion collaboration with Balenciaga in Fortnite includes a hoodie for a walking dog, Jay Peters, *The Verge*, www.theverge.com/2021/9/20/ 22679754/fortnite-balenciaga-collaboration-epic-games-unreal-engine, 20 set. 2021, acesso em 2 jan. 2022.

90. "Balenciaga Brings High Fashion to Fortnite", *Epic Games*, www.epicgames.com/site/en-US/news/balenciaga-brings-high-fashion-to-fortnite, 21 set. 2021, acesso em 2 jan. 2022.

91. Robin Driver, "Balenciaga makes phygital haute couture with Fortnite", *Fashion Network*, https://ww.fashionnetwork.com/news/Balenciaga-makes-phygital-haute-couture-with-fortnite,1336247.html, 21 set. 2021, acesso em 2 jan. 2022.

92. Gucci Garden na Roblox, www.roblox.com/games/6536060882/Gucci-Garden.

93. "A digital Gucci bag sold for US$4,000 on gaming platform Roblox – will virtual fashion really become a US$400 billion industry by 2025?", www.scmp.com/magazines/style/news-trends/article/3136325/digital-gucci-bag-sold-us4000-gaming-platform-roblox, 7 jun. 2021, acesso em 2 jan. 2022.

94. "LOOK: Dolce and Gabbana sells virtual suit for R18m", por Gerry Cupido, *IOL*, www.iol.co.za/lifestyle/style-beauty/fashion/look-dolce-and-gabbana-sells-virtual-suit-for-r18m-a870a72f-59ba-482b-b2de-a7508fc12ac6, 6 out. 2021, acesso em 3 jan. 2022; "Dolce & Gabbana's NFT Experiment Is A Million-Dollar Success Story", por Alex Kessler, *Vogue*, www.vogue.co.uk/news/article/fashion-nft-dolce-and-gabbana, 30 set. 2021, acesso em 3 jan. 2022.

95. Entrevista com Michaela Larosse, líder de conteúdo e estratégica na empresa *The Fabricant*, 8 dez. 2021.

96. "Digital Fashion House 3.0", *The Fabricant*, https://the-fab-ric-ant.medium.com/the-fabricant-91e88b5b6b76, 12 out. 2021, acesso em 3 jan. 2022.

97. "Unlocking utility is key for fashion brands launching NFTs in 2022", por Rachel Wolfson, *Cointelegraph*, https://cointelegraph.com/news/unlocking-utility-is-key-for-fashion-brands-launching-nfts-in-2022, 3 jan. 2022, acesso em 3 jan. 2022.

98. Entrevista com Lindsey McInerney, 29 nov. 2021.

99. "Fewer Than Half of Returned Goods Are Re-Sold at Full Price: Here's Why", por Jasmine Glasheen, The Robin Report, 23 out. 2019, acesso em 3 jan. 2022.

100. "Your brand new returns end up in landfill", por Harriet Constable, BBC, www.bbcearth.com/news/your-brand-new-returns-end-up-in-landfill, acesso em 9 fev. 2022.

101. CGTN, "'Smart' mirrors delight shoppers in fitting rooms across China", *YouTube*, www.youtube.com/watch?v=GNKa8ZDOnF4, publicado em 8 out. 2017.

102. "How on earth is trading virtual items in video games a $50 billion industry?", *WAX.io*, https://medium.com/wax-io/how-on-earth-is-trading-virtual-items-in-video-games-a-50-billion-industry-5972c211d621, 12 dez. 2017, acesso em 3 jan. 2022.
103. Entrevista com Konrad Gill, NeosVR, 15 dez. 2021.
104. Richard A. Bartle, (2004). *Designing Virtual Worlds*. New Riders.
105. Mulligan, Jessica & Patrovsky, Bridgette (2003), "Developing Online Games: An Insider's Guide, New Riders", p. 444, ISBN 978-1-59273-000-1, 1980 [...] versão final de MUD1 completado por Richard Bartle. Essex vai para a ARPANet, resultando em MUDs na internet!
106. Apresentação de Benjamin Bertram Goldman na Beyond Games Conference em novembro de 2021, https://benjamin.tv/virtual-worlds.
107. "Richard Bartle: we invented multiplayer games as a political gesture", Keith Stuart, *The Guardian*, www.theguardian.com/technology/2014/nov/17/richard-bartle-multiplayer-games-political-gesture, 17 nov. 2014, acesso em 6 jan. 2022.
108. Apresentação de Benjamin Bertram Goldman na Beyond Games Conference em novembro de 2021, https://benjamin.tv/virtual-worlds.
109. "Keynote Raph Koster, Still Logged In: What AR and VR Can Learn from MMOs", 2017 Game Developers Conference, www.raphkoster.com/games/presentations/still-logged-in-what-social-vr-and-ar-can-learn- from-mmos.
110. "Do MUDs still exist?", *Board Game Tips*, https://boardgamestips.com/wow/do-muds-still-exist/#Do_MUDs_still_exist.
111. "The Metaverse Explained Part 3: Economics", por Gene Munster & Pat Bocchicchio, Loup, https://loupfunds.com/the-metaverse-explained-part-3-economics, 21 dez. 2018, acesso em 5 jan. 2022.
112. Duan, H., Li, J., Fan, S., Lin, Z., Wu, X. & Cai, W. (2021). "Metaverse for Social Good, Proceedings of the 29th ACM International Conference on Multimedia", https://doi.org/10.1145/3474085.3479238.
113. "First millionaire in Second Life", Guinness World Records, www.guinnessworldrecords.com/world-records/first-millionaire-in- second-life.
114. "Taking a Second Look at Second Life, by Jonathan Schneider", *ORCA Views*, https://qrcaviews.org/2020/11/10/taking-a-second-look-at-second-life, 10 nov.2020, acesso em 5 jan. 2022.
115. Black Rock City 2022, https://burningman.org/event.
116. Mark W. Bell (2008), "Toward a Definition of 'Virtual Worlds'", Virtual worlds research: Past, Present and Future issue, *Journal of Virtual Worlds Research*, 1(1).
117. Apresentação de Benjamin Bertram Goldman na Beyond Games Conference em novembro de 2021, https://benjamin.tv/virtual-worlds.
118. Elizabeth Reid (1994), *Cultural Formations in Text-Based Virtual Realities*, (master's thesis), University of Melbourne.
119. Anotação em Raph Koster, "Still Logged In: What AR and VR Can Learn from MMOs", 2017 Game Developers Conference, www.raphkoster.com/games/presentations/still-logged-in-what-social-vr-and-ar-can-learn-from-mmos.
120. "People Are Already Using Pokémon Go as a Real Estate Selling Point", por Cara Giaimo e Sarah Laskow, *Atlas Obscura*, www.atlasobscura.com/articles/people-are-already-using-pokemon-go-as-a-real-estate-selling-point, 12 jul. 2016, acesso em 6 jan. 2022.
121. Criminals Targeting Victims with the Geo-Located Pokémon Go Game, Reyhan Harmonic, *Atlas Obscura*, www.atlasobscura.com/articles/criminals-targeting-victims-with-the-geolocated-pokemon-go-game, 10 jul. 2016, acesso em 6 jan. 2022.
122. Pokemon Go Turns Man's Home into a 'Gym,' Causing Chaos, by Andrew Griffin, *Independent*, www.independent.co.uk/life-style/gadgets-and-tech/gaming/pokemon-go-man-s-house-accidentally-turned-into-a-gym-causing-huge-problems-a7129756.html, 14 jul. 2016, acesso em 6 jan. 2022.

Referências

123. "Virtual Pedophilia Report Bad News For Second Life", *TechCrunch*, https://techcrunch.com/2007/10/30/virtual-pedophilia-report-bad-news-for-second-life, 31 out. 2007, acesso em 6 jan. 2022.
124. "Pink penis attack on Second Life chat show", por Paul Kevan, *Metro*, https://metro.co.uk/2006/12/22/pink-penis-attack-on-second-life-chat-show-3433996, 22 dez. 2006, acesso em 6 jan. 2022.
125. "My First Virtual Reality Groping", por Jordan Belamire, *Athena Talks*, https://medium.com/athena-talks/my-first-virtual-reality-sexual-assault-2330410b62ee#.wxqm21s7v, 21 out. 2016, acesso em 6 jan.2022.
126. "Meta opens up access to its VR social platform Horizon Worlds", Alex Heath, *The Verge*, www.theverge.com/2021/12/9/22825139/meta-horizon-worlds-access-open-metaverse, 9 dez. 2021, acesso em 6 jan. 2022.
127. "Woman claims she was virtually 'groped' in Meta's VR metaverse", por Hannah Sparks, *New York Post*, https://nypost.com/2021/12/17/woman-claims-she-was-virtually-groped-in-meta-vr-metaverse, 17 dez. 2021, acesso em 6 jan. 2022; "The State of Online Harassment", Pew Research Center, www.pewresearch.org/internet/2021/01/13/the-state-of-online-harassment, 13 jan. 2021.
128. "Dealing With Harassment in VR", por Aaron Stanton, UploadVR, https://uploadvr.com/dealing-with-harassment-in-vr, 25 out.2016, acesso em 6 jan. 2022.
129. "Meta opens up access to its VR social platform Horizon Worlds", Alex Heath, The Verge, www.theverge.com/2021/12/9/22825139/meta-horizon-worlds-access-open-metaverse, 9 dez. 2021, acesso em 6 jan. 2022.
130. "Meta to bring in mandatory distances between virtual reality avatars", por Dan Milmo, *The Guardian*, www.theguardian.com/technology/2022/feb/04/meta-to-bring-in-mandatory-distances-between-virtual-reality-avatars, 5 fev. 2022, acesso em 9 fev. 2022.
131. "My First Virtual Reality Groping", por Jordan Belamire, *Athena Talks*, https://medium.com/athena-talks/my-first-virtual-reality-sexual-assault-2330410b62ee#.wxqm21s7v, 21 out. 2016, acesso em 6 jan. 2022.
132. "Gaming: the new super platform", *Accenture*, www.accenture.com/us-en/insights/software-platforms/gaming-the-next-super-platform, abril de 2021.
133. Filme e vídeo do Global Market Report 2021, The Business Research Group, www.thebusinessresearchcompany.com/report/film-and-video-global-market-report-2020-30-covid-19-impact-and-recovery.
134. "35% of the total world's population are gamers", por Justinas Baltrusaitis, *Finbold*, https://finbold.com/35-of-the-total-worlds-population-are-gamers, 15 ago. 2020, acesso em 7 jan. 2022.
135. "The Metaverse: What It Is, Where to Find It, and Who Will Build It", por Matthew Ball, www.matthewball.vc/all/themetaverse, 13 jan. 2020, acesso em 7 jan. 2022.
136. "Fortnite earned $9bn in two years, by Tom Phillips", *Eurogamer*, www.eurogamer.net/articles/2021-05-04-fortnite-earned-usd9bn-in-two-years, 18 maio 2021, acesso em 7 jan. 2022.
137. "Fortnite Usage and Revenue Statistics" (2021), por Mansoor Iqbal, Business of Apps, www.businessofapps.com/data/fortnite-statistics, 12 nov. 2021, acesso em 7 jan. 2022.
138. "Minecraft boasts over 141 million monthly active users and other impressive numbers", por Zachary Boddy, *Windows Central*, www.windowscentral.com/minecraft-live-2021-numbers-update, 16 out. 2021, acesso em 7 jan. 2022.
139. "Roblox User and Growth Stats 2022", por Brian Dean, *Backlinko*, https://backlinko.com/roblox-users, January 5, 2022, acesso em 7 jan. 2022.
140. "Over half of US kids are playing Roblox, and it's about to host Fortnite-esque virtual parties too", por Taylor Lyles, *The Verge*, www.theverge.com/2020/7/21/21333431/roblox-over-half-of-us-kids-playing-virtual-parties-fortnite, 21 jul. 2021, acesso em 7 jan. 2022.
141. "The Metaverse: What It Is, Where to Find It, and Who Will Build It", por Matthew Ball, www.matthewball.vc/all/themetaverse, 13 jan. 2020, acessoo em 7 jan. 2022.
142. "What is Roblox? | An In-Depth Guide To Roblox", por Werner Geyser, *Influencer Marketing Hub*, https://influencermarketinghub.com/what-is-roblox, 16 ago. 2021, acesso em 7 jan. 2022.

143. "This 21-year-old is paying for college (and more) off an amateur video game he made in high school", por Tom Huddleston Jr., *CNBC*, www.cnbc.com/2019/09/23/college-student-video-game-creator-made-millions-from-jailbreak.html, 9 mar. 2021, acesso em 7 jan. 2022.

144. "The Metaverse Overview: From the Past to the Future (Part 2)", por LD Capital, https://ld-capital.medium.com/the-metaverse-overview-from-the-past-to-the-future-part-2-c4e60ce10e00, 16 ago. 2021, acesso em 7 jan. 2022.

145. "Business models in the blockchain gaming world", por Devin Finzer, https://devinfinzer.com/blockchain-gaming-business-models, 31 dez. 2018, acesso em 7 jan. 2022.

146. "Beyond Sports, Blocky Nickelodeon NFL Wildcard Game", *Beyond Sports*, https://vimeo.com/555851612/c8d9a6aaed.

147. "Nickelodeon aired an NFL game and proved technology can make football way more fun", por Julia Alexander, *The Verge*, www.theverge.com/2021/1/11/22224770/nickelodon-nfl-wild-card-new-orleans-saints-chicago-bears-spongebob-squarepants-slime, 11 jan. 2021, acesso em 14 fev. 2022.

148. "How to Explain the 'Metaverse' to Your Grandparents", por Aaron Frank, https://medium.com/@aaronDfrank/how-to-explain-the-metaverse-to-your-grandparents-b6f6acae17ed, 9 jan. 2022, acesso em 14 fev. 2022

149. Intel, "Intel True View, Intel in Sports", www.intel.com/content/www/us/en/sports/technology/true-view.html.

150. "The Ultimate Echo Arena on the Quest Resource Guide", por Sony Haskins, *VR FItness Insider*, www.vrfitnessinsider.com/the-ultimate-echo-arena-on-the-quest-resource-guide, 6 maio 2020, acesso em 7 jan. 2022.

151. "IOC launches Beijing Olympics-themed mobile game with NFTs", por Ryan Browne, *CNBC*, www.cnbc.com/2022/02/03/ioc-launches-beijing-olympics-themed-mobile-game-with-nfts.html, 3 fev., 2022, acesso em 14 fev. 2022.

152. "AO releases exclusive NFT's to celebrate iconic moments in history", Australian Open, https://ausopen.com/articles/news/ao-releases-exclusive-nfts-celebrate-iconic-moments-history, 17 jan. 2022, acesso em 10 fev. 2022.

153. "AO launches into Metaverse, serves up world-first NFT art collection linked to live match data", Australian Open, https://ausopen.com/articles/news/ao-launches-metaverse-serves-world-first-nft-art-collection-linked-live-match-data, 11 jan. 2022, acesso em 10 fev., 2022.

154. "10m players attended Fortnite's Marshmello concert", por Tom Phillips, *Eurogamer*, www.eurogamer.net/articles/2019-02-04-10m-players-attended-fortnites-marshmello-concert, 4 fev. 2019, acesso em 7 jan. 2022.

155. Fortnite – Twitter, https://twitter.com/FortniteGame/status/1254817584676929537, 28 abr. 2020.

156. "How Hip-Hop Superstar Travis Scott Has Become Corporate America's Brand Whisperer", por Abram Brown, *Forbes*, www.forbes.com/sites/abram brown/2020/11/30/how-hip-hop-superstar-travis-scott-has-become-corporate-americas-brand-whisperer/?sh=5477095574e7, 30 nov. 2020, acesso em 7 jan. 2022.

157. "Travis Scott reportedly grossed roughly $20m for Fortnite concert appearance", por Rebekah Valentine, *Games Industry*, www.gamesindustry.biz/articles/2020-12-01-travis-scott-reportedly-grossed-roughly-USD20m-for-fortnite-concert-appearance, 1 dez. 2020, acesso em 7 jan. 2022.

158. Ivors Academy, "8 out of 10 music creators earn less than £200 a year from streaming", https://ivorsacademy.com/news/8-out-of-10-music-creators-earn-less-than-200-a-year-from-streaming-finds-survey-ahead-of-songwriters-and-artists-giving-evidence-to-a-select-committee-of-mps, 7 dez. 2020, acesso em 7 jan. 2022.

159. "Music NFTs: A centre-stage investment?", Raphael Sanis, *Currency.com*, https://currency.com/music-nft, 9 nov. 2021, acesso em 7 jan. 2022.

160. Susan Sonnenschein & Michele L. Stites (2021), ""The Effects of COVID-19 on Young Children's and Their Parents' Activities at Home, Early Education and Development, 32:6, p. 789–793, DOI: 10.1080/10409289.2021.1953311; "Stanford researchers identify four causes for 'Zoom fati-

Referências

gue' and their simple fixes", por Vignesh Ramachandran, Stanford News, https://news.stanford.edu/2021/02/23/four-causes-zoom-fatigue-solutions, 23 fev. 2021, acesso em 8 jan. 2022.

161. "The Learning Pyramid", The Peak Performance Center, https://thepeakperformancecenter.com/educational-learning/learning/principles-of-learning/learning-pyramid.

162. "The Experiences of the Metaverse", por Jon Radoff, https://medium.com/building-the-metaverse/the-experiences-of-the-metaverse-2126a7899020, 28 maio 2021, acesso em 8 jan. 2022.

163. "Public Policy for the Metaverse: Key Takeaways from the 2021 AR/VR Policy Conference", por Ellysse Dick, ITIF, https://itif.org/publications/2021/11/15/public-policy-metaverse-key-takeaways-2021-arvr-policy-conference, 15 nov. 2021, acesso em 8 jan. 2022.

164. "Example Use Cases of How to Use Virtual Reality (VR) for Training", www.instavr.co/articles/general/example-use-cases-of-how-to-use-virtual-reality-vr-for-training, acesso em 10 fev. 2022.

165. "7 Mad Men Quotes That Applied Both Then and Now", *Glad Works*, www.gladworks.com/blog/7-mad-men-quotes-applied-both-then-and-now, acesso em 9 jan. 2022.

166. "Warner Music is determined not to make another Napster mistake as it plots A-list concerts in the metaverse", por Marco Quiroz-Gutierrez, *Fortune*, https://fortune.com/2022/01/27/warner-music-metaverse-theme-park-concerts-sandbox-napster-cardi-b-dua-lipa, 28 jan. 2022, acesso em 14 fev. 2022.

167. "JPMorgan's Dimon says bitcoin 'is a fraud'", por David Henry, Anna Irrera, Reuters, www.reuters.com/article/legal-us-usa-banks-conference-jpmorgan-idUSKCN1BN2PN, 21 set. 2017, acesso em 18 fev. 2022.

168. "JPMorgan opens a Decentraland lounge featuring a tiger as the bank seeks to capitalize on $1 trillion revenue opportunity from the metaverse", por Natasha Dailey, *Business Insider*, https://markets.businessinsider.com/news/currencies/jpmorgan-decentraland-onyx-lounge-metaverse-virtual-real-estate-crypto-dao-2022-2, acesso em 16 fev. 2022, acesso em 18 fev. 2022; "Opportunities in the metaverse", por Christine Moy & Adit Gadgil, J.P.Morgan, www.jpmorgan.com/content/dam/jpm/treasury-services/documents/opportunities-in-the-metaverse.pdf, fev. 2022.

169. "Visions for 2020: Key trends shaping the digital marketing landscape", por Jacel Booth, *Oracle Advertising Blog*, https://blogs.oracle.com/advertising/post/visions-for-2020-key-trends-shaping-the-digital-marketing-landscape, 18 jan. 2020, acesso em 9 jan. 2022.

170. "Are you ready for the metaverse?", The Customer Experience Column, *Circlesquare*, https://ezine.moodiedavittreport.com/ezine-301/the-customer-experience-column, acesso em 10 jan. 2022.

171. "Stella Artois Gallops Into The Metaverse With Horse Racing NFTs", por Cathy Hackl, *Forbes*, www.forbes.com/sites/cathyhackl/2021/06/18/stella-artois-gallops-into-the-metaverse-with-horse-racing-nfts, 18 jun. 2021, acesso em 14 fev. 2022.

172. Entrevista com Lindsey McInerney, 29 nov. 2021.

173. Coffey et al., 2021, "Virtual-world simulator", United States Patent, https://patft.uspto.gov/netacgi/nph-Parser?Sect1=PTO2&Sect2=HITOFF&u=%2Fnetahtml%2FPTO%2Fsearch-adv.htm&r=1&f=-G&l=50&d=PTXT&p=1&S1=11210843&OS=11210843&RS=11210843.

174. "Big Data Meets Walt Disney's Magical Approach", Dr Mark van Rijmenam, *The Digital Speaker*, www.thedigitalspeaker.com/big-data-meets-walt-disneys-magical-approach, 21 maio 2013, acesso em 10 fev. 2022.

175. "Distribution of Roblox games users worldwide as of September 2020, by age", *Statista*, www.statista.com/statistics/1190869/roblox-games-users-global-distribution-age.

176. "Wendy's: Keeping Fortnite Fresh", por VMLY&R, www.thedrum.com/creative-works/project/vmlyr-wendys-keeping-fortnite-fresh.

177. Keeping Fortnite Fresh, Cannes Lions 2019, https://canneslions2019.vmlyrconnect.com/wendys.

178. David Robustelli, post do LinkedIn, www.linkedin.com/feed/update/urn:li:activity:6884489471849480192, 16 jan. 2022.

179. "McDonald's® USA Unveils First-Ever NFT to Celebrate 40th Anniversary of the McRib", https://corporate.mcdonalds.com/corpmcd/en-us/our-stories/article/OurStories.40-anniversary-mcrib.html, comunicado de imprensa de 28 out. 2021.

180. "McDonald's McRib NFT Project Links to Racial Slur Recorded on Blockchain", por Will Gottsegen & Andrew Thurman, www.coindesk.com/business/2021/12/11/mcdonalds-mcrib-nft-project-links-to-racial-slur-recorded-on-blockchain, 11 dez. 2021, acesso em 10 jan. 2022; Etherscan — detalhes da transição, https://etherscan.io/tx/0xd3a616c65e94f0a78d77a0ef0da699e29 4043c94b3643bc2c718577f2179b1b1.

181. Entrevista com Justin Hochberg, CEO do Virtual Brand Group, 11 jan. 2021.

182. "The brands are at it again — Taco Bell is hopping on the NFT train", por Mitchell Clark, *The Verge*, www.theverge.com/2021/3/8/22319868/taco-bell-nfts-gif-tacos-sell, 8 mar. 2021, acesso em 11 jan. 2022.

183. "Coca-Cola NFT Auction on OpensSea Fetches More than $575,000", *Coca-Cola Press Release*, www.coca-colacompany.com/news/coca-cola-nft-auction-fetches-more-than-575000, 6 ago 2021, acesso em 11 jan. 2022.

184. "What fashion week looks like in the metaverse", Maghan McDowell, *Vogue Business*, www.vogue-business.com/technology/what-fashion-week-looks-like-in-the-metaverse, acesso em 16 abr. 2022, publicado em 1 fev. 2022.

185. "Metaverse Fashion Week Draws Big Brands", Startups, Ann-Marie Alcántara, *The Wall Street Journal*, www.wsj.com/articles/metaverse-fashion-week-draws-big-brands-startups-11648166916, acesso em 24 mar. 2022, publicado em 16 mar. 2022.

186. "Metaverse Fashion Week: The hits and misses", Maghan Mcdowel, *Vogue Business*, www.voguebusiness.com/technology/metaverse-fashion-week-the-hits-and-misses, acesso em 16 abr. 2022, publicado em 29 mar. 2022.

187. Mel Slater et al. (2020), "The Ethics of Realism in Virtual and Augmented Reality", Frontiers in Virtual Reality, 1, p. 1.

188. "Rare Bored Ape Yacht Club NFT Sells for Record $3.4 Million", por Rosie Perper, *Hyperbeast*, https://hypebeast.com/2021/10/bored-ape-yacht-club-nft-3-4-million-record-sothebys-metaverse, 26 out. 2021, acesso em 12 jan. 2022.

189. "10:22 pm Forms Kingship, The First-Ever Group Consisting of NFT Characters from Bored Ape Yacht Club", Press Release, *Universal Music Group*, www.universalmusic.com/1022pm-forms-kingship-the-first-ever-group-consisting-of-nft-characters-from-bored-ape-yacht-club, 11 nov. 2021, acesso em 12 jan. 2022.

190. "Adidas to enter the metaverse with first NFT products", por Rima Sabina Aoef, *Dezeen*, www.dezeen.com/2021/12/19/adidas-enter-metaverse-first-nft-products-design, 19 dez. 2021, acesso em 12 jan. 2022.

191. "ADIDAS Has Landed On The Ethereum Metaverse with Sandbox, BAYC, and Coinbase!", por Dennis Weldner, *Cryptoticker*, https://cryptoticker.io/en/adidas-ethereum-metaverse, 29 nov. 2021, acesso em 12 jan. 2022.

192. "Truly Immersive Retail Experiences: How Brands Like Nike Are Using Augmented Reality in 2021", por Madeleine Streets, *Footwear News*, https://footwearnews.com/2021/business/retail/nike-hovercraft-studio-augmented-virtual-reality-experience-1203103817, 4 fev. 2021, acesso em 12 jan. 2022.

193. "Nike Creates NIKELAND on Roblox", *Press Release Nike*, https://news.nike.com/news/five-things-to-know-roblox, 18 nov. 2021, acesso em 12 jan. 2022.

194. "What the metaverse will (and won't) be, according to 28 experts", por Mark Sullivan, *Fast Company*, www.fastcompany.com/90678442/what-is-the-metaverse, 26 out. 2021, acesso em 12 jan. 2022.

195. "How to Quit Your Job in the Great Post-Pandemic Resignation Boom", por Arianne Cohen, *Bloomberg*, www.bloomberg.com/news/articles/2021-05-10/quit-your-job-how-to-resign-after-covid-pandemic, 10 maio 2021, acesso em 14 jan. 2022.

Referências

196. "Pieter Levels, There will be 1 billion digital nomads by 2035", https://levels.io/future-of-digital-nomads, 25 out. 2015, acesso em 14 jan. 2022.

197. Jeremy N. Bailenson (2021), "Nonverbal Overload: A Theoretical Argument for the Causes of Zoom Fatigue", *Technology, Mind, and Behavior*, 2(1), https://doi.org/10.1037/tmb0000030; Vignesh Ramachandran (2021), "Stanford researchers identify four causes for Zoom fatigue and their simple fixes", Recuperado de *Stanford News*: https://news.Stanford.edu/2021/02/23/four-causes-zoom-fatigue-solutions.

198. *Augmenting Your Career*, por David Shrier, Piatkus, 2021.

199. Erik Brynjolfsson & Andrew McAfee (2011), *Race Against the Machine: How the Digital Revolution is Accelerating Innovation, Driving Productivity, and Irreversibly Transforming Employment and the Economy*, Brynjolfsson and McAfee.

200. "John Deere's self-driving tractor lets farmers leave the cab — and the field", por James Vincent, *The Verge*, www.theverge.com/2022/1/4/22866699/john-deere-autonomous-farming-ai-machine-vision-kit, 4 jan. 2022, acesso em 14 jan. 2022.

201. "TECH TRENDS The rush to deploy robots in China amid the coronavirus outbreak", por Rebecca Fannin, CNBC.com, www.cnbc.com/2020/03/02/the-rush-to-deploy-robots-in-china-amid-the-coronavirus-outbreak.html, 2 mar. 2020, acesso em 14 jan. 2022.

202. "Welcoming our new robots overlords", por Sheela Kolhatkar, *The New Yorker*, www.newyorker.com/magazine/2017/10/23/welcoming-our-new-robot-overlords, 16 out. 2017, acesso em 14 jan. 2022.

203. "Augmented and Virtual Reality in Operations", *Capgemini*, www.capgemini.com/wp-content/uploads/2018/09/AR-VR-in-Operations1.pdf, set. 2018.

204. Farrand, P., Hussain, F. & Hennessy, E. (2002), "The efficacy of the mind map study technique", *Medical education*, 36(5), p. 426–431.

205. "New Employees, Come to Metaverse!", Hyundai, https://news.hyundaimotor group.com/Article/New-Employees-Come-to-Metaverse, 26 ago. 2021, acesso em 15 jan. 2022.

206. "Big companies thinking out of the box for recruitment", *Korea JoongAng Daily*, https://koreajoongangdaily.joins.com/2021/09/15/business/industry/metaverse-job-fair-recruitment/20210915180700311.html, 15 set. 2021, acesso em 15 jan. 2022.

207. "Looking for a job? You might get hired via the metaverse, experts say", CNBC, www.cnbc.com/2021/11/30/looking-for-a-job-you-might-get-hired-via-the-metaverse-experts-say.html, 30 nov. 2021, acesso em 15 fev. 2022.

208. "5 Virtual Reality Training Benefits HR Managers Should Know", por Andrew Hughes, *eLearning Industry*, https://elearningindustry.com/virtual-reality-training-benefits-hr-managers-know-5, 5 mar. 2019, acesso em 15 fev. 2022.

209. Cecilie Våpenstad, Erlend Fagertun Hofstad, Thomas Langø, Ronald Mårvik, Magdalena Karolina Chmarra, "Perceiving haptic feedback in virtual reality simulators", *Surg Endosc.*, jul. 2013;27(7), p. 2391-7, doi: 10.1007/s00464-012-2745-y, Epub jan. 2013, 26, PMID: 23355154.

210. "How does a digital twin work?", IBM, www.ibm.com/topics/what-is- a-digital-twin.

211. "How does a digital twin work?", IBM, www.ibm.com/topics/what-is- a-digital-twin.

212. Lik-Hang Lee, et al., (2021), "All one needs to know about metaverse: A complete survey on technological singularity, virtual ecosystem, and research agenda", *arXiv preprint*, https://arxiv.org/abs/2110.05352.

213. "Digital Twin", *Siemens*, www.plm.automation.siemens.com/global/en/our-story/glossary/digital-twin/24465, acesso em 13 fev. 2022.

214. Varjo, "The world's first mixed reality test drive" (estudo de caso), https://varjo.com/testimonial/xr-test-drive-with-volvo.

215. Varjo, "Case Volvo Cars" com Christian Braun, https://varjo.com/testimonial/volvo-cars-on-varjo-mixed-reality-this-is-the- future-of-creativity.

216. "Taking Digital Twins for a Test Drive with Tesla, Apple", por Jesse Coors-Blankenship, *Industry-Week*, www.industryweek.com/technology-and-iiot/article/21130033/how-digital-twins-are-raising-the-stakes-on-product-development, 30 abr. 2020, acesso em 10 fev. 2022.

217. The B1M, "Building a $2BN Skyscraper From Home", *YouTube*, www.youtube.com/watch?v=4lnncg-MCLKA, 7 out. 2020.

218. The B1M, "Why This Korean Stadium Will Be a Game Changer for Football", *YouTube*, www.youtube.com/watch?v=88nWMhURPgc, 26 jan 2022, assistido em 14 fev. 2022.

219. "EXPO 2020 Dubai hosts ISALEX 2.0, the world's first law enforcement exercise in the metaverse", por International Security Alliance Secretariat, *PR Newswire*, www.prnewswire.com/news-releases/expo-2020-dubai-hosts-isalex-2-0-the-worlds-first-law-enforcement-exercise-in-the-metaverse-301508827.html, acesso em 16 abr. 2022, publicado em 23 mar. 2022.

220. Entrevista com Guillaume Alvergnat e Faraz Hashmi, assessores da International Affairs Bureau, UAE Ministro do Interior, 25 mar. 2022.

221. "Why Blockchain is Quickly Becoming the Gold Standard for Supply Chains", por Dr Mark van Rijmenam, *Datafloq*, https://datafloq.com/read/blockchain-gold-standard-supply-chains, 22 nov. 2018, acesso em 16 jan. 2022.

222. "Seoul will be the first city government to join the metaverse", por Camille Squires, *Quartz*, https://qz.com/2086353/seoul-is-developing-a-metaverse-government-platform, 10 nov. 2021, acesso em 16 jan. 2022.

223. "Working towards a Digital Twin of Earth", ESA, www.esa.int/Applications/Observing_the_Earth/Working_towards_a_Digital_Twin_of_Earth, 14 out. 2021, acesso em 16 jan. 2022.

224. Entrevista com Richard Kerris, VP da plataforma Omniverse da NVIDIA, 15 dez. 2021.

225. "ESA moves forward with Destination Earth", por European Space Agency, www.esa.int/Applications/Observing_the_Earth/ESA_moves_forward_with_Destination_Earth, 22 out. 2021, acesso em 16 jan. 2022.

226. Edward Castronova (2008), *Exodus to the Virtual World: How Online Fun Is Changing Reality*, Palgrave Macmillan.

227. David J. Chalmers, *Reality+: Virtual Worlds and the Problems of Philosophy*, New York: W. W. Norton, 2022; "Virtual reality is reality, too", por Sean Illing, *Vox*, www.vox.com/vox-conversations-podcast/2022/1/12/22868445/vox-conversations-david-chalmers-the-matrix-reality, 12 jan. 2022, acesso em 16 jan. 2022.

228. Hernando de Soto, "The Power of the Poor", 2009, www.freetochoosenetwork.org/programs/power_poor.

229. The Creator Economy Survey by The Influencer Marketing Factory, by Globe Newswire, *MarTech Series*, https://martechseries.com/social/influencer-marketing/the-creator-economy-survey-by-the-influencer-marketing-factory, 21 set. 2021, acesso em 21 jan. 2022.

230. "22 Creator Economy Statistics That Will Blow You Away", por Werner Geyser, *Marketing Hub*, https://influencermarketinghub.com/creator- economy-stats, 15 mai. 2021, acesso em 21 jan. 2022.

231. "MetaFi: DeFi for the Metaverse", *Outlier Ventures*, https://outlierventures.io/wp-content/uploads/2021/12/OV_MetaFi_Thesis_V1B.pdf.

232. "What Is Lens?", https://docs.lens.dev/docs, acesso em 11 fev. 2022; "A New Decentralized Social Network for Web3 Is Coming", por Tatiana Kochkareva, *BeinCrypto*, https://beincrypto.com/a-new-decentralized-social-network-for-web3-is-coming, 3 jan. 2022, acesso em 11 fev. 2022.

233. "Crypto Crime Trends for 2022: Illicit Transaction Activity Reaches All-Time High in Value, All-Time Low in Share of All Cryptocurrency Activity", *Chainalysis*, https://blog.chainalysis.com/reports/2022-crypto-crime-report-introduction, 6 jan. 2022, acesso em 21 jan. 2022.

234. "Criminals Use USD More in Illicit Affairs Than Cryptocurrency Says US Treasury", por Osaemezu Emmanuel, *ZyCrypto*, https://zycrypto.com/criminals-use-usd-illicit-affairs-cryptocurrency-says-us-treasury, 3 jan. 2018, acesso em 21 jan. 2022.

Referências

235. "The DOJ's $3.6B Bitcoin Seizure Shows How Hard It Is to Launder Crypto", por Andy Greenberg, *Wired*, www.wired.com/story/bitcoin-seizure-record-doj-crypto-tracing-monero, 9 fev. 2022, acesso em 12 fev. 2022.
236. "Bitcoin Energy Consumption Index", Alex de Vries, *Digiconomist*, https://digiconomist.net/bitcoin-energy-consumption, acesso em 11 fev. 2022.
237. "Bitcoin Electronic Waste Monitor", Alex de Vries, *Digiconomist*, https://digiconomist.net/bitcoin-electronic-waste-monitor, acesso em 11 fev. 2022.
238. "Bitcoin Uses More Electricity Than Many Countries. How Is That Possible?", por Hiroko Tabuchi, Claire O'Neill & Jon Huang, *The New York Times*, www.nytimes.com/interactive/2021/09/03/climate/bitcoin-carbon-footprint-electricity.html, 3 set. 2021, acesso em 11 fev. 2022.
239. Site da Coin Market Cap https://coinmarketcap.com, acesso em 21 jan. 2022.
240. Mark van Rijmenam, (2019), *The Organisation of Tomorrow: How AI, blockchain, and analytics turn your business into a data organisation*, Routledge.
241. "Clarifying the path to tokenisation", Dr Mark van Rijmenam em cooperação com a 2Tokens Foundation, www.thedigitalspeaker.com/clarifying-path-tokenisation, 18 dez. 2019, acesso em 20 jan. 2022.
242. "How Security Tokens Could Change Liquidity and Transform the World's Economy", por Dr Mark van Rijmenam, *The Digital Speaker*, www.thedigital speaker.com/security-tokens-change-liquidity-economy, 14 fev. 2019, acesso em 20 jan. 2022.
243. "NFTs: But Is It Art (or a Security)?", por Latham & Watkins LLP, www.fintechandpayments.com/2021/03/nfts-but-is-it-art-or-a-security, 12 mar. 2021, acesso em 20 jan. 2022.
244. "Most artists are not making money off NFTs, and here are some graphs to prove it", Kimberly Parker, https://thatkimparker.medium.com/most-artists-are-not-making-money-off-nfts-and-here-are-some-graphs-to-prove-it-c65718d4a1b8, 20 abr. 2021, acesso em 22 jan. 2022.
245. "Investing in the Art Market: A $1.7 Trillion Asset Class", por Mike Parsons, CAIA Association, https://caia.org/blog/2021/07/22/investing-art-market-17-trillion-asset-class, 22 jul. 2021, acesso em 20 jan. 2022.
246. NFTexplained.info, "Where Is an NFT Stored? — A Simple and Comprehensive Breakdown", https://nftexplained.info/where-is-an-nft-stored-a-simple-and-comprehensive-breakdown.
247. "My first impressions of web3", 7 jan. 2022, https://moxie.org/2022/01/07/web3-first-impressions.html.
248. "OpenSea Steps in After NFT Art Theft Raising Questions About Decentralization", por Bob Mason, FX Empire, www.fxempire.com/news/article/opensea-steps-in-after-nft-art-theft-raising-questions-about-decentralization-853408, 31 dez. 2021, acesso em 20 jan. 2022.
249. "Are your NFTs on the wrong blockchain?", por David Z. Morris, *Fortune*, https://fortune.com/2021/03/10/are-your-nfts-on-the-wrong-blockchain, 11 mar. 2021, acesso em 20 jan. 2022.
250. "$300,000 Bored Ape NFT sold for $3,000 because of the misplaced decimal point", por James Vincent, *The Verge*, www.theverge.com/2021/12/13/22832146/bored-ape-nft-accidentally-sold-300000-fat-finger, 13 dez. 2021, acesso em 20 jan. 2022.
251. "Two NFT copycats are fighting over which is the real fake Bored Ape Yacht Club", por Adi Robertson, *The Verge*, www.theverge.com/2021/12/30/22860010/bored-ape-yacht-club-payc-phayc-copycat-nft, 30 dez. 2021, acesso em 20 jan. 2022.
252. "Hermès Sues NFT Creator Over 'MetaBirkin' Sales", por Robert Williams, *Business of Fashion*, www.businessoffashion.com/news/luxury/hermes-sues-nft-creator-over-metabirkin-sales, 17 jan., 2022, acesso em 14 fev. 2022.
253. "Marketplace suspends most NFT sales, citing 'rampant' fakes and plagiarism", por Elizabeth Howcroft, Reuters, www.reuters.com/business/finance/nft-marketplace-shuts-citing-rampant-fakes-plagiarism-problem-2022-02-11, 11 fev. 2022, acesso em 13 fev. 2022.
254. James Felton, "NFT Group Buys Copy of Dune for €2.66 Million, Believing It Gives Them Copyright", IFL Science, www.iflscience.com/technology/nft-group-buys-copy-of-dune-for-266-million-believing-it-gives-them-copyright, jan. 2022, acesso em 11 fev. 2022.

255. @philiprosedale — Twitter, https://twitter.com/philiprosedale/status/1467640781494095877, 6 dez. 2021.

256. taetaehoho e ryanshon.xyz, "Economic Primitives of the Metaverse 2: Mortgages", Blockchain@Colombia, https://blockchain.mirror.xyz/MZmMEDUckY5Vo3QMwZPHcgcSr_FTpg1X025VUad_s9o, 2 dez. 2021, acesso em 21 jan. 2022.

257. "NFT Real Estate: Why Buying Land in the Metaverse Is Not It", *Spatial*, https://spatial.io/blog/nft-real-estate-why-buying-land-in-the-metaverse-is-not-it, 9 jan. 2022, acesso em 14 fev. 2022.

258. Site da Rabobank, www.rabobank.com/en/about-rabobank/cooperative/index.html.

259. ConstitutionDAO: Paving the Future of Web3, *Identity Review*, https://identityreview.com/constitutiondao-paving-the-future-of-web3, 19 jan. 2022, acesso em 21 jan. 2022.

260. Pieter Bergstrom, no LinkedIn, www.linkedin.com/posts/peterbergstrom_blockchain-gaming-economics-play-to-earn-activity-6890574350089637888-TDpx, 22 jan. 2022.

261. "How Purpose-Driven Tokenisation Will Enable Innovative Ecosystems", Dr Mark van Rijmenam, *The Digital Speaker*, www.thedigitalspeaker.com/purpose-driven-tokenisation-innovative-ecosystems, 29 jan. 2020, acesso em 22 jan. 2022.

262. "Web3 Is Not a Scam, But It Can Feel Like One", por Jeff John Roberts, *Decrypt*, https://decrypt.co/90480/web-3-nft-game-axie-infinity-hard-to-use, 16 jan. 2022, acesso em 22 jan. 2022.

263. "3 problems that might hinder Axie Infinity's quest for game immortality", por Derek Lim, *Tech in Asia*, www.techinasia.com/3-problems-hinder-axie-infinitys-quest-game-immortality, 2 ago. 2021, acesso em 22 jan. 2022.

264. "3 problems that might hinder Axie Infinity's quest for game immortality", por Derek Lim, *Tech in Asia*, www.techinasia.com/3-problems-hinder-axie-infinitys-quest-game-immortality, 2 ago. 2021, acesso em 22 jan. 2022.

265. "Play-to-earn crypto games have exploded onto the scene and are shaking up gaming business models. Here's how they work, and where the value comes from for investors", por Shalini Nagarajan, *Market Insider*, https://markets.businessinsider.com/news/currencies/play-to-earn-crypto-axie-infinity-business-model-gaming-value-2022-1, 23 jan 2022, acesso em 13 fev. 2022.

266. "Ubisoft Reveals Plans to Step into Play-to-Earn Gaming", por Robert Hoogendoorn, *Dapp Radar*, https://dappradar.com/blog/ubisoft-reveals-plans-to-step-into-play-to-earn-gaming, 1 nov., 2021, acesso em 22 jan. 2022.

267. "Philippines Looks to Tax Hit Blockchain Game Axie Infinity: Report", por Eliza Gkritsi, *CoinDesk*, www.coindesk.com/markets/2021/08/25/philippines-looks-to-tax-hit-blockchain-game-axie-infinity-report, 25 ago. 2021, acesso em 22 jan. 2022.

268. "Korea pushes Google, Apple to pull play-to-earn games from stores", por Miguel Cordon, Tech in Asia, www.techinasia.com/korea-pushes-google-apple-pull-playtoearn-games-stores, 29 dez. 2021, acesso em 22 jan. 2022.

269. "Financial Inclusion on the Rise, But Gaps Remain, Global Findex Database Shows", The World Bank, Press Release, www.worldbank.org/en/news/press-release/2018/04/19/financial-inclusion-on-the-rise-but-gaps-remain-global-findex-database-shows, 19 abr. 2018, acesso em 20 jan. 2022.

270. "How Decentralised Finance Will Change the World's Economy", por Dr Mark van Rijmenam, *The Digital Speaker*, www.thedigitalspeaker.com/decentralised-finance-change-world-economy, 13 fev.. 2020, acesso em 22 jan. 2022.

271. "How Decentralised Finance Will Change the World's Economy, Dr Mark van Rijmenam, *The Digital Speaker*, www.thedigitalspeaker.com/decentralised-finance-change-world-economy, 13 fev. 2020, acesso em 20 jan. 2022.

272. @rchen8, "DeFi users over time", Dune Analytics, https://dune.xyz/rchen8/defi-users-over-time, acesso em 23 jan. 2022.

273. "MetaFi: DeFi for the Metaverse", Outlier Ventures, https://outlierventures.io/wp-content/uploads/2021/12/OV_MetaFi_Thesis_V1B.pdf.

Referências

274. "NFT Market Size Statistics and Forecast Report", 2022–2031, www.marketdecipher.com/report/nft-market
275. "Cybercrime to Cost The World $10.5 Trillion Annually by 2025", por Steve Morgan, *Cybercrime Magazine*, https://cybersecurityventures.com/cybercrime-damage-costs-10-trillion-by-2025, 13 nov. 2020, acesso em 24 jan. 2022.
276. "The Top 25 Economies in the World", por Caleb Silver, *Investopedia*, www.investopedia.com/insights/worlds-top-economies, 3 fev. 2022, acesso em 17 fev. 2022.
277. Trish Novicio, "5 Biggest Industries in the World in 2021", www.insidermonkey.com/blog/5-biggest-industries-in-the-world-in-2021-925230/3, 24 fev. 2021, acesso em 24 jan. 2022.
278. Statement of Frances Haugen, 4 out. 2021, www.commerce.senate.gov/services/files/FC8A558E-824E-4914-BEDB-3A7B1190BD49.
279. Mark van Rijmenam (2019), *The Organisation of Tomorrow: How AI, blockchain, and analytics turn your business into a data organisation*, Routledge.
280. Kavya Pearlman, Marco Magnano, Ryan Cameron, Sam Visner (2021), "Securing the Metaverse, Virtual Worlds Need REAL Governance", Simulation Interoperability Standards Organization, www.academia.edu/66984560/Securing_the_Metaverse_Virtual_Worlds_Need_REAL_Governance.
281. Kavya Pearlman, Marco Magnano, Ryan Cameron, Sam Visner (2021), "Securing the Metaverse, Virtual Worlds Need REAL Governance", Simulation Interoperability Standards Organization, www.academia.edu/66984560/Securing_the_Metaverse_Virtual_Worlds_Need_REAL_Governance.
282. "Hyper-Reality", por Keiichi Matsuda, www.youtube.com/watch?v=YJg02ivYzSs, 20 maio 2016, acesso em 11 fev. 2022.
283. "German police used a tracking app to scout crime witnesses. Some fear that's fuel for covid conspiracists", por Rache Pannett, *The Washington Post*, www.washingtonpost.com/world/2022/01/13/german-covid-contact-tracing-app-luca, 13 jan. 2022, acesso em 24 jan. 2022.
284. Sheera Frenkel and Kellen Browning, "The Metaverse's Dark Side: Here Come Harassment and Assaults", *The New York Times*, www.nytimes.com/2021/12/30/technology/metaverse-harassment-assaults .html, 30 dez. 2021, acesso em 24 jan. 2022.
285. "The Metaverse Has a Sexual Harassment Problem and It's Not Going Away", por Kishalaya Kundu, *Screenrant*, https://screenrant.com/vr-harassment-sexual-assault-metaverse, 16 dez. 2021, acesso em 25 jan. 2022.
286. "TikTok Stars Are Being Turned into Deepfake Porn Without Their Consent", por Geordie Gray, *RollingStone*, https://au.rollingstone.com/culture/culture-features/tiktok-creators-deepfake-pornography-discord-pornhub-18511, 27 out. 2020, acesso em 24 jan. 2022.
287. Mark van Rijmenam, (2014), *Think Bigger: Developing a Successful Big Data Strategy for Your Business*, AMACOM.
288. Peter Casey, Ibrahim Baggili e Ananya Yarramreddy, "Immersive Virtual Reality Attacks and the Human Joystick", in *IEEE Transactions on Dependable and Secure Computing*, vol. 18, n. 2, p. 550–562, 1 mar–abr. 2021, doi: 10.1109/TDSC.2019.2907942.
289. Found a random NFT in your wallet? Interacting with it could be a big mistake, by Morgan Linton, www.morganlinton.com/found-a-random-nft-in-your-wallet-interacting-with-it-could-be-a-big-mistake, 21 set. 2021, acesso em 24 jan. 2022.
290. Ten richest men double their fortunes in pandemic while incomes of 99 percent of humanity fall, *Oxfam International*, www.oxfam.org/en/press-releases/ten-richest-men-double-their-fortunes-pandemic-while-incomes-99-percent-humanity, 17 jan. 2022, acesso em 24 jan. 2022.
291. Imperva, "Bad Bot Report 2021: The Pandemic of the internet", www.imperva.com/resources/resource-library/reports/bad-bot-report.
292. "Scammers are impersonating MetaMask tech support on Twitter", por Will Gendron, *Input*, www.inputmag.com/tech/beware-of-scammers-impersonating-metamask-support-on-twitter, 22 jan. 2022, acesso em 24 jan. 2022.

217

293. "The Problem of Misinformation, Bad Bots and Online Trolls, Especially during the Coronavirus Crisis", Dr Mark van Rijmenam, *The Digital Speaker*, www.thedigitalspeaker.com/problem-misinformation-bad-bots-online-trolls-coronavirus, 19 mar. 2020, acesso em 25 jan. 2022.

294. "Managing the COVID-19 infodemic: Promoting healthy behaviours and mitigating the harm from misinformation and disinformation", *WHO*, www.who.int/news/item/23-09-2020-managing-the-covid-19-infodemic-promoting-healthy-behaviours-and-mitigating-the-harm-from-misinformation-and-disinformation, 23 set. 2020, acesso em 11 fev. 2022.

295. Samantha Bradshaw e Philip N. Howard, "Challenging Truth and Trust: A Global Inventory of Organized Social Media Manipulation", Computational Propaganda Research Project, Oxford internet Institute, https://demtech.oii.ox.ac.uk/wp-content/uploads/sites/93/2018/07/ct2018.pdf.

296. "Brands Are Building Their Own Virtual Influencers. Are Their Posts Legal?", por Jesselyn Cook, *Huffington Post*, www.huffpost.com/entry/virtual-instagram-influencers-sponcon_n_5e31cbefc5b6328af2ef97fd, 29 jan. 2020, acesso em 24 jan. 2022.

297. "How Recommendation Algorithms Run the World", por Zeynep Tufekci, *Wired*, www.wired.com/story/how-recommendation-algorithms-run-the-world, 22 abr. 2019, acesso em 24 jan. 2022.

298. "AI Experts Want to End 'Black Box' Algorithms in Government", por Tom Simonite, *Wired*, www.wired.com/story/ai-experts-want-to-end-black-box-algorithms-in-government, 10 out. 2017, acesso em 24 jan. 2022.

299. Algorithms Are Black Boxes, That Is Why We Need Explainable AI", Dr Mark van Rijmenam, *The Digital Speaker*, www.thedigitalspeaker.com/algorithms-black-boxes-explainable-ai, 1 mar. 2017, acesso em 24 jan. 2022.

300. "I'd Blush If I Could", EQUALS Global Partnership e UNESCO, https://en.unesco.org/Id-blush-if-I-could.

301. "Amazon scraps secret AI recruiting tool that showed bias against women", por Jeffrey Dastin, Reuters, www.reuters.com/article/us-amazon-com-jobs-automation-insight/amazon-scraps-secret-ai-recruiting-tool-that-showed-bias-against-women-idUSKCN1MK08G, 11 out. 2018, acesso em 24 jan. 2022.

302. Aviv Weinstein e Michel Lejoyeux (March 2015), "New developments on the neurobiological and pharmaco-genetic mechanisms underlying internet and videogame addiction", *The American Journal on Addictions* (Review), 24 (2), p. 117–25. doi:10.1111/ajad.12110. PMID 25864599.

303. "How Zero-Knowledge Proof Enables Trustless Transactions and Increases Your Privacy", Dr Mark van Rijmenam, *The Digital Speaker*, www.thedigitalspeaker.com/zero-knowledge-proof-enables-trustless-transactions-increases-privacy, 20 dez. 2017, acesso em 25 jan. 2022.

304. Vyjayanti T. Desai, Anna Diofasi e Jing Lu, "The global identification challenge: Who are the 1 billion people without proof of identity?", *The World Bank*, https://blogs.worldbank.org/voices/global-identification-challenge-who-are-1-billion-people-without-proof-identity, 25 abr. 2018, acesso em 25 jan. 2022.

305. Oasis Consortium, www.oasisconsortium.com/usersafetystandards e entrevista com Tiffany Xingyu Wang em 26 jan. 2022.

306. "Why Data Rights Will Be The New Civil Rights", Dr Mark van Rijmenam, *The Digital Speaker*, www.thedigitalspeaker.com/why-data-rights-new-civil-rights-the-digital-speaker-series-ep12, 24 jun. 2021, acesso em 11 fev. 2022.

307. "The Rise of Digitalism: Will the Coronavirus Trigger the End of Liberalism?", Dr Mark van Rijmenam, *The Digital Speaker*, www.thedigitalspeaker.com/rise-digitalism-coronavirus-trigger-end-liberalism, 2 abr. 2020, acesso em 24 jan. 2022.

308. "The Future of Computing: How Brain-Computer Interfaces Will Change Our Relationship with Computers", Dr Mark van Rijmenam, *The Digital Speaker*, www.thedigitalspeaker.com/brain-computer-interfaces-change-relationship-computers, 21 out. 2021, acesso em 26 jan. 2022.

309. "The Brief History of Brain-Computer Interfaces", Brain Vision UK, www.brainvision.co.uk/blog/2014/04/the-brief-history-of-brain-computer-interfaces, 30 abr. 2014, acesso em 26 jan. 2022.

Referências

310. "Scientists Can Now Read Your Thoughts with a Brain Scan", por Avery Thompson, *Popular Mechanics*, www.popularmechanics.com/science/health/a27102/read-thoughts-with-brain-scan, 17 jun. 2017, acesso em 26 jan. 2022; "Scientists 'read dreams' using brain scans", por Rebecca Morelle, BBC, www.bbc.com/news/science-environment-22031074, 4 abr. 2013, acesso em 26 jan. 2022; "Scientists are using MRI scans to reveal the physical makeup of our thoughts and feelings", por Lesley Stahl, *CBS News*, www.cbsnews.com/news/functional-magnetic-resonance-imaging-computer-analysis-read-thoughts-60-minutes-2019-11-24, 24 nov. 2019, acesso em 26 jan. 2022.

311. @elonmusk — Twitter, https://twitter.com/elonmusk/status/128112133 9584114691, 9 jul. 2020.

312. "Monkey MindPong", por Neuralink, www.youtube.com/watch?v=rsCul1sp4hQ, 9 abr. 2021.

313. "How to measure brain activity in people", Queensland Brain Institute, University of Queensland, https://qbi.uq.edu.au/brain/brain-functions/how-measure-brain-activity-people.

314. Sid Kouider sendo entrevistado por Marques Browniee, https://youtu.be/MhKiMPiZOdE, 16 abr. 2021, acesso em 26 jan. 2022.

315. Dr Mark van Rijmenam, "The Future of Computing: How Brain-Computer Interfaces Will Change Our Relationship with Computers", *The Digital Speaker*, www.thedigitalspeaker.com/brain-computer-interfaces-change-relationship-computers, 21 out. 2021, acesso em 17 fev. 2022.

316. "NextMind brings Brain-Computer Interface wearable to IAA Mobility", *Business Wire*, www.businesswire.com/news/home/20210909005669/en/NextMind-brings-Brain-Computer-Interface-wearable-to-IAA-Mobility, 21 set. 2021, acesso em 26 jan. 2022.

317. "The Quest to Make a Digital Replica of Your Brain", por Grace Browne, *Wired*, www.wired.com/story/the-quest-to-make-a-digital-replica-of-your-brain, 15 fev. 2022, acesso em 17 fev. 2022.

318. "Gabe Newell says brain-computer interface tech will allow video games far beyond what human 'meat peripherals' can comprehend", por Luke Appleby, *1News*, www.1news.co.nz/2021/01/25/gabe-newell-says-brain-computer-interface-tech-will-allow-video-games-far-beyond-what-human-meat-peripherals-can-comprehend, 25 jan. 2021, acesso em 26 jan. 2022.

319. "Tobii, Valve & OpenBCI Collaborate on 'Galea' VR Brain-Computer Interface", por Peter Graham, GMW3, www.gmw3.com/2021/02/tobii-valve-openbci-collaborate-on-galea-vr-brain-computer-interface, 5 fev. 2021, acesso em 26 jan. 2022.

320. "Gabe Newell says brain-computer interface tech will allow video games far beyond what human 'meat peripherals' can comprehend", por Luke Appleby, *1News*, www.1news.co.nz/2021/01/25/gabe-newell-says-brain-computer-interface-tech-will-allow-video-games-far-beyond-what-human-meat-peripherals-can-comprehend, 25 jan. 2021, acesso em 26 jan. 2022.

321. "Valve psychologist explores controlling games directly with your brain", por Dean Takahashi, *VentureBeat*, https://venturebeat.com/2019/03/24/valve-psychologist-explores-controlling-games-directly-with-your-brain, 24 mar. 2019, acesso em 26 jan. 2022.

322. "Valve Founder Says Brain-Computer Interfaces Could One Day Replace Our 'Meat Peripherals'", por Mike Fahey, *Kotaku*, https://kotaku.com/valve-founder-says-brain-computer-interfaces-could-one-1846124830, 25 jan. 2021, acesso em 26 jan. 2022.

323. "Tim Berners-Lee, Re-decentralizing the web: Some strategic questions", 2016. Disponível em: https://archive.org/details/DWebSummit2016_Keynote_Tim_Berners_Lee.

324. "The State of Online Harassment", Pew Research Center, www.pewresearch.org/internet/2021/01/13/the-state-of-online-harassment, 13 jan. 2021, acesso em 26 jan. 2022.

325. Eminem — *Lose Yourself*. Álbum: 8 Mile — Música de Eminem e inspirada em Motion Picture, 2002.

326. Douglas Adams, (2002). *The Salmon of Doubt: Hitchhiking the Galaxy One Last Time* (Vol. 3). Harmony.

327. Podcast Metaverse Marketing, EP08, conforme discutido por Jonathan Glick, www.adweek.com/category/metaverse-marketing-podcast.

328. "The 10 Principles of Burning Man", https://burningman.org/about/10-principles, acesso em 28 jan. 2022.

Índice

A
abusos, 175, 187
agricultura, 125
algoritmos, 180
Alpha, geração, 121
Amazon, 181
anúncios, 180
artistas, 96
assédio, 86, 171, 175, 187
ativos digitais, 146–150
autenticação federada, 48
autenticidade, 106
autoexpressão, 71–76
autossoberania, 38, 57, 67, 184
avatares, 61–65
Axie Infinity, 22, 165

B
banimento, 86
biometria, 69
blockchains, 18, 33, 50, 67
 definição, 17
 mineração, 148
Bored Ape Yacht Club (BAYC), 61, 117, 158
bots, 179
bullying, 187

C
cadeias de suprimentos, 134, 137
camadas do metaverso, 133
Cambridge Analytica, 15
ciberbullying, 171, 175
cidades inteligentes, 138
Coinbase, 118
colaboração digital, 124
comércio imersivo, 45
compartilhar e retribuir, modelo econômico, 166
comunidades, 38
 descentralizadas, 57
 imersivas, 106
confiança, 183

conteúdo, criação de, 101, 146
Counter-Strike, 93
criatividade, 106
criminalidade, 171
criptografia econômica, 164
criptomoedas, 51, 56, 122, 148

D
dados, 15, 27–28
DAOs, 34, 165
datificação, 173
Decentraland, 22, 90, 94
  fashion week, 115
deepfake, 40, 68, 176
democracia, 172
descentralização, 32
desigualdades, 172, 178, 181
desinformação, 179–180
digitalismo, 188–190
direitos humanos, 142–144
Dolce & Gabbana, 115

E
economia, 63, 133
educação, 98–99, 185
entretenimento, 95
Epic Games, 71
escassez artificial, 161–163
esportes, 91–93
estereótipos, 181
extração de valor, 166

F
Fabricant, 73
Facebook, 132, 186
figital, experiência, 3, 26, 74, 105, 115
finanças descentralizadas (DeFi), 167
FOMO, síndrome, 155
Fortnite, 31, 51, 109
  moda, 70
fungibilidade, 151

G
gamificação, 165, 199
gêmeos digitais, 45, 132, 134
  prototipagem, 134
  variantes, 134
gestão pública, 140
golpes, 155–156
governos, 140, 174
Gucci, 71, 108

H
hackeamento, 177
Hermès, 159
Hugo Boss, 115
humanos digitais, 61
Hyundai, 129–130

I
identidade online, 38
IKEA, 110
imaginação, 23, 44, 80
imobiliário, setor, 160–162

Índice

impostores, 176
inteligência artificial, 180
internet imersiva, 11, 23, 88, 106, 114, 146
interoperabilidade, 13, 29–30, 43, 47, 57–59, 76

J
Jogador Nº 1, livro, 6, 26, 47, 81, 180, 182
jogo em blockchain, 94
jogos, 88–90
JPMorgan Chase, 105

L
League of Legends, 93
ledger distribuído, 17
livre-arbítrio, 180

M
mão de obra, 125
marketing, 104, 105
Meta, 15–17, 163, 172
   avatares, 63
MetaHuman, 64, 176
Microsoft, 166
   avatares, 63
mídia, 95
mídias sociais, 48, 181
Minecraft, 22, 31, 128
moda, 70, 72, 76
modelos de negócios, 163
monetização, 36

mudanças climáticas, 140
mundos virtuais, 85, 111
música, indústria da, 97–98

N
Neal Stephenson, 6
negócios ilícitos, 148
neutralidade da rede, 158
NFTs, 2, 23, 50, 63, 97, 152, 155, 159, 160, 178
Nike, 75, 118
nomadismo digital, 122
NVIDIA, 139

O
O Dilema das Redes, filme, 180
OpenSea, 114, 152
organizações
   adoção do metaverso, 124
   internacionais, 140
   públicas, 187

P
pandemia, 24, 104, 121, 178
Pokémon Go, 85
polarização, 48, 172, 180
privacidade, 174–175, 183, 187
programação, linguagens de, 12
propriedade fracionária, 152
prostituição virtual, 85
prototipagem, 134
prova de participação, 148
prova de trabalho, 148

223

prova digital, 145
publicidade, 116–117

R
realidade aumentada, 20–21, 124
realidade estendida, 22
realidade mista, 135
realidade virtual, 19, 45, 64, 124
recursos humanos, 129
regulamentação, 182, 186
responsabilidade anônima, 41, 183–184
Roblox, 1, 22, 113, 128, 146
  avatares, 63
  moda, 71

S
Samsung, 106, 129
Sandbox, 63, 90, 118
Satoshi Nakamoto, 17
Satya Nadella, 25
saúde, 181
Second Life, 82, 85, 161–163
segurança de dados, 177
segurança do usuário, 187
segurança online, 171
simulador de mundo virtual, 107
Snow Crash, livro, 6, 82, 180, 182
Stella Artois, 106
sustentabilidade, 110, 137

T
tecnologia, 171, 190
tokens, 150–152, 156, 165
trabalho, 123, 125, 128–129
treinamentos, 100–101, 129

V
vale da estranheza da mente, 64
verificação, 183
vigilância, 188
Volvo, 135

W
walled gardens, 48
Walmart, 100–101
Walt Disney, 107
Warner Music Group, 104

Z
Zara, 75
Z, geração, 121

Projetos corporativos e edições personalizadas
dentro da sua estratégia de negócio. Já pensou nisso?

Coordenação de Eventos
Viviane Paiva
viviane@altabooks.com.br

Contato Comercial
vendas.corporativas@altabooks.com.br

A Alta Books tem criado experiências incríveis no meio corporativo. Com a crescente implementação da educação corporativa nas empresas, o livro entra como uma importante fonte de conhecimento. Com atendimento personalizado, conseguimos identificar as principais necessidades, e criar uma seleção de livros que podem ser utilizados de diversas maneiras, como por exemplo, para fortalecer relacionamento com suas equipes/ seus clientes. Você já utilizou o livro para alguma ação estratégica na sua empresa?

Entre em contato com nosso time para entender melhor as possibilidades de personalização e incentivo ao desenvolvimento pessoal e profissional.

PUBLIQUE SEU LIVRO

Publique seu livro com a Alta Books.
Para mais informações envie um e-mail para: autoria@altabooks.com.br

 /altabooks   /alta-books   /altabooks   /altabooks

CONHEÇA OUTROS LIVROS DA ALTA BOOKS

Todas as imagens são meramente ilustrativas.

Este livro foi impresso nas oficinas gráficas da Editora Vozes Ltda.,
Rua Frei Luís, 100 – Petrópolis, RJ.